LÉEME.txt

Chelsea Manning

LÉEME.txt

Memorias

Traducción de Ana Alcaina

Papel certificado por el Forest Stewardship Council®

Penguin
Random House
Grupo Editorial

Título original: *Readme.txt*

Primera edición: enero de 2023

© 2023, Chelsea Manning
Por acuerdo con MB Agencia Literaria, S. L.
© 2023, Penguin Random House Grupo Editorial, S. A. U.,
Travessera de Gràcia, 47-49. 08021 Barcelona
© 2023, Ana Alcaina, por la traducción

Printed in Spain — Impreso en España

ISBN: 978-84-666-7505-5
Depósito legal: B-20.330-2022

Compuesto en M.I. Maquetación, S.L.

Impreso en Liberdúplex
Sant Llorenç d'Hortons (Barcelona)

BS 7 5 0 5 5

Este libro está dedicado al colectivo de jóvenes trans, tan valientes, que luchan cada día por vivir siendo quienes son.

Hacéis que me sienta orgullosa

Nota de la autora

Debo confesarlo: pasé casi toda mi infancia y adolescencia en internet. Luego, en el ejército de Estados Unidos, me formé como analista de inteligencia. Soy una persona acostumbrada a captar el contexto global de las cosas y a obtener —y compartir— el máximo número de detalles posible. Además, también soy una activista por la transparencia de la información. Estas memorias, en contraste con dichas palabras, constituyen una sola fuente de información y ofrecen una única perspectiva de las cosas; además, en determinados puntos me muestro deliberadamente vaga sobre algunos hechos o grupos concretos. Varios de los nombres que aparecen en el libro no se corresponden con los nombres reales (y se señala cuando ese es el caso). Hay aspectos de mi historia que los medios de comunicación han hecho públicos y que no he incluido aquí, ni para desmentirlos ni para corroborarlos. Algunos detalles siguen siendo información clasificada. Hasta cierto punto tengo mis limitaciones con respecto a lo que puedo decir públicamente y lo que no.

Sé que eso puede resultar molesto, pero ya he sufrido consecuencias muy graves por compartir información que considero de interés general. Este libro es un relato sincero de lo que he presenciado, de lo que he vivido y de lo que he sentido.

1

Barnes & Noble, Rockville, Maryland
8 de febrero de 2010

La conexión gratuita a internet de la librería Barnes & Noble...
no es muy rápida, que digamos. Sobre todo si estás navegando
por una red encriptada, saltando de nodo en nodo por todo el
mundo con el fin de ocultar tu ubicación real y garantizar así tu
anonimato. Pero tenía que apañármelas como fuera: necesitaba
subir casi medio millón de informes de incidencias y registros
de actividades significativas (los registros SIGACT) que me había traído de Bagdad guardados en una tarjeta de memoria. La
tarjeta contenía todos y cada uno de los informes que el ejército de Estados Unidos había archivado sobre Irak o Afganistán, todas y cada una de las veces en las que un soldado había
considerado que algo era lo bastante importante como para informar de ello y dejar constancia mediante documentación. Se
trataba de descripciones de enfrentamientos del enemigo con
fuerzas hostiles o con explosivos que habían estallado. Contenían cifras exactas de muertos y coordenadas, así como resúmenes precisos de episodios de encuentros violentos y rodeados de confusión. Constituían un retrato puntilloso de guerras
que no había forma de que terminaran.

La barra indicadora de la subida de datos avanzaba muy despacio. Con la tormenta de nieve que estaba azotando los estados del Atlántico Medio, los apagones eléctricos y el hecho de que tenía un billete para un vuelo que estaba programado para salir al cabo de doce horas, aquella era mi única opción.

Me había traído los documentos a Estados Unidos en mi cámara, en forma de archivos en una tarjeta de memoria SD. El personal de aduana de la Armada no le echó ni siquiera un vistazo. Para sacar la información, primero había copiado los archivos en varios DVD regrabables que etiqueté con títulos como *Taylor Swift*, *Katy Perry*, *Lady Gaga* y *Mix de Manning*. A nadie le importaba lo suficiente como para darse cuenta. Luego transferí los archivos a la tarjeta de memoria, destrocé los discos a pisotones con las botas en el suelo de gravilla, fuera, y tiré los pedazos al barril donde quemábamos las cosas, junto con el resto de la basura.

Sentada en la cafetería de la librería, me bebí un café moca triple y desconecté, escuchando música electrónica —Massive Attack, Prodigy— mientras esperaba a que subieran los archivos. Tenía que sacar de allí siete paquetes de datos y cada uno tardaba entre treinta minutos y una hora en cargarse. La conexión a internet se colgaba tan a menudo que tuve que reiniciarla varias veces. Empezaba a preocuparme no poder subirlo todo antes de que cerrara la librería, a las diez de la noche. «Como me pase eso —pensé—, ya está, es el fin. Hasta aquí hemos llegado». Simplemente, no era lo que tenía que ocurrir. Había previsto tirar la tarjeta de memoria a una papelera y no volver a intentarlo nunca más.

Sin embargo, al final el wifi se comportó. El último archivo terminó de subir a las nueve y media. Aunque no era momento de celebraciones: me moría de cansancio y tenía que ir al aeropuerto a las cuatro y media de la mañana para regresar a Irak, un viaje de varios días. Salí de Barnes & Noble. Tenía el equipaje en el coche de alquiler, así que me eché a dormir en el asiento de atrás, helada de frío, en aquel aparcamiento, y luego dejé el coche y tomé el metro en dirección al aeropuerto Reagan National en las horas inhóspitas y solitarias que preceden al alba.

No pensaba en lo que podría sucederme, solo estaba intentando sobrevivir al día a día. Compartimentar era algo que se me daba muy bien. Estaba batallando con mi identidad de género y trabajando en el seno de un ejército que, al menos de forma oficial, no permitía a las personas como yo formar parte de él abiertamente.

Cuando aterricé en el norte de Virginia a finales de enero de 2010, estaba física y psicológicamente agotada. Me entusiasmaba la idea de disfrutar de aquel breve permiso, de tomarme un respiro de Irak y del trabajo, y de ver a Dylan (no es su verdadero nombre), mi novio en aquella época, que era estudiante universitario en Boston. Cuando fui a verlo, yo llevaba fuera del país poco menos de cuatro meses, pero él estaba inmerso en la vida social del ambiente universitario y se mostró emocionalmente distante los pocos días que pasé allí con él. Dylan no quería hablar de nada relacionado con el futuro de ambos como pareja. A mí me preocupaba que nuestra relación estuviese a punto de romperse. Volví a casa de mi tía, en Maryland.

Cogí el metro de Washingon D. C. hacia Virginia para ir al Tysons Corner Center. Había estado allí montones de veces, porque es lo que se suele hacer en las afueras: pasar la tarde en el centro comercial. Sin embargo, en esa ocasión me saqué una foto en el vagón, por el camino, con una peluca rubia. Esa fue la foto que, para mi consternación, acabaría dando la vuelta al mundo meses más tarde. Hice unas compras en el centro comercial: un abrigo de color morado en la tienda de Burlington Coat Factory y maquillaje en Sephora. También quería algún conjunto informal para trabajar, así que me probé varias cosas en los almacenes Nordstrom y en Bloomingdale's; le dije a la persona que me atendió que estaba comprando ropa para mi novia, que usábamos la misma talla. Almorcé comida rápida y luego me fui a casa, me vestí con la ropa nueva y me puse la peluca de la melena larga y rubia. Pasé el resto del día entrando en cafeterías y librerías con mi ropa de mujer. Sentí un inmenso placer al disfrutar de aquella sensación de libertad, de evasión, al llevar la ropa que yo quería y presentarme ante el mundo como yo me veía.

Para mí al menos, ser trans no tiene tanto que ver con el hecho de ser una mujer atrapada en el cuerpo de un hombre como con la incoherencia innata que había entre la persona que yo sentía que era y la persona que el mundo quería que fuese. En las semanas anteriores a la obtención de mi permiso, me había imaginado cómo sería ir por ahí con una melena larga en lugar de con el pelo rapado, cómo sería lucir ropa femenina en lugar de mi uniforme estándar. Añadí a mi rutina de consumo de internet (videojuegos, historias alternativas y vídeos sobre ciencia) vídeos de YouTube de mujeres trans que documentaban su transición.

Sin embargo, yo no quería únicamente librarme de las restricciones impuestas por un mundo empeñado en juzgar a los demás; tenía algo aún más urgente en mi lista de prioridades, y por eso había entrado con mi ordenador en la librería Barnes & Noble. Aquellos archivos revelaban información de vital importancia sobre el gobierno y la compleja naturaleza de la guerra.

Subir esos archivos a internet no fue mi primera opción. Antes había intentado acercarme a otros medios de publicación más tradicionales, pero había sido una odisea tremendamente frustrante. No confiaba en el teléfono ni tampoco quería enviar nada por correo electrónico; alguien me podía estar vigilando. Ni siquiera las cabinas telefónicas eran seguras. Entré en los establecimientos de algunas cadenas —en Starbucks, sobre todo— y pedí que me dejaran usar su teléfono fijo diciendo que había perdido el móvil o que se me había averiado el coche. Llamé a las centralitas de *The Washington Post* y de *The New York Times* y traté de que me pasaran con algún periodista que entendiera la magnitud de lo que les iba a ofrecer. Conseguí hablar un momento con uno del *Post*. Dejé un mensaje en el *Times* con mi número de Skype, pero nunca supe de ellos. Solo dije que trabajaba en el Departamento de Defensa. Me empeñé en que comprendieran lo que les estaba diciendo. «Lo que tengo es información exhaustiva sobre dos guerras —les conté por teléfono—. Aparece perfectamente descrito cómo es una guerra asimétrica, con todo lujo de detalles; un relato completo». Quería que aquella información apareciese publicada en un medio de amplia difusión capaz de defenderse por sí mismo.

Sin embargo, no conseguí llegar a ninguna parte. El periodista con el que hablé no entendió lo extremadamente sensible que era lo que yo quería sacar a la luz pública, que solo podía facilitarles la información en formato digital y que no disponía de tiempo suficiente para establecer una línea de comunicación segura y eficaz. Tampoco entendió el concepto de cifrado de extremo a extremo —esto ocurrió antes de que en los medios de comunicación se generalizara el uso de Signal, una app de mensajería de texto totalmente cifrado muy accesible—, pero lo peor era que no parecía comprender la transcendencia de lo que les estaba ofreciendo. (Es muy probable que el hecho de que me dirigiera a ellos de una forma tan vaga y poco específica tampoco ayudara).

Tras descartar el *Times* y el *Post*, volví a casa de mi tía. Cada vez parecía más difícil que, después de correr tantos riesgos, pudiese contactar con un periodista antes de tener que volver a Irak. Sin embargo, aún quería intentarlo con una última publicación: *Politico*. Tenía planeado ir con el coche hasta su sede central en el norte de Virginia y tratar de entrar, solicitar una cita y entregarles la información en persona.

Entonces empezó la tormenta de nieve: el Snowmageddon, tal como la bautizaron en Twitter y en los medios locales. Washington, una ciudad que no estaba preparada para el clima invernal, se vio rápidamente cubierta por más de medio metro de nieve, y en casa de mi tía nos quedamos sin electricidad. Era como si hubiera perdido dos días más de mi permiso. Estaba completamente aislada por la nieve. Cayó internet. No podía esperar a que restablecieran el servicio. Pronto regresaría a Irak y si no hacía lo que quería hacer antes de irme, no podría hacerlo nunca.

La última mañana de mi permiso me levanté y logré salir de casa apartando la nieve con mis propias manos, enfundadas en unos guantes, porque no encontré ni una sola pala. Tardé dos horas en ir caminando a Rockville, donde alquilé un coche con Zipcar, un servicio de transporte compartido, solo que el coche estaba atascado en un montículo gigante de nieve. Pasé dos horas más sacándolo de debajo del montón de nieve, otra vez con las manos. Al final conseguí quitar suficiente nieve para sacar el coche del ventisquero y me puse a buscar algún local que estuviese abierto a pesar de la tormenta, un lugar con conexión a internet. Ir con el coche hasta las oficinas de *Politico*, en el norte de Virginia, iba a ser tarea imposible. Incluso costaba llegar a algún sitio cercano tal como estaban las carreteras, pero todavía tenía una posibilidad.

En 2008, mientras me formaba en inteligencia, nuestro instructor —un veterano del cuerpo de Marines reconvertido en contratista— nos había hablado de WikiLeaks, un sitio web dedicado a la transparencia, y luego nos había dado instrucciones de no visitarlo jamás. (Más adelante el instructor negó haber dicho eso).

Si bien yo compartía las afirmaciones de WikiLeaks sobre su compromiso con la transparencia, pensé que era una plataforma demasiado limitada para mis propósitos. La mayoría de la gente ni siquiera había oído hablar de ella. Me preocupaba que nadie tomara en serio la información procedente de una web así. Sin embargo, con los periodistas de los medios tradicionales no había llegado a ninguna parte y me pareció que era la única opción que tenía: el objetivo de divulgar aquellos datos era que la ciudadanía estadounidense prestase atención a lo que estábamos haciendo en Irak y Afganistán. Escribí en uno de los chats en los que participaba regularmente y dije que tenía información que era necesario compartir con el mundo sobre el verdadero coste de las guerras en Irak y Afganistán. Como respuesta, alguien puso en el chat un enlace a un formulario de envío online a WikiLeaks.

Publicar la información en aquella página web era mi último recurso, pero, teniendo en cuenta que solo me quedaba medio día de permiso, era en ese momento o nunca. Me sentía completamente sola; aun así, era optimista y pensaba que la sociedad acabaría beneficiándose de todo aquello, siempre y cuando la información obtuviese la atención que merecía.

Entré en un par de cafeterías Starbucks de la zona, pero no tuve suerte. Al final, hacia las dos de la tarde, llegué con el coche a una librería Barnes & Noble que sabía que ofrecía wifi gratuito. Me senté, saqué el portátil y abrí un navegador en modo incógnito.

Ahora todo el mundo sabe —por lo que me pasó a mí— que el gobierno intenta aniquilarte por completo, acusarte de todo lo imaginable, si has sacado a la luz la verdad sobre sus propios actos. («Una panda de desequilibrados y degenerados» suele ser la expresión habitual con la que el gobierno describe a las personas responsables de filtrar información sensible, acusándolas de estar locas, de ser alcohólicas o sexualmente desviadas).

Pero lo que yo intentaba hacer no se había hecho nunca y, por tanto, nadie sabía cuáles serían las consecuencias. Daniel Ellsberg, el responsable de haber divulgado los llamados «papeles del Pentágono» durante la guerra de Vietnam, no llegó a ingresar en prisión porque las pruebas que la Casa Blanca de Nixon reunió contra él se habían obtenido de forma ilegal (la Administración Nixon ordenó entrar ilegalmente en la consulta de su psiquiatra para buscar información que pudiera desacreditar a Ellsberg). Nadie había ido a la cárcel por una cosa así; yo no había oído hablar de Ellsberg en aquella época, aunque sí conocía perfectamente la historia de Thomas Drake, un denunciante o *whistleblower* de la Agencia de Seguridad Nacional que fue procesado según la Ley de Espionaje. Se enfrentó a acusaciones que conllevaban una condena de treinta y cinco años de cárcel, pero poco antes del juicio llegó a un acuerdo por el que solo debía cumplir un periodo de libertad condicional y servicios a la comunidad.

Desde luego, sopesé cuáles podían ser las consecuencias para mí. Si me pillaban, me arrestarían, pero supuse que, a lo sumo, me darían de baja del ejército o revocarían mi habilitación de seguridad. Me importaba mi trabajo y me asustaba la posibilidad de quedarme sin empleo —había vivido en la calle antes de alistarme—, pero pensaba que, si se les ocurría someterme a un consejo de guerra, eso solo perjudicaría a la propia credibilidad del gobierno. Nunca llegué a plantearme, ni remotamente, que pudiera acabar viviendo el resto de mis días en la cárcel, o algo peor.

Los cuatro meses que pasé en Irak habían cambiado mi percepción del mundo y de aquellas guerras. En el desierto, me levantaba todas las noches a las diez. Iba andando desde mi caravana hasta el despacho, una cancha de baloncesto de la era de Sadam Husein que el ejército había convertido en centro de operaciones de inteligencia. Utilizaba tres ordenadores distintos, dos de los cuales contenían información clasificada, leía actualizaciones por correo electrónico y veía vídeos de lo que sucedía en el este de Bagdad.

Realizar un seguimiento de los informes de vigilancia era una tarea absolutamente abrumadora: el ejército tenía al menos una docena de agentes de inteligencia, de vigilancia y de reconocimiento, y todos daban a los analistas una visión distinta de la ciudad, de las personas y de los lugares que estábamos observando. Mi tarea consistía en analizar, con objetividad emocional, el impacto que las decisiones militares y los movimientos de personal estaban teniendo sobre aquella intensiva y sangrienta «guerra contra el terrorismo». Sin embargo, la realidad cotidiana de mi trabajo se parecía más al día a día de la sala de urgencias de un hospital.

Pasaba horas descubriendo todos los aspectos de la vida de los iraquíes que morían a nuestro alrededor: a qué hora se levantaban por la mañana, cuál era su estado civil, sus preferencias en cuanto a comida, alcohol y sexo, si participaban en algún tipo de actividad política, cuáles eran todas y cada una de las personas con las que se relacionaban electrónicamente. Observaba y monitorizaba hasta el último detalle de sus vidas. A veces sabía más de ellos incluso que ellos mismos. Y me había dado cuenta de que a ninguno de nosotros —las fuerzas militares de ocupación— nos importaban una mierda. No podía hablar de mi trabajo con nadie ajeno a mi unidad, ni tampoco de aquel conflicto que no se parecía en nada al conflicto sobre el que había leído cuando estaba en casa, en Estados Unidos, o que veía en los informativos antes de alistarme.

La idea de que la información a la que yo tenía acceso era verdaderamente poderosa empezó a aflorar en mi cerebro. Intentaba no hacerle caso, pero volvía a pensarlo una y otra vez. La gente había comenzado a fingir que los siete años de conflicto habían servido de algo, que merecían la pena todas las bajas estadounidenses y las víctimas mortales —no contabilizadas aún— iraquíes y afganas. El *establishment* había pasado página. Ahora era preciso lidiar con una recesión. La ciudadanía estadounidense lo estaba perdiendo absolutamente todo. El debate sobre la sanidad aparecía en las noticias día sí y día también.

Y, aun así, allí seguíamos. Todavía moría alguno de nosotros todos los puñeteros días. Según mis cálculos, seguiríamos allí muchos años más. Aunque intentáramos reducir la presencia de tropas, cualquier nuevo estallido de violencia —e iba a haber nuevos estallidos, desde luego— implicaría volver a ordenar nuevos despliegues de soldados, y más muertes. Todo el sistema estaba diseñado de manera que el público general nunca llegara a entender eso de verdad.

Yo me enfrentaba constantemente a dos realidades distintas: la que veía a diario y aquella que mis compatriotas estadounidenses veían desde casa. Una grandísima parte de la información que recibían estaba distorsionada o era incompleta. Las diferencias irreconciliables derivaron en una frustración que me resultaba insoportable.

Es imposible trabajar en inteligencia y no imaginar qué pasaría si se te ocurriese revelar la enorme cantidad de secretos que conoces. No puedo señalar con exactitud cuándo fue la primera vez que esa idea se me pasó por la cabeza. Tal vez cuando entré en contacto con información clasificada real, justo después de mi instrucción básica, en 2008, en la época en que empecé a formarme para ser analista de inteligencia. Es como cruzar una línea, como abrir un compartimento: una vez que conoces la información, ya no puedes «des-conocerla», y eso te da poder sobre el gobierno, pero también le da al gobierno poder sobre ti. Te someten a instrucción, te ponen a prueba y te inculcan de manera inequívoca la idea de que no puedes contarle nunca nada a nadie sobre lo que haces en tu trabajo, jamás. Y eso empieza a controlar tu modo de pensar acerca de cualquier aspecto de la vida y tu forma de comportarte ante el mundo. Sin embargo, el poder de prohibir es frágil, especialmente cuando los límites parecen arbitrarios.

O tal vez la idea fue gestándose en mi cabeza cuando estaba destinada en Fort Drum, al norte del estado de Nueva York, antes de poner un pie en Irak. Tenía que transportar varios discos duros con información clasificada en un paquete de gran tamaño en pleno verano y, de pronto, empecé a preguntarme, con inquietud, qué pasaría si la cagaba y me dejaba olvidado el paquete en algún sitio. ¿Qué ocurriría si alguien encontraba por casualidad un disco duro con información clasificada y accedía a los datos? Sabía que eso sí tendría consecuencias para mí, por supuesto. Se abriría una investigación formal, me acusarían de negligencia, puede que incluso me relegasen de mis funciones. Tal vez hasta me echaran de las fuerzas armadas.

Pero ¿qué repercusiones tendría que la información saliera a la luz? ¿De verdad pasaría algo si aquellos memorandos escritos con un lenguaje enrevesado y aquellos informes inconexos se hacían públicos? Yo conocía la versión oficial de por qué debían mantenerse en secreto —nos habían adiestrado para ver la información confidencial como un asunto de vida o muerte—, pero me costaba imaginar qué sucedería en el mundo real, pensar que pudiese llegar a pasar algo verdaderamente malo. Empecé a cuestionarme cada vez más la lógica que había detrás de conservar tal cantidad de información clasificada. ¿Por qué guardábamos tantos secretos? Las decisiones sobre la información secreta no parecían seguir ninguna lógica interna coherente.

Sin embargo, no supe con absoluta claridad hasta qué punto eran arbitrarios los criterios hasta seis semanas después de llegar a Irak. Nuestro gabinete de prensa me había pedido que preparase un informe histórico, una tarea de enorme calado: un análisis completo, con ejemplos detallados, de todas las acciones significativas que se habían llevado a cabo en Irak durante los dos meses anteriores.

Siete horas después entregué el informe a un comandante y a un teniente coronel en una valija de mensajería para material clasificado. Los responsables de la Oficina de Asuntos Públicos lo leyeron rápidamente y les gustó lo que vieron. Retiraron de un plumazo todos los sellos que etiquetaban la información como material clasificado. Les pregunté qué estaban haciendo. Iban a enviar la documentación a la prensa iraquí. Me quedé de piedra. El informe de inteligencia que había elaborado solo para uso interno era ahora un informe de evaluación que iba a ser divulgado públicamente. Número de víctimas mortales, incidentes, detalles…, absolutamente todo.

Habíamos tenido un par de meses buenos en comparación con la situación general y la Oficina de Relaciones con los Medios quería que se supiera. El informe haría quedar bien al ejército. Decidieron que no contenía datos delicados, nada que pudiera conllevar consecuencias de ámbito global. Y entonces ¿por qué al principio lo habían clasificado como información reservada?

Pregunté a un oficial de Relaciones con los Medios por qué había retirado los sellos de información clasificada y cómo había podido hacerlo tan rápido. Su respuesta, breve y sincera, se me ha quedado grabada en la memoria: el sistema de clasificación de la información existe única y exclusivamente con el fin de favorecer los intereses del Gobierno de Estados Unidos, por lo que, si a la Oficina de Asuntos Públicos le viene mejor desclasificar algo, lo hará sin dudarlo. En otras palabras, parecía querer decir, el sistema de clasificación no existe para proteger los secretos, sino para controlar a los medios de comunicación. Me di cuenta entonces de que no solo yo no creía que aquella información debiera mantenerse en secreto, sino que tampoco lo creían los mandamases, al menos no cuando les convenía. Fue en ese momento cuando empecé a preguntarme si la población no merecía disponer de la misma información que yo. Si informábamos a los periodistas del panorama al completo cuando eso era lo que nos convenía, ¿por qué no hacerlo siempre? Al fin y al cabo, toda aquella información era histórica y cronológica.

Ese mes inicié el proceso de descarga de los informes de todas las actividades significativas (los SIGACT) de Irak y Afganistán, una versión ampliada de lo que nuestra Oficina de Asuntos Públicos estaba dispuesta a divulgar. En conjunto, el contenido de los informes se acercaba mucho más a la verdad de cómo eran esas dos guerras.

2

Zona central de Oklahoma
1987

Atesoro en mi memoria las imágenes de la zona central del estado de Oklahoma como hermosas instantáneas de color sepia. El paisaje proyecta un brillo dorado infinito sobre los campos marrones de hierba reseca por el sol y sobre la tierra arcillosa, de un rojo herrumbroso, e incluso sobre la modesta casita en la que crecí, con su fachada blanca y negra y la pequeña granja en la parte de atrás con cerdos, caballos, una vaca, gallinas y cultivos básicos.

Vivíamos en una finca de dos hectáreas en un pequeño barranco muy cerca de la autopista estatal 74. El terreno era abundante en barro y maleza, pero disponíamos de un pequeño estanque y árboles en las afueras de una ciudad llamada Crescent, que había sido próspera en el pasado, pero que estaba perdiendo importancia y habitantes. Mi padre hacía el camino de ida y vuelta todos los días con su camioneta Nissan de color rojo teja hasta Oklahoma City para poder seguir viviendo en el campo con un sueldo ganado en la ciudad. Crescent se fundó durante la primera fiebre por la tierra de Oklahoma, tierra robada a los pueblos indígenas que vivían a lo largo de la ribera del río Cimarrón. Décadas antes de que yo naciese, la compañía ferroviaria levantó un largo terraplén cerca de nuestra casa sobre el que colocó las vías. Era lo único que interrumpía el paisaje de la llanura, y cuando te situabas encima, se veían los maizales y los trigales, algunas torres petrolíferas dispersas y las ordenadas vías de ferrocarril que conducían directamente a la ciudad. Crescent tenía un millar de habitantes y todos se conocían y lo sabían todo de los demás, lo cual podía ser tanto una bendición como una maldición, según quién fueses.

Mi familia no tenía raíces en las llanuras. Había llegado allí por el trabajo de mi padre —se dedicaba al procesamiento de datos electrónicos para la empresa Hertz— en la década de los ochenta, unos pocos años antes de que yo naciera. Brian Edward Manning, mi padre, se crio en el seno de una familia de clase trabajadora de origen irlandés en un barrio periférico al oeste de Chicago y pasó la última etapa de su adolescencia moviéndose de acá para allá. Se marchó de casa a los diecisiete años y fue a la universidad en el noroeste de Florida durante un tiempo antes de abandonarla. Estudiar no era para él, en cambio, salir de fiesta, sí. De vuelta en Chicago, en lugar de esperar a que lo llamaran a filas hacia el final de la guerra de Vietnam, él y mi tío Michael decidieron alistarse en la Armada después de un fin de semana de borrachera particularmente bestia, según cuenta. Siempre ha atribuido a la Armada el mérito de haber estructurado su vida, de haberle dado un propósito.

Mi padre hizo que el ejército me pareciese glamuroso. La Armada de Estados Unidos lo destinó a Reino Unido como analista en una base de la Real Fuerza Aérea británica a pocos minutos en coche de Saint Davids, en Pembrokeshire, Gales. Ascendió a suboficial de tercera clase y trabajó con mensajes interceptados con información clasificada, monitorizando una red de micrófonos submarinos entre Islandia y Reino

Unido para detectar la presencia de submarinos nucleares soviéticos (y a veces de la OTAN). Me contaba que manejaba documentos clasificados y que se ponía un uniforme de la Armada Real británica para no llamar la atención y confundir a los espías; yo veía todo aquello como una película de espías o una novela de Tom Clancy, allí, en mi niñez en las vacías y silenciosas llanuras de Oklahoma.

Fue en Gales donde conoció a mi madre, Susan Mary Fox. Provenía de una familia de clase trabajadora de Haverfordwest, una ciudad edificada en torno a un castillo normando en una zona en la que las colinas eran tan escarpadas y verdes como planas y beis son las llanuras del Medio Oeste estadounidense. Eran nueve hermanos; de ellos, ocho chicas. La familia vivía en un piso diminuto de protección oficial de tres dormitorios, en los que apenas cabía una cama individual, así que cuando conoció a mi padre —el americano—, que estaba tomándose unas copas en el sencillo pub de Castle Square, debió de ver en él su billete para escapar de allí, como en los desenlaces de los cuentos de hadas. Se casaron el día después de que él cumpliera los veintiuno. Más tarde, ese mismo año, nació mi hermana Casey, y yo la seguí exactamente once años después, el 17 de diciembre de 1987. Me llamaron Bradley, ahora mi necrónimo.

Mis padres se casaron, pero no vivieron felices y comieron perdices. Siguieron los cánones típicos de un cómodo hogar de clase media: mi padre fue a un *community college* y se sacó un título universitario en Ciencias Informáticas, lo cual finalmente lo ayudó a conseguir el trabajo en Hertz, pero su matrimonio era muy tormentoso. Durante mi niñez nunca supe de los problemas de mis padres. Para mí, la familia era, simple y llanamente, una verdad incontestable: así eran las cosas, como que el sol sale por el este y se pone por el oeste. Sin embargo, tanto mi padre como mi madre eran bebedores empedernidos, de los que recurrían al alcohol para escapar de la rutina diaria.

Mi padre bebía cerveza barata. Amontonaba latas y latas de aluminio en la basura. Nada más llegar a casa, en cuanto dejaba sus cosas, metía una lata helada en una funda isotérmica y se la abría. Los fines de semana o los días de fiesta bebía tanto que a primera hora de la tarde apenas si se sostenía en pie. Mi madre bebía vodka y ron, chupitos de Absolut o Bacardi. Empezaba todas las mañanas echándose un chorrito de licor en su taza de té inglés. Bebió incluso estando embarazada de mí. Me contó que había sufrido dos abortos entre el nacimiento de Casey y el mío. Ahora me pregunto hasta qué punto arrastró consigo la pena por esas dos pérdidas toda su vida.

Durante mi infancia, mi madre fue maravillosamente buena, siempre con una cálida sonrisa en los labios. Confiaba en la palabra de la gente. Sin embargo, también era una mujer que vivía encerrada en sí misma y a veces era incapaz de comportarse como una persona adulta. Nunca aprendió a conducir ni a cuadrar un talonario de cheques y el alcoholismo hizo que cada vez le resultase más difícil interactuar y relacionarse con normalidad con el resto del mundo. Me parezco a ella, pero sus facciones eran delicadas, con las sonrosadas mejillas de quienes consumen alcohol de forma habitual. Fumaba cigarrillos mentolados Salem 100's, uno tras otro, cosa que le dejó los dientes muy amarillos, dientes que, en realidad, eran una dentadura postiza, consecuencia de una pelea en un bar cuando era joven.

Mis padres podían ser los dos encantadores, pero mi padre tenía una vena egoísta. Con su metro cincuenta y ocho de estatura, un pelín más bajo que mi madre, era un tipo divertido y listo, y seguramente de puertas afuera los demás lo percibían como una persona amable y atenta. No obstante, en casa perdía los nervios, montaba en cólera de repente y pagaba su frustración con mi hermana y conmigo. Estaba obsesionado con el ejercicio físico, con tener buen aspecto, así que salía a correr y hacía sentadillas, flexiones y dominadas todos los días, religiosamente. Además, era un verdadero maestro en el arte de decir las mayores gilipolleces de una forma absolutamente convincente.

Casey no tuvo más remedio que madurar muy deprisa. El alcoholismo de mis padres fue el telón de fondo de toda su adolescencia; se convirtió en mi niñera y mi cuidadora, y también cuidaba de mis padres cuando bebían demasiado. Una tranquila y gris mañana de otoño, mi madre estaba sentada en el porche de casa, fumando sin parar cigarrillos mentolados y viendo cómo una ardilla mordisqueaba unas nueces en la rama de una pacana, encima de nosotros. Del árbol cayeron unas cáscaras y una le dio a mi madre en la cabeza. Casey entró en casa y, acto seguido, salió empuñando la pistola de aire comprimido de nuestro padre. Se plantó debajo de las hojas de color marrón anaranjado, con el cuerpo firme y ambos brazos extendidos, y apuntó con la pistola a la ardilla. El eco del disparo retumbó en las colinas, a lo lejos. Mi hermana erró el tiro, respiró hondo y volvió a disparar. ¡Pam! ¡Zas! Esta vez, la ardilla cayó del árbol. Casey había resuelto el problema.

Mi hermana —rubia y de ojos azules, como yo— ya era una adolescente que conducía un Ford Tempo cuando yo iba a la guardería. Ahora lo es todo para mí, y en aquel entonces ya la idolatraba. Tenía su propia línea de teléfono fijo; sábanas de topos y estampados en zigzag, tan típicas de los noventa; y las paredes de su habitación forradas de pósteres, recortes de revista y *collages*. A veces pasaba varios días haciendo puzles de mil piezas y luego los pegaba en una cartulina para colgarlos en la pared. Su habitación también hacía las veces de zoo, repleta de animales: pájaros enjaulados, terrarios llenos de lagartos, ranas y sapos… Más que cualquier otro animal, le encantaban los reptiles.

Yo no solo quería tener su habitación, es que quería ser exactamente igual que ella: a los cinco o seis años me colaba en su cuarto y me probaba sus cosas. Tuvo una fase en sus primeros años de adolescencia en la que experimentó con el *look* de vaquera, y aún me acuerdo de las botas, las hebillas de cinturón y las camisetas de flecos y con estampado de caballos que me ponía. Alucinaba con su tocador de maquillaje, con espejo y unas bombillas que cambiaban de color. Yo me tiraba horas allí, mirándome para ver si estaba diferente con aquel pintalabios, con aquella base de maquillaje, bajo aquella luz... Cuando se cansó de que le dejara el tocador hecho un asco, Casey puso un candado en la puerta de su habitación. Yo seguí intentando abrir el candado para poder jugar con sus cosas.

Ahora tengo la sensación de que pasé mi infancia bajo sensibilidades rígidamente cisgénero. Incluso mis exploraciones siguieron un camino binario. Cuando tenía cuatro años le pregunté a mi padre si de mayor podría vivir como mi hermana, con su maquillaje y su ropa. Me contestó que lo que tenía que hacer era salir a la calle y hacer «cosas de chicos». Me prohibió que viera mi película preferida, *La sirenita*, y me llenó la habitación de juguetes bélicos: maquetas de aviones de combate y muñecos de acción G. I. Joes con tanques y fusiles de plástico. Hasta la colcha de mi cama era de temática militar, estampada con dibujos de F-14 y F-16. Me dediqué a vestir a la Barbie que mi hermana ya no utilizaba con un uniforme de los G. I. Joes y a enviarla a misiones de combate. Al final, mi padre me explicó la diferencia biológica entre los niños y las niñas, después de haberle insistido, preguntándole una y otra vez por qué yo tenía que ser un chico. Al final, su lamentable explicación se reducía a la desafortunada expresión de que «las cañerías de los chicos y las de las chicas son distintas».

Los roles de género en Oklahoma eran tan fijos e inamovibles como la tierra, y yo no encajaba en ellos. «¡Mariquita! Eres como una niña, ¿por qué?», me decían los otros niños.

«¿Eres afeminado o sarasa?». (En otras palabras: «¿Eres gay o eres gay?»). Mi padre quería que les respondiera; de pequeño era bajito y le habían hecho *bullying*, de modo que pretendía que yo reaccionase como él, a puñetazo limpio y soltando pullas. Actuaba con rapidez y era inteligente, y él creía que debía utilizar eso a mi favor.

Cuando tenía seis años, mi padre me ofreció una vía de escape mejor: un enorme ordenador de mesa de color beis de la marca IBM. Los juegos a los que jugaba con él parecían muy inmersivos y de tecnología avanzada para la época, más creativos que cualquier otra cosa disponible en aquel lugar perdido en mitad de la nada. Jugaba al SimCity, uno de los primeros simuladores de desarrollo urbanístico, que consistía en construir pueblos y ciudades asignando calificaciones urbanísticas a distritos residenciales, comerciales e industriales, y conectándolos por carretera y con el tendido eléctrico. En los juegos de ordenador con personajes, yo siempre escogía los de chicas: Jessica, Alice, Chelsea. Mi padre me introdujo en los juegos de simulación de vuelo militar. Piloté los cazas estadounidenses F-15 Eagle y F-16 Falcon, y los soviéticos Su-25 y Su-27. Aprendí distintas maniobras de combate aéreo: bombardear, ametrallar desde el aire, volar en espiral y lanzar señuelos y bengalas. Era muy emocionante, y una forma de sentirme más unida a mi padre.

Lo mismo que con la programación: mi padre me enseñó a programar muy poco después de que hubiese aprendido a leer. Al principio no lo entendía muy bien —me limitaba a teclear exactamente lo que me decía el manual de instrucciones—, pero para cuando cumplí los diez años, ya estaba diseñando y creando mis propios juegos, muy sencillos, como el de un saltador de esquí que bajaba zigzagueando por una montaña. Diseñé mi primer sitio web también con diez años, una web muy sencilla para fans de un juego muy popular de la Nintendo 64.

Ese también fue el año en que besé a un chico por primera vez. Le llamaré Sid. Sid vivía a poca distancia en bicicleta de mi casa y era un chico rubio, bronceado, muy muy flaco y obsesionado con la espectacular pompa de la Federación Internacional de Lucha Libre. Practicábamos lucha en una colchoneta de espuma gigante en su casa, acordonada como un ring con unas cuerdas de puenting, simulando ser auténticos profesionales. Un día, mientras estábamos luchando, me lancé y lo besé de sopetón; no fue premeditado, sino que simplemente obedecí a un impulso. Él me devolvió el beso. Y entonces nos vio otro niño. Cuando Sid se dio cuenta de que nos estaban viendo, me apartó de un empujón. «Déjame, maricón», me dijo. Empecé a llorar sin parar.

El «sexo homosexual» fue delito penal en Oklahoma hasta el año 2003. Así, cuando se corrió la voz de lo que había hecho, el conductor del autobús escolar informó de lo que había oído decir a otros niños y la escuela tomó cartas en el asunto. Al día siguiente, el director me llamó a su despacho, donde estaban sentados mi padre, el conductor del autobús, Sid y el padre de este. La escuela planteó la posibilidad de expulsarme. No estoy segura de que mi padre me prestara siquiera la suficiente atención como para pensar si aquello era o no una señal de que yo era gay. Lo único que parecía importarle era el hecho de haber tenido que salir del trabajo y conducir una hora hasta la escuela. Parecía avergonzado.

Les dije a mis padres y a los responsables de la escuela que no volvería a hacerlo y decidieron no castigarme con la expulsión, pero ojalá me hubiesen mandado a casa: así no habría tenido que enfrentarme a las burlas y los rumores. En aquella época ni siquiera sabía lo que significaba la palabra «gay», y apostaría lo que fuese a que los niños que me llamaban así tampoco lo sabían. Solo sabíamos que era «algo malo», el peor insulto que le podías soltar a alguien. Lo único que quería era que todo aquello pasara cuanto antes.

Años más tarde, mi madre me dijo que ella siempre había pensado que yo era gay. Me lo contó con mucho tacto y delicadeza. Sin embargo, no comprendía mi identidad de género y me parece que quería creer que solo era una fase, algo que se me pasaría con el tiempo. Carecía de la terminología necesaria para hablar de ello, pero, a diferencia de nuestros vecinos, y a pesar de que iba a misa todos los domingos y de que seguramente habría votado al Partido Republicano de haber llegado a obtener la ciudadanía estadounidense, en el fondo de su alma no era una cristiana conservadora radical.

Mi padre, aun siendo conservador en apariencia —no podías no serlo en el corazón de Oklahoma—, tenía cierta vena libertaria. Siempre hablaba de lo nefasto que era Bill Clinton y de que no se podía confiar en los demócratas, repitiendo como un loro los argumentos que oía en las tertulias radiofónicas que empezaban a alcanzar popularidad. Lo que de verdad le molestaba, a él y a muchos otros como él —supongo que se les podría llamar «conservadores libertarios»—, era que el Gobierno federal había matado a varias personas, incluidos mujeres y niños, en Waco, Texas, durante su torpe intervención allí en 1993, cuando yo tenía seis años. Los nombres de Waco, David Koresh, Janet Reno y la ATF dejaron en la mayoría de nosotros un recuerdo amargo. En nuestra comunidad había un miedo omnipresente a que los federales regresasen e interfiriesen de nuevo en nuestras vidas, a que nos requisasen las armas de fuego, a que fuesen de casa en casa e impusiesen una nueva forma de vivir a una gente conservadora y de clase trabajadora. No creo que las personas que no son de ese rincón del mundo puedan entender lo que supuso en términos de experiencia formativa el asedio de Waco, ni que para muchos aún forme parte de la historia reciente e importante.

Mi padre tenía armas de fuego —como casi todo el mundo en el territorio rural de Oklahoma, donde era habitual oír los disparos de los cazadores o de las prácticas de tiro recreativo— y eso era importante para él, pero rara vez daba su opinión sobre otros asuntos de la esfera social. En las pocas ocasiones en que hablaba sobre los valores cristianos o familiares —y solo en presencia de invitados o personas ajenas a la familia—, lo hacía de modo artificioso, forzado. Era como si estuviese haciendo teatro, satisfaciendo su necesidad de encajar en un determinado ambiente social. La fuerte postura antiautoritaria de mi padre era la que impulsaba su preocupación ante la posibilidad de que un gobierno descomunal y peligroso invadiese nuestros hogares e interfiriese en nuestras vidas. De todos modos, el gobierno era un ente que nos quedaba muy lejos y que nos era completamente ajeno; nosotros vivíamos en la intemperie. Yo casi nunca veía coches de policía ni ambulancias, y lo más cercano a algo gubernamental era el autobús escolar y una niveladora gestionada por la administración local que allanaba la carretera de tierra en la que vivíamos más o menos una vez al mes.

Y, pese a todo, las grandes preocupaciones —y los peligros— del mundo exterior se cernieron sobre Crescent de forma alarmante. Un caluroso día de primavera, cuando tenía siete años, un día de sol radiante sin una sola nube en el cielo, oí un enorme estruendo en la calle. Resultó que no era ninguna tormenta tropical, sino una camioneta Ryder de alquiler cargada con nitrato de amonio que acababa de estallar en Oklahoma City, a unos cincuenta kilómetros de distancia. Los profesores, presos del pánico, estaban muertos de miedo y nos reunieron a todos en una sala para hacer un recuento de los estudiantes. Recuerdo ver las noticias explicando lo sucedido, pero en realidad lo único que entendí o escuché fue que alguien había matado a mucha gente: 168 personas, incluidos los niños pequeños de una guardería del edificio federal que Timothy McVeigh se había marcado como objetivo. Cometió el atentado el 19 de abril, dos años exactos después del trágico final del asedio de Waco.

A causa de haber vivido de cerca la tragedia de aquella explosión, el terrorismo estuvo planeando sobre toda mi infancia. Fui testigo desde una edad muy temprana de lo absurdo de la pérdida de vidas humanas y de que los estadounidenses podíamos hacer tanto o más daño a nuestro propio país que cualquier amenaza externa. Al fin y al cabo, mi primer contacto con el terrorismo no fue por obra de radicales extranjeros, sino de un americano blanco normal y corriente, un extremista de derechas, en un lugar perdido.

Para entonces, la violencia ya se había convertido para mí en el pan de cada día. Mi padre me daba unas palizas de campeonato; nos maltrataba a todos. Me pegaba con un cinturón o un matamoscas, y a veces las palizas parecían completamente arbitrarias, me confundían, no tenían nada que ver con ninguno de mis actos. Estaba enfadado con el mundo y la pagaba conmigo. ¿Qué había hecho yo? ¿Por qué no me quería? Nunca obtuve ninguna respuesta. Cuando lloraba de dolor, me decía que no pararía de pegarme hasta que dejara de chillar, hasta que dejara de mostrar debilidad. Entonces me obligaba a mí misma a cerrar la boca, con todo el cuerpo lleno de moretones.

La peor paliza la sufrí una noche cuando tenía once años, uno después de haberme metido en aquel terrible lío en la escuela. Estaba haciendo los deberes en el ordenador que compartíamos toda la familia, en el comedor, un trabajo de una hoja para la clase de Sociales de quinto curso. Mi padre llegó a casa cuando el sol se estaba poniendo en el horizonte y, por alguna razón, empezó a beber más que de costumbre. Una hora después, con los ojos inyectados en sangre, apenas se tenía en pie. Intentó echarme del comedor. «¡Quítate de en medio!», me gritó. Le dije que estaba haciendo los deberes. «Esta es mi casa, así que paga el alquiler o lárgate de aquí», me soltó. Me quedé perpleja: tenía once años y necesitaba acabar los deberes.

Se fue con paso furioso a su dormitorio y volvió con el cinturón en la mano, amenazándome de nuevo. Sin embargo, yo ya no me inmutaba al ver el cinturón. Me tiró boca abajo, me bajó los pantalones hasta las rodillas y empezó a darme azotes en las nalgas. Cuando me estaba pegando, le quité el cinturón. Entonces él me agarró del cuello de la camisa y me levantó en el aire.

El esfuerzo de años por ganar rapidez y habilidad al enfrentarme a chavales más grandotes en las sesiones de lucha libre tuvo su recompensa. Me di cuenta del error de papá: tenía los brazos rectos y extendidos. Le doblé los brazos hacia atrás y se los inmovilicé en la espalda. «¡Suéltame, joder!», me gritó. Me empujó todo el cuerpo contra la pared y noté cómo se me rompían los vasos sanguíneos bajo la epidermis. Le torcí el brazo y, cuando se puso a chillar de dolor, lo solté y me aparté. Luego me volví a sentar en la silla delante del ordenador como si no hubiera pasado nada.

Al levantar la vista, vi a mi padre a mi lado empuñando su escopeta del calibre 12, completamente ebrio. Intenté salir corriendo por la puerta principal, pero, por su paranoia de que el gobierno iba a venir a por nosotros, mi padre había instalado una cerradura de seguridad. Mi madre, que también estaba borracha, quiso intervenir y decirle que parara. Él se volvió hacia ella y empezó a gritarle, y aproveché ese momento para abrir la puerta. Fuera, el cielo se había teñido de verde y de un rosa arrebolado: se avecinaba una tormenta. Escogí una dirección al azar y eché a correr, tratando de alejarme lo máximo posible de su ira y tratando de canalizar la mía. Cuando tenía la tormenta casi encima, volví andando a casa y entré. Mi madre estaba sentada en el suelo junto a la escopeta abandonada, con la mirada perdida. Mi padre estaba encorvado hacia delante, murmurando para sí.

El incidente no acabó ahí. No hice los deberes y tenía todo el cuerpo magullado, y ninguna de las dos cosas le pasó desapercibida a mi profesora de Sociales. Me llevó a un aparte y le conté lo que había ocurrido. La profesora involucró a los servicios sociales: una trabajadora social vino a la escuela a investigar lo sucedido, pero no era eso lo que yo quería. Por difícil que fuera la convivencia con mis padres, yo los quería y no me podía imaginar viviendo en ningún otro sitio, y mucho menos en un hogar de acogida. Le mentí a la trabajadora social sobre la agresión, limpiando así el buen nombre de mi padre. Con todo, nuestra relación siguió siendo distante. Nunca me ofreció ninguna muestra de afecto, nunca me dio la aprobación que tan desesperadamente necesitaba de él.

Con la pubertad llegaron nuevas complicaciones a mi vida: me enamoré de mis mejores amigos, y era una sensación absolutamente abrumadora, sobre todo cuando estaba cerca de un chico en concreto. Creí detectar que él de algún modo sentía algo parecido, y además era demasiado doloroso guardarme todo aquello dentro. Al final le confesé mis sentimientos. Reaccionó bien, mostrándose amable pero firme al decirme que no me correspondía… y me guardó el secreto. En cambio, también le hablé a otro amigo de mi enamoramiento y este se dedicó a hacer correr la voz por toda la escuela. Yo lo negué por completo y volví a encerrarme en la represión.

En privado guardaba un secreto aún mayor. Mi experimentación con la representación de género se había ampliado más allá de mis incursiones clandestinas en el cuarto de mi hermana. Entraba en las tiendas de la ciudad —el centro comercial estaba demasiado lejos y no quería pedirle a mi madre o mi padre que me llevaran— y robaba cosas para probármelas en casa, delante del espejo: maquillaje y sujetadores, básicamente. Me metía calcetines de relleno en el sujetador para ver qué aspecto tenía. Sin embargo, cuando acababa, lo tiraba todo a la basura y me prometía que no volvería a hacerlo nunca más.

Internet era el único lugar donde podía explorar mi identidad sin preocuparme por las consecuencias. Mi familia contrató el servicio de conexión vía marcación telefónica de la compañía AOL muy pronto —hacia 1993— y las salas de chat por las que navegaba con nuestro módem de 14,4 k empezaron a llenarse de gente con la que sentía una gran afinidad, me parecían mis amigos. Entendía ese mundo, me sentía libre en él. Allí no había consecuencias. Las salas estaban llenas de aprendices de hackers y nos poníamos a hablar de juegos o películas en plena conversación sobre problemas con el ordenador, trucos de programación y sugerencias para la configuración de hardware. Muchas veces la conversación derivaba hacia la vida en general, hacia nuestras ideas; eran las conversaciones inteligentes que tanto ansiaba.

En internet era una persona adulta, o al menos eso era lo que aparentaba ser. Cuando tenía doce o trece años empecé a entrar en salas de chat gais y a hablar con gente sobre ligar o sobre cibersexo. Te preguntaban tus datos personales básicos —edad, sexo, ubicación— y tus medidas corporales y tu talla. También nos pedíamos fotos, pero yo siempre me las arreglaba para no tener que enviar ninguna. Tampoco quedé nunca en persona con nadie de los foros; me daba demasiado miedo. Para mí, internet resultaba más útil como fuente de información. No puedo ni contar el número de veces que llegué a introducir la palabra «gay» en los motores de búsqueda. (En aquella época casi todos los resultados eran webs de pornografía). También busqué la palabra «transgénero» un par de veces, aunque lo cierto es que no sabía qué quería decir exactamente. En ese caso, los resultados fueron menos esclarecedores todavía. La palabra que yo oía en aquel entonces era «transexual», pero no aludía a nada positivo: siempre se refería a los personajes de las prostitutas de la serie *Ley y orden* o a un hombre con barba y peluca que salía para hacer reír en el programa de Jerry Springer. Yo no me identificaba con ninguna de aquellas personas, así que, ante la ausencia de modelos, no me identificaba como mujer trans.

Además de buscar información sobre cuestiones de género, lo que de verdad me entusiasmaba de internet era la posibilidad de compartir archivos, sobre todo de música. Por aquella época, me gustaba mucho Eminem y otra música de rap que me parecía cañera, diferente. Me gustaba que escandalizase a los locutores de los telediarios y que generase tanta controversia. Como la música electrónica que también empecé a descubrir entonces, era algo estimulante porque se salía de la norma en Oklahoma City, donde en las emisoras de radio se oía sobre todo rock clásico y música country. Los CD de la cadena de supermercados Walmart eran demasiado caros, y encima solían ser las versiones censuradas. Así que cuando le echaba el guante a algo bueno a través de mis amistades, lo grababa en un CD. Cuando salió Napster, en 1999, hubo una especie de progresión natural de ese acto de compartir y, al mismo tiempo, fue una revelación, una promesa de una música a la que no habría podido llegar de otro modo. Y no solo me descargaba música, sino que la mezclaba, utilizando los primeros programas de DJ y herramientas de edición de audio para cortar, mezclar, hacer remixes y recrear mi propia música.

Y entonces, un buen día, fui a ver cómo iban mis descargas y descubrí que habían cerrado Napster. La promesa de disfrutar de música gratis había atraído demasiada atención, suponía una amenaza para empresas muy poderosas. Y, así, mi vía creativa más importante desapareció de la noche a la mañana, sin más. La razón del cierre, la ley de derechos de autor de Estados Unidos, me parecía tan obsoleta y extraña como los coches de caballos o como hacer mantequilla en casa batiendo la nata a mano. No me podía creer que hubiese personas —mis amigos— en peligro de acabar en la cárcel solo por descargar música.

La idea era absurda. Copiar datos e información parecía la cosa más natural y normal del mundo. El concepto de que descargarse música o compartir información fuese igual que robar me parecía intelectualmente deshonesto; intuitivamente, pensaba que no tenía ningún sentido. La información no es algo tangible que se pueda empaquetar y vender en un Walmart.

Empecé a leer las ideas de Richard Stallman, quien había adquirido notoriedad al decir que la información debería ser «libre» como en la libertad de expresión, y no como en el acceso libre a cerveza gratis. Por primera vez, empecé a plantearme en serio hasta qué punto el gobierno podía afectar a mi vida diaria y a considerar que mi reacción ante ello podía ser política. Dejé de utilizar productos de Microsoft, con sus carísimas licencias de uso, y me pasé al sistema operativo Linux, el experimento idealista de software de código abierto. La interfaz de usuario no era nada cómoda, pero era de uso libre, un concepto en el que creía. Podías hacer modificaciones y, cuantos más usuarios ayudasen a mejorar el código, mejor sería el sistema. En aquel entonces, aquello era revolucionario. La comunidad usuaria de código abierto era como una especie de movimiento. Las personas se interconectaban unas con otras sin importar su ubicación geográfica. Internet se expandió.

En el colegio fui insoportable. Era inteligente y arrogante, y destacar académicamente —sobre todo en geografía, Ciencias y Matemáticas— se convirtió en algo que me permitía transformar el hecho de ser diferente en una cosa positiva. Gané el concurso de ciencias, fui miembro del equipo para la competición escolar y fui la primera persona de mi colegio en ganar esa competición a nivel estatal. Pensaba que podía aprender lo que fuese y que, si no sabía demasiado sobre algún tema, llegar a dominarlo era una mera cuestión de tiempo. Leía la enciclopedia por placer, para cultivarme. Cuando me hice un poco mayor empecé a acercarme metódicamente a la filosofía occidental, empezando con los griegos.

Al otro lado de la puerta cerrada de mi cuarto resultaba más difícil encontrarle sentido al mundo. Mis padres no se llevaban bien y me había quedado claro que ninguno de los dos era capaz de cuidar de sí mismo. A veces solo conseguían vestirse o alimentarse con un gran esfuerzo. Se ponían ciegos de alcohol y se peleaban, y en ocasiones incluso llegaban a las manos. Yo me encerraba en mi cuarto a solas, llorando, cuando oía a mi padre gritar, amenazar a mi madre con pegarle, con abandonarla. Algún día oía que la sujetaba y el ruido de sus pasos dando fuertes pisotones a su alrededor atravesaba las paredes de mi habitación, finas como el papel. También oía los pasos de mi madre, en una especie de baile extraño tremendamente grotesco. Cada vez que iba a servirse otra copa se tambaleaba.

Mi madre era rehén del alcohol. El vodka la desestabilizaba por completo. Se sumió en una profunda depresión, cosa que la llevó a beber aún más. Fue a ver a varios psiquiatras, que le recetaron Paxil, un fármaco que no casaba bien con la ingesta de alcohol. Había dejado de hacer muchas de las cosas que hacía antes; lo único que conseguía hacer más o menos era limpiar un poco la casa y preparar alguna cena calentando algo en el microondas. Cuando cumplí los doce años, mis padres empezaron a hablar de divorcio. Al principio en secreto, casi en susurros. Cuando al fin me lo dijeron, se me cayó el mundo encima. A mi madre también. Una noche se fue al cuarto de baño y se tragó un bote entero de pastillas —un relajante muscular que el médico le había recetado a mi padre— regadas con un destornillador de vodka.

Yo oí algo desde mi habitación. Mi madre estaba inconsciente, medio desnuda, tirada en la alfombra verde del pasillo. Aún respiraba, despatarrada, y se le había caído la dentadura. «¡Papá!», grité. No me respondió. Mi hermana se hizo cargo de la situación. Casey llamó a urgencias, pero vivíamos demasiado lejos del hospital como para esperar a una ambulancia. Mi hermana despertó a mi padre, que estaba durmiendo la borrachera. Casey nos metió a todos en su coche y salió para urgencias a toda velocidad. Mi padre iba sentado en el asiento del copiloto mientras, en la parte de atrás, yo sujetaba en brazos a mi madre, aún inconsciente, con el estómago atiborrado de pastillas. Yo no conseguía asimilar lo que le estaba pasando, así que me concentré en Casey: nunca la había visto tan fuerte, tan sumamente dueña de la situación.

Mi madre estuvo diez días ingresada en el hospital y cuando volvió a casa, con la pulsera blanca de plástico del centro sanitario aún en la muñeca, nunca volvimos a hablar del incidente. Sin embargo, para mí, el miedo a que mi madre se muriese lo permeaba todo. Ahora era consciente de lo difícil que le resultaba cuidar no ya de mí, sino de sí misma. Cuando murió, en enero de 2020, yo llevaba décadas preparándome para ese momento.

Tras el intento de suicidio de mi madre, el matrimonio de mis padres se deterioró aún más. Mi madre quería que mi padre supiese cuánto daño le había hecho, hasta qué punto era culpable de los problemas de ambos. Una noche se puso en plan dramático e hizo las maletas y se fue de casa. No llegó muy lejos, solo hasta la casa de los vecinos, pero me asusté mucho y me pregunté qué pasaría si no volvía nunca más. Eran pensamientos muy oscuros que habían estado asaltándome desde su ingreso en el hospital, un suceso que supuso un importantísimo punto de inflexión para mí, un momento que cambiaría por entero mi realidad. Antes de ese día, no podía imaginarme a mis padres separados, no tenerlos a ambos conmigo. Pensaba que mi familia siempre iba a ser la excepción en aquella zona central de Oklahoma, donde tantos de los chavales que conocía eran hijos de familias monoparentales o tenían un nuevo padrastro o una nueva madrastra cada pocos años. Nosotros éramos especiales, o eso creía yo, a pesar de nuestros problemas más que obvios. Nuestra unidad familiar era una fuerza de la naturaleza. El matrimonio de mis padres era distinto, pensaba yo. Pero dejó de serlo.

3

Gales
2001

Un cálido y soleado día de septiembre, cuando estaba en
octavo, estaba tranquilamente en el sofá después de desayunar. Mis padres se habían separado el año anterior y mi
madre tenía la custodia temporal. Ella y yo nos habíamos
ido a vivir a otra casa, en la ciudad, a escasa distancia a pie
de la escuela, cosa que le proporcionaba a mi cuerpo adolescente más tiempo para dormir. Yo echaba una cabezadita mientras ella veía las noticias y la luz del sol entraba a
raudales por las ventanas. De pronto, la voz confusa y dominada por el pánico del locutor me despertó. Acababa de
pasar algo pavoroso: los aviones habían chocado contra las
torres.

Los libertarios rurales de mi ciudad pensaban que nos iba
a asolar una plaga de calamidades que llegarían a Oklahoma
directamente a través de Oriente Próximo. Recuerdo pasar
junto a una gasolinera de camino a casa y ver una cola kilo-
métrica de coches, de gente que llenaba no solo el depósito,
sino también bidones, por si se agotaba el suministro. Mi padre era uno de los que temían que el colapso de la sociedad,

incluso de una sociedad estable como la nuestra, podía producirse en un abrir y cerrar de ojos.

Después del 11 de septiembre puse una bandera de Estados Unidos en mi taquilla, una que bajé de internet e imprimí, y desde luego no fui la única estudiante en hacerlo. Me parecía lo correcto, pero lo cierto es que me preocupaban, ya a esa edad, las consecuencias del creciente miedo al terrorismo islámico. Tuve una discusión con un profesor de historia —que también era mi entrenador de baloncesto y de atletismo— sobre si aquel patrioterismo militante acabaría llevándonos a la instauración de la ley marcial o a restricciones a la libertad de expresión. Él no lo creía, pero yo había visto la película *Estado de sitio*, protagonizada por Denzel Washington y con Lawrence Wright como coguionista, unos años atrás. La película narra una serie de ataques terroristas en la ciudad de Nueva York y la respuesta oficial, que consiste en detener a personas musulmanas y encerrarlas en distintos estadios. La fuerte xenofobia, justificada por los llamamientos a la seguridad, me resultaba conocida. Yo no dejaba de darle vueltas a la cuestión fundamental en torno a la que gira el argumento de la película: ¿nos convertimos en monstruos como respuesta ante la monstruosidad? Mi profesor decía que todo volvería a la normalidad algún día, pero a mí me inquietaba que nada volviese o pudiese volver a la normalidad nunca más.

Fue un otoño difícil, una ruptura absoluta y definitiva con mi infancia. Dos meses después del 11 de septiembre, mis padres se divorciaron de forma oficial. Al cabo de unas semanas, mi padre volvió a casarse. La boda fue una rápida ceremonia civil en un juzgado. A mí no me invitaron, sino que me lo dijeron *a posteriori*. No estaba claro cuánto tiempo hacía que mi padre conocía a la otra mujer antes de separarse de mi madre, ni si su relación había desempeñado algún papel en el divorcio. Ni mi madre ni mi padre me parecieron sinceros nunca sobre lo ocurrido, y cada uno quería que yo creyese su versión de lo que había pasado entre ellos.

Después del divorcio, mi madre tuvo que mantenerse económicamente por primera vez desde hacía años, o incluso por primera vez en su vida. Vi con claridad hasta qué punto no tenía ni idea de cómo cuidar de sí misma. Empezó a beber aún más y su salud fue empeorando. Consiguió empleos muy variopintos: de celadora, mujer de la limpieza, niñera... Incluso estuvo trabajando un tiempo en la cafetería de mi escuela. Mi madre no era capaz de valerse en la vida. A los catorce años empecé a ocuparme de su cuenta bancaria, de sus declaraciones de impuestos y de las facturas mensuales. Vivía en la otra punta del mundo respecto al lugar donde se había criado, limpiando retretes y llegando a duras penas a fin de mes, y el hombre por el que había abandonado a su familia y su país la había dejado por otra mujer. Pero aun a pesar de saber todo esto, yo me sentía completamente ajena a ello. Mi sensación de seguridad, de saber en qué sitio del mundo encajaba, se había desintegrado. Diez meses después de su divorcio, justo cuando tenía que empezar la secundaria en el instituto, mi madre compró unos billetes de avión que apenas podíamos permitirnos: nos íbamos a vivir a Gales, de vuelta al entorno de su infancia, donde habría personas que podrían cuidar de ella. Yo no quería marcharme.

La familia de mi madre no tenía muchos recursos. Nos alojamos con sus hermanas, apretujándonos con ellas en sus casitas minúsculas, casi sin espacio, y no tardó en quedar claro que éramos una carga más para unas familias que ya tenían el agua al cuello. El entusiasmo por la novedad de su regreso se pasó enseguida y las antiguas rencillas y rencores volvieron a aflorar. Yo me veía incapaz de seguir todas las discusiones —y a mi madre le costaba ponerse al día con las complicadas intrigas familiares que se había perdido durante décadas—, pero al cabo de pocas semanas se hizo más que evidente que ya no podíamos continuar viviendo allí por más tiempo. Mi madre encontró un piso diminuto en la ciudad, pero no pudimos permitirnos amueblarlo más que con un par de camas y otro par de sillas. Era una vida austera y tranquila: solo nosotras dos en aquellos pocos metros cuadrados tristes y vacíos. Mi madre no había cumplido todavía los cincuenta, pero el tabaco y el alcohol habían hecho mella en su cuerpo. Poco después de mudarnos al piso nuevo, sufrió varios ictus; no obstante, en lugar de asustarse y empezar a cuidarse un poco más, aquellos episodios le provocaron un intenso miedo a los médicos y a la medicina en general; después de otro ictus leve se negó a ir al hospital. Era como si se hubiera resignado a entregarse a un lento deterioro y me obligara a mí a ser testigo del proceso. Empecé a desconectar de mi vida familiar, a intentar pensar lo menos posible en lo complicado que era todo. Pasaba mucho tiempo a solas y llenaba las horas con videojuegos, música y el monopatín.

Yo no era una persona totalmente provinciana. Mi familia había viajado mucho cuando yo era más joven, incluso vivimos en Francia en el verano de 1995, cuando mi padre trabajaba ayudando a la empresa Hertz a prepararse para el cambio a la eurozona. Sin embargo, en Gales, al ser la nueva de la clase, y encima estadounidense, tardé mucho en adaptarme al instituto. Toda mi vida se habían metido conmigo por mi actitud y apariencia afeminadas, pero en Oklahoma tenía a mis amistades de siempre, que me defendían, jugaba en el equipo de baloncesto de la escuela y se me daban bastante bien los tiros en suspensión. En Gales ni siquiera jugaban al baloncesto. El instituto, un gigantesco laberinto de ladrillo y cristal de los años cincuenta, era diez veces más grande que el instituto de Crescent. Íbamos a clase con uniforme y corbata verde, blanca y roja, los colores de la bandera galesa. Un compañero tuvo que enseñarme a hacerme un simple nudo medio Windsor con la corbata. El primer día de clase conocí a una chica

que se llamaba Emily, una morena muy guapa de ojos casta-
ños que se convirtió en mi primera amiga. Tenía novio y yo
sentía cierta atracción por él... y también por ella. El caso
es que no sabía si sentía algo por los dos o si lo que pasaba era
que quería ser ella y salir con él. Me obsesioné con las extra-
ñas complejidades de aquellos sentimientos y me distancié de
los dos: si conseguía dejar de pensar en ellos, tal vez podría
dejar de sentir lo que sentía. Experimentar abiertamente con
el sexo era algo mucho más normal en Reino Unido que en
Oklahoma, al menos si eras hetero, pero, aun con el ambiente general de permisividad, me costaba asimilar lo distinta que
era mi orientación. A mí me gustaban los chicos; el anhelo
que sentía cuando miraba a las chicas no tenía su origen en un
deseo físico por ellas.

Una de mis compañeras de la clase de Física siempre se
reía de mis gracietas. Una vez, mientras hacía el payaso —imi-
tando a actores famosos—, se rio tanto que se cayó de la silla.
Todo el mundo me decía que yo le gustaba. Aquello se convirtió en la comidilla del instituto y un amigo le dio mi número de teléfono. Al cabo de unas semanas me envió un mensaje para invitarme a una fiesta. Era en el jardín trasero de una
casa, sin padres, solo unos cuantos de nosotros con vasos ro-
jos de plástico llenos de alcohol escuchando música de los
Blink-182 a través de unos altavoces que distorsionaban el sonido. Nos pusimos a saltar en una cama elástica, cada vez más
y más alto, cada vez más y más borrachos. Ella y yo empezamos a pelearnos en plan de broma, tocándonos y esas cosas, y
entonces ella me cogió de la mano, con fuerza, y me llevó detrás de un cobertizo del jardín. Me besó y yo me quedé inmóvil. ¿Dónde tenía que poner las manos? ¿Qué hacía con la lengua? ¿Por qué no me estaba gustando aquello? Tensé todo el
cuerpo y ella paró. «Soy gay», le dije. ¿De dónde había salido
eso? No estaba lista todavía para decirlo. Ella siguió sujetándome la mano y supuse que comenzaría a mofarse en cual-

quier momento o que se iría y me dejaría allí; en cambio, me preguntó qué chicos me gustaban. Me reí y me ofreció otra copa, pero yo decidí irme a casa. Lo que más quería en el mundo era tener una relación, estabilidad, alguien con quien conectar, a quien contárselo todo, de quien depender y en quien confiar.

Y, sin embargo, ni siquiera tenía las oportunidades más básicas de experimentar con mi orientación sexual. El bar queer más cercano estaba a casi sesenta y cinco kilómetros, en Swansea, con una clientela, en general, mayor; de todos modos, yo aún era menor de edad. Así que una vez más volví a recurrir a internet. Al parecer, había una nueva sala de chat para cada nuevo aspecto de mi vida. Probé con el porno, pero era demasiado extremo y no me gustaba. A veces ayudaba a mis amigos a encontrar lo que buscaban en páginas porno de manera que sus padres no pudieran enterarse, y lo que veía siempre daba bastante repelús, un montón de chicas en topless con unos pechos enormes que parecían casi de caricatura.

De vez en cuando, la conmoción por lo que ocurría en el mundo se colaba entre la nebulosa de mi falta de autoestima. Estaba en Gales cuando empezó la invasión de Irak, en 2003. Presencié la evolución del mundo después de los atentados del 11 de septiembre desde fuera de Estados Unidos, lo cual me brindó una perspectiva distinta de los hechos. Mis compañeros de clase me endosaron a mí todo el peso de la política exterior estadounidense y me echaban la culpa de cualquier cosa que hiciera la Administración de George W. Bush. «Todos los americanos sois iguales». Nadie captaba lo compleja que era nuestra política interior, así que me vi en la tesitura de tener que defender algo que me parecía enrevesado, poco claro. Escribí una redacción para el instituto sobre la invasión. Mis argumentos no eran morales, sino económicos. Yo no hablaba de si la guerra estaba justificada o no, sino que me centraba, de forma imparcial, en los costes: sostenía que el coste no merecía la pena. No estaba absolutamente en contra de la guerra, ni mucho menos, y me chocaba la cantidad de gente que conocía que sí lo estaba. Mis compañeros se pusieron de pie para dedicar una pequeña ovación a mi texto.

El verano de 2005 quise renovarme el pasaporte estadounidense y tuve que ir a Londres. Me sentía vulnerable, atrapada, y deseaba asegurarme de que disponía de una vía de salida en caso necesario. Era principios de julio y me alojaba en una habitación pequeñísima, del tamaño de un armario, en un hostal barato de Bloomsbury. Bajé la escalera de caracol con mi mochila a la espalda y salí a la calle. Me dirigí a la estación de metro de King's Cross y justo acababa de pasar por debajo de la imponente fachada y luego por los torniquetes cuando estalló el caos. No vi ningún incendio ni explosiones, pero sabía que había ocurrido alguna catástrofe. Seguí a la gente, que corría de nuevo afuera, hacia la calle. El cielo estaba plagado de helicópteros. Nunca olvidaré las sirenas de los bomberos y de la policía; el ruido de fondo de la ciudad cambió en un instante. Yo no tenía adónde ir ni nadie con quien hablar, solo era un chaval descolocado con una mochila al hombro. Cerraron el transporte público, así que me fui andando hacia Grosvenor Square. Paré en un bar de mala muerte y me aposenté en un taburete de una mesa de fuera, donde podía mirar las noticias a través del cristal del bar: todas las televisiones habían dejado de retransmitir los deportes para emitir la amplia cobertura de la BBC con la palabra TERRORISMO en letras grandes acompañada de las imágenes de un autobús destrozado. Fue así como me enteré de lo que había pasado: habían estallado cuatro bombas en la ciudad, tres en sendos convoyes de metro y una cuarta en un autobús, y uno de los convoyes de metro había salido de King's Cross. ¿Qué habría sucedido si hubiese llegado a la estación unos minutos antes? No podía dejar de hacerme esa pregunta, imaginándome lo peor.

Decidí ir de todos modos a mi cita —había viajado nada menos que desde Gales y no sabía qué otra cosa hacer—, pero la embajada de Estados Unidos (y la ciudad entera) estaba cerrada. Yo era una de las pocas personas vestidas de civil en las calles. Parecía el preludio de una batalla. Había miembros de las fuerzas de seguridad por todas partes. Esa noche dormí en un banco cerca de la estación de Paddington y cogí un autobús de vuelta a Gales por la mañana temprano. Mi madre estaba de los nervios. Temía que hubiese muerto en los atentados, pues no la había llamado para dar señales de vida. Siguiendo la típica lógica adolescente, supuse que pensaría que, si me hubiese pasado algo, entonces sí la habría llamado. Intenté no dejarme dominar por la ansiedad que me daba algo que no había sucedido.

Había empezado a pensar en mi futuro. Mi único objetivo era llegar a ser una persona rica, tener cierta seguridad en la vida. No me planteaba nada más específico. Un trabajo en el sector tecnológico parecía la mejor manera de conseguirlo; había progresado mucho desde los tiempos en que mi padre y yo programábamos juegos de ordenador de esquí alpino. Para entonces ya tenía mucha experiencia en programación y había hecho cosas como diseñar mi propio servidor seguro, cosa que en la época todavía no era muy común. Conocía los entresijos de la gestión de bases de datos, la importancia de la experiencia de usuario y las virtudes de un buen diseño. También comprendía el papel de la seguridad en la infraestructura online: saber cómo proteger los servidores implicaba saber también cómo explotar sus fallos de seguridad, en una época en que había puntos débiles por todas partes.

Conocí el mundo de la informática y de los ordenadores básicamente experimentando y colándome en todas partes, es decir, hackeando. En aquella época había muchas vulnerabilidades, que yo veía como simples problemas que había que resolver. En otras palabras, hacerme con el control completo del sistema, adquirir la habilidad requerida para ser administrador, editar cualquier archivo y ver los contenidos que quisiese. Un servidor cualquiera de California o de Italia podían convertirse en mi propio cubo de Rubik.

Las salas de chat en las que pasaba cada vez más y más tiempo se habían vuelto más profesionales, más técnicas, y también más políticas, en cierto sentido, debido a que las severas medidas del Gobierno contra la práctica de compartir música y software comercial se habían hecho aún más duras. Mis actividades como pirata informático empezaron a solaparse con mi compromiso ideológico con la libertad de información: me marcaba objetivos que, en mi opinión, se lo «merecían». Hackeaba páginas web o saboteaba los servidores de organizaciones de la industria discográfica que habían emprendido acciones legales para limitar la capacidad del público para bajarse archivos o compartir información. No actuaba en solitario: fuera del oscuro mundo de la sala de chat, grupos de adolescentes y jóvenes que estaban soberanamente aburridos y eran vagamente nihilistas habían empezado a formar células semiautónomas de personas de ideología similar. Usábamos una app que se llamaba Internet Relay Chat (IRC), que nos permitía hablar en privado. Atacábamos las webs públicas de nuestros objetivos y las desfigurábamos: yo les colgaba un banner que decía algo así como «este sistema nos pertenece» o creaba una réplica paródica de la web de una organización y la llenaba de cosas que destrozaban su imagen pública. Dejábamos en las webs bromas privadas, referencias a juegos y películas o, directamente, una sarta de tonterías. Todo «por las risas», solíamos decir.

Había una persona en mi vida real que entendía de ordenadores tanto como yo. Wallace —así llamaré a ese chico de mi curso— se había convertido en mi mejor amigo y en mi mayor rival a la vez: competíamos académicamente y siempre estábamos intentando superarnos el uno al otro. Ambos fanfarroneábamos a todas horas y sobre toda clase de temas, haciendo como que sabíamos cosas que no sabíamos, de modo que los dos podíamos pillar las mentiras del otro. Con el tiempo nos dimos cuenta de que teníamos algo más en común aparte de nuestra extraña afinidad y la competitividad mutua y constante: ninguno de los dos era completamente sincero con las personas que nos rodeaban. Wallace era gay y no había salido del armario, mientras que yo era trans y me autorreprimía. Como consecuencia, aún teníamos más que demostrarle al mundo y a nosotros mismos. Se nos ocurrían grandes ideas: una vez quisimos poner en marcha una red social propia; eso fue antes de Facebook, en la época de Myspace. Dijimos que yo sería el director de la parte tecnológica mientras que él se ocuparía de nuestra imagen pública, e intentamos hacer publicidad de los comercios locales. Sin embargo, nos peleábamos por absolutamente todo: cómo hacerlo, quién se atribuía cada cosa. Antes de arrancar siquiera, pusimos fin a la iniciativa y, durante unos meses, también a nuestra amistad.

Investigamos qué más podríamos hacer con nuestras habilidades. Una vez, Wallace me desafió a entrar en los archivos digitales de un personaje público de la ciudad al que no podía ver ni en pintura. Yo quería demostrarle que tenía unos conocimientos de los que él carecía, así que una noche, aprovechando la ventaja de la oscuridad, fui al despacho de la persona en cuestión. Forcé la cerradura y luego copié el disco duro de su ordenador de mesa en un disco duro externo. El primer vistazo a la imagen del disco no reveló nada digno de mención: era un ordenador que se utilizaba sobre todo para navegar por internet y escribir memorandos. Revisamos juntos los mensajes de correo electrónico; reuniones, política de empresa, nada que pudiera ser escandaloso. Tiré el disco copiado a la basura. Aun así, aquello supuso un triunfo para mí: le había demostrado a Wallace que podía hacer algo que él no podía hacer.

Mi hermana se casó el día de Año Nuevo de 2005 con un estudiante de Derecho, en una ceremonia por todo lo alto en el casino Tropicana de Las Vegas. Mi padre y mi tía se ofrecieron a pagarme el billete de avión; hacía dos años y medio que no estaba en mi país. Acepté el dinero de mi padre, pero en vez de ir a verlo a Oklahoma City, antes de la boda me quedé en casa de mi tía con mis tres primos, cerca de Washington D. C. De vuelta en Estados Unidos me vino la nostalgia de golpe. Aquel era mi hogar: la forma en que la gente te saludaba por la calle, los acentos, todo despertó en mí una intensa añoranza ante la que había estado cerrando los ojos. Los barrios de las afueras de Washington, en Maryland me parecían más cordiales, más agradables y más familiares que Gales e incluso que Crescent, mi ciudad natal: había árboles altos con frondosas copas verdes, casas coloniales, parques pintorescos y escuelas tranquilas. Era como si el sol brillase con más fuerza, como si las nubes fueran más esponjosas. Entre aquellas señoriales calles sin salida, tener oportunidades y seguridad económica parecía perfectamente posible.

Cuando regresé a Gales, mi madre sufrió otro ictus. Seguía sin cuidarse. Supuse que pronto pasaría algo peor, pero la gota que colmó el vaso fue encontrármela un día al volver a casa desmayada al pie de las escaleras, completamente desnuda y mojada después de salir de la bañera. Creí que estaba muerta. Es una imagen aterradora e imposible de olvidar: si cierro los ojos aún me veo a mí misma, en aquel entonces con el aspecto físico de un adolescente rubio y escuchimizado, tratando de encontrarle el pulso a mi madre, comprobando si todavía respiraba, envolviéndola en toallas y mantas mientras pensaba a quién podía llamar. No podía llamar a nadie. Cargué con ella al hombro y la llevé a la cama, donde la coloqué en la posición de recuperación. Vomitó en la toalla que le había dejado al lado. Ese fue el momento en que supe al fin con absoluta certeza que mi madre ya no podría —ni aunque quisiese— volver a cuidar de mí, como también sabía que no quería ser yo quien tuviese que cuidar de mi madre. No estaba preparada para eso. Tenía diecisiete años.

Más tarde, ese mismo año, acabé el instituto superando los exámenes de los *A-levels* de física, económicas, historia y matemáticas. Lo primero que hice fue salir del armario diciendo que era gay en Myspace. Que me atraían los chicos ya no era una cuestión que tuviera que esconder por razones sociales, y poder decírselo al fin a todo el mundo fue como soltar el aire después de haber estado aguantando la respiración el rato más largo de mi vida.

Sin embargo, echaba de menos Estados Unidos, así que cuando obtuve mi título de bachillerato decidí volver a Oklahoma City. Quería ir a la universidad en Estados Unidos y, como tenía solo diecisiete años, todavía estaba a tiempo de enviar la solicitud. Cuando volví, en lugar de acogerme con una calurosa bienvenida, el recibimiento fue más bien gélido. Yo era un estorbo para la nueva esposa de mi padre y no tardó en quedar claro que no me querían en su casa. Mi padre me veía más que nada como una carga económica y me dijo que no me iba a mantener mientras estudiara en la universidad. Entretanto, su nueva mujer prácticamente ni siquiera me dirigía la palabra, salvo cuando infringía alguna regla arbitraria. Yo era una intrusa en la vida que habían construido ambos y un recordatorio del matrimonio anterior de mi padre. El hijo de ella, de su matrimonio anterior, también vivía con nosotros. Cuidar de él era el principal propósito de la vida de la mujer de mi padre; me veía como una mala influencia para él y creía que lo estaba exponiendo a cosas dañinas con los videojuegos o simplemente cuando respondía a las preguntas que me hacía. Desde mi punto de vista, yo era la única persona que le hablaba como a un ser humano. Todos los demás lo trataban como si fuera idiota o como si tuviera seis años, en lugar de tratarlo como a un adolescente con problemas sociales. La mujer de mi padre y yo nos peleábamos constantemente y mi depresión y mi mal humor chocaban con su necesidad de controlarlo todo y su absoluta falta de empatía con mi situación.

Mi padre me consiguió una entrevista de trabajo con una de las pocas empresas tecnológicas de Oklahoma City, un servicio de alojamiento web de fotos. Estoy segura de que solo quería que encontrara un trabajo lo antes posible para que pudiera permitirme pagar un alquiler y me fuera de su casa. Conseguí el empleo al instante, con un contrato remunerado de becario. Me gustaba el trabajo, pero lo que de verdad me entusiasmaba era poder tener vida amorosa al fin: empecé a ir a los clubes gais del distrito de la calle Treinta y nueve. Dos de los tres locales eran para mayores de veintiún años, pero en el tercero había una sala para mayores de dieciocho donde no servían bebidas alcohólicas y que se comunicaba con el bar a través de un pasadizo. La noche de los jueves —la noche en que salían los universitarios— era la mejor hora. La gente conducía cien o ciento veinte kilómetros solo para ir a ese antro de Oklahoma City. Para entonces, mi físico era más andrógino que nunca. Como ya no tenía que llevar uniforme escolar, experimenté con distintas formas de presentarme ante el mundo, poniendo a prueba mis límites. Me dio por un look totalmente emogótico: raya negra en los ojos, sudadera negra con capucha, el pelo teñido de negro y unas Chucks o unas Doctor Martens.

Salí del armario ante mi padre varios meses después de haber vuelto a Estados Unidos. Me preparé durante varias semanas, pensando la mejor forma de contárselo y visualizando el momento preciso en el que me liberaría de esa carga. Me daba miedo cómo iba a reaccionar, pero aún deseaba su aprobación; ¿significaría eso renunciar a ella para siempre? Cuando al fin se lo dije, haciendo un esfuerzo sobrehumano por sacar las palabras, sonrojándome, parando y empezando de nuevo, él se limitó a contestar: «Pues vale», y levantó las manos. No lo dijo en tono tranquilizador, sino de la forma más neutra imaginable: no estaba sorprendido, ni siquiera enfadado, simplemente le traía sin cuidado. Me dolió que se lo tomara con tanta indiferencia. Una reacción negativa, insultándome a gritos o algo peor, habría significado que su hijo le importaba lo suficiente como para enfadarse.

Ni el lugar ni la época eran fáciles para ser gay. Apenas dos años antes, en 2003, la sentencia del Tribunal Supremo en el caso de Lawrence contra Texas había anulado por fin las leyes que criminalizaban la homosexualidad, así que las redadas de la brigada antivicio en los bares gais habían cesado oficialmente, pero aún había una enorme presencia policial de las fuerzas de Oklahoma City en los clubes de la calle Treinta y nueve. Aunque no detuvieran a nadie, nos echaban de allí cada dos por tres, comprobaban que los menores no consumieran alcohol y nos atosigaban con las quejas por el ruido esgrimiendo las excusas más estúpidas. Mis primeros recuerdos relacionados con los intentos de ligar y cogerle la mano o besar a alguien son inseparables del hecho de saber que los polis lo estaban observando todo, vigilando siempre nuestros movimientos exploratorios. Aun así, la sensación de vergüenza que tenía cuando era más joven por ser gay había empezado a desvanecerse.

La primera persona con la que salí en plan romántico era un chico al que conocí por internet y que vivía a unos ciento cincuenta kilómetros. Era un año más joven que yo y aún iba al instituto, al último curso, y había nacido en Sudamérica. Su familia regentaba un restaurante, pero en nuestra primera cita en serio fuimos al Olive Garden. Era un restaurante de bastante categoría para el lugar donde vivíamos y a mí me parecía que podía gastar dinero a espuertas con el sueldo de mi trabajo de becario. Su coche tenía un techo panorámico y recuerdo que una de las primeras veces que salimos fuimos en él a un McAuto cogidos de la mano. Hasta estuvimos un rato besándonos mientras esperábamos en la cola, bajo la luz anaranjada de las farolas, algo bastante arriesgado —e incluso temerario— en el año 2005 en Oklahoma.

Pese a que estaba entusiasmada con mi nueva vida social, también tenía rachas depresivas. Ponía a tope el volumen de mi pequeñísimo iPod Nano y escuchaba música electrónica, tratando de sofocar el ruido del mundo exterior. Seguía experimentando con la moda y me probaba ropa gótica. Un día fui a la tienda de Hot Topic, me compré un corsé y le dije a la dependienta que era para mi novia. No es que estuviese enfadada con el mundo, sino que sentía algo muy oscuro por dentro e intentaba que mi aspecto encajase con mi yo interior. Era nihilismo mezclado con soledad: me parecía que nunca iba a encontrar a nadie con quien construir una vida segura, que nunca conseguiría un trabajo que me llevase lejos del centro de Oklahoma, donde solo había aburrimiento y gente juzgándote a todas horas. Casi no me sentía ni como un ser humano. Pasaba la mayor parte del tiempo libre a solas con el ordenador, con múltiples pantallas para jugar. Mi madre sufrió otro ictus, esta vez muy grave. Casey y yo fuimos a Londres porque los médicos dijeron que había muchas probabilidades de que no sobreviviese. Al comprar los billetes pensamos que serían para ir a su entierro; nuestra tía fue a recogernos al aeropuerto y nos llevó lo más rápido posible al hospital. Vi a mi madre allí acostada, con la bata de hospital, desorientada y pálida, y me acordé de todas las veces que la había visto borracha e inconsciente, tirada en el suelo. Fue horrible y aterrador. No murió, pero empecé a pensar en ella como si ya estuviera muerta, a acostumbrarme a la idea de que ya no tenía madre. Me resultó muy doloroso, una sensación de absoluta soledad.

Al volver a Oklahoma me quedé sin trabajo. El director ejecutivo de la empresa había marcado como *target* de su servicio para compartir fotos por internet el segmento de las madres que no trabajaban fuera de casa, lo cual a mí me parecía un error, dado que los datos indicaban que nuestros usuarios eran básicamente chicas adolescentes que estaban probando sus nuevos móviles con cámara. Me puse a hablar a gritos y al final la cosa se me fue de las manos. Tenía dieciocho años y estaba intentando decirle al director ejecutivo de una empresa cómo debía dirigir su negocio. Me gané el despido a pulso. Sin embargo, en Oklahoma City no había muchas más opciones en el sector tecnológico. Conseguí un puesto en el departamento de electrónica de los almacenes Walmart, en el que duré seis días. Walmart era el peor empleador del mundo, en todos los sentidos. Lo dejé, así que me quedé sin trabajo, y pasé a estar todo el día en casa y con una depresión de caballo. La mujer de mi padre no soportaba tenerme en casa. Se sentía con derecho a dar órdenes a todo el mundo y nuestras peleas eran cada vez más frecuentes. Mi padre hacía como que no pasaba nada; era habitual en él no reaccionar ante nada con ninguna emoción evidente —la única emoción que le vi expresar en toda su vida fue la ira— y durante esa época se mostró especialmente ausente. Intentaba dejar de beber y eso le consumía mucha energía. También había tenido un cáncer de próstata y había pasado por el quirófano, y tras la operación estaba postrado en cama y bajo los efectos de los analgésicos casi todo el tiempo.

Fue aproximadamente una semana después de esa operación cuando la mujer de mi padre y yo tuvimos nuestra discusión más fuerte hasta el momento. Al caer la tarde, yo había entrado en la cocina a hacerme un sándwich cuando me vino con una de sus reglas arbitrarias: no podía entrar en su cocina después de las ocho. «Vete a la mierda», pensé. Me puse a cortar el sándwich quejándome a gritos de sus estúpidas reglas manipuladoras, con el cuchillo en la mano. Lo solté en cuanto me di cuenta, pero ella llamó al número de emergencias y dijo que la estaba amenazando. Mi padre quiso levantarse para intervenir y, aturdido como estaba por la medicación para el dolor, se cayó de la silla. Traté de incorporarlo, con lo que solo conseguí que ella se enfureciese más aún. Mi padre comenzó a farfullar sobre su operación, diciendo que rabiaba de dolor, y ella se fue corriendo a su dormitorio.

Yo me volví a mi cuarto con el sándwich. Al cabo de cinco minutos llamaron al timbre. Abrí la puerta, salí fuera y cerré la mosquitera a mi espalda. «¿Qué ocurre, agentes?», pregunté con calma. «Hemos recibido un aviso sobre una pelea doméstica», contestó uno de ellos. «La mujer que ha llamado está ahí dentro», dije, señalando hacia el dormitorio. Mi madrastra había utilizado a la policía como arma contra mí.

Los agentes me advirtieron que no podía permanecer en la casa: según las leyes del estado de Oklahoma, en las denuncias por altercados domésticos tenían la obligación de sacar del domicilio a la persona acusada. De hecho, en esas situaciones la policía debe detener a alguien, aunque no tienen por qué presentar cargos necesariamente. Me metieron en la parte de atrás del coche patrulla y me dijeron que no me ficharían. «No saben la alegría que me dan», respondí con sarcasmo. Era la primera vez que me ponían las esposas, y mientras veía desfilar por la ventanilla aquellas calles y edificios tan familiares, sentí que sobraba en todas partes.

La policía me llevó a un centro especial para situaciones de violencia doméstica. Cuando llegué, Casey ya estaba allí, cabreadísima con mi padre y su mujer. Lo último que le apetecía esa noche era tener que ir allí a buscarme.

Me quedé con ella un par de días, en su casa diminuta, de una sola habitación, donde vivía con su marido. Mi padre pasó a dejar todas mis cosas, que él y su mujer habían metido en cajas de plástico.

Me habían echado oficialmente: ahora era una persona sin hogar. Casey me dijo que podía quedarme con ella, pero la casa era muy pequeña y me sentía como una carga. No tenía trabajo, ni casa, ni afecto paternal o maternal de ninguna clase. Lo que sí tenía eran las llaves de la camioneta de mi padre, un viejo cacharro que él no usaba para nada. Cogí la camioneta, una Nissan Hardbody roja de 1992, y salí rumbo a Tulsa, a ciento cuarenta y cinco kilómetros de Crescent, con la intención de pasar dos semanas en la ciudad. Fue el único sitio que se me ocurrió; Jordan, mi mejor amigo de primaria, me dejó quedarme en su casa. Me ayudó a conseguir un empleo en Incredible Pizza, donde trabajaba él. Era un sitio completamente nuevo, así que estaban contratando gente a mansalva. No tardé en darme cuenta de que era una empresa muy orientada a las familias, es decir, una empresa cristiana. Mi incomodidad allí fue creciendo cada vez más. La gente me veía en los clubes gais o con otros hombres; empezaron a circular rumores y enseguida intuí que la dirección de la empresa no sería muy comprensiva con mi estilo de vida «alternativo». Tenía que irme de Oklahoma, donde aquello era habitual en todas partes. Además, Jordan vivía con sus padres, y querían que me fuera.

Me había quedado sin opciones, pero todavía tenía la camioneta, así que cogí y me fui hacia el nordeste, lejos de Oklahoma, conduciendo toda la noche sin parar. Mi plan era quedarme en la primera gran ciudad que encontraría, Saint Louis, a unas siete horas de camino. Como no tenía ningún objetivo concreto en mente ni sabía nada de la ciudad, me dirigí a Gateway Arch, el único monumento que conocía. Estuve dando vueltas por allí el día entero y pasé la noche en un aparcamiento al lado del aeropuerto. No quería quedarme allí. Joder, si había llegado tan lejos de mi casa, de la gente y de todo lo que conocía, lo mejor que podía hacer, ya puestos, era seguir mi camino hacia delante.

4

Chicago
2006

Los campos de Illinois, con sus cultivos de trigo y maíz, se veían dorados bajo la luz de la mañana de verano. Dejé atrás los graneros y las torres eléctricas y llegué a las afueras de Chicago, donde el paisaje se volvió sórdido y los edificios bajos se convirtieron en bloques de pisos marrones. De algún modo empecé a sentirme más segura.

La silueta de la ciudad se materializó al fin ante mis ojos. Despacio y con cuidado, abrumada por la cantidad de peatones y por el tráfico del centro urbano, conduje hasta la torre Sears. En aquella época era el edificio más alto del país y supuse que sería el mejor sitio a partir del cual situarme un poco; además, era una de las pocas cosas que reconocía de Chicago. En la tienda de souvenirs del emblemático edificio compré una guía de la ciudad que ofrecía una descripción general y un resumen detallado de dónde podría encontrar prácticamente todo lo que me hiciera falta: mapas, comida, bibliotecas, lavanderías... Era una maravilla para una persona joven que acababa de llegar.

Estuve hojeándola un rato hasta que encontré un apartado titulado «Gais y lesbianas». Me fui directamente a Boystown, el «barrio gay» cerca de Wrigley Field. Aquello era otro mundo: los hombres iban cogidos de la mano y se besaban en la calle, y se había desarrollado todo un sector económico a su alrededor para cubrir sus necesidades. Para mí, aquello era lo más cercano a la liberación que podía concebir. Pasaba días enteros allí, en cafeterías o en los bancos de los parques, observando a personas abiertamente gais vivir su vida con total tranquilidad, tratando de imaginar una vida así para mí también. Sin embargo, no tenía donde dormir, más que en el coche. Encontrar un sitio para vivir me parecía imposible. El precio de los alquileres en Chicago era de escándalo en comparación con los de Oklahoma City, y de todos modos carecía de dinero. Además, una parte de mí disfrutaba y deseaba la independencia y el anonimato que proporcionaba el hecho de vivir en la calle, sola en una ciudad en la que no conocía a nadie.

La mayoría de mis, por lo general, borrosos recuerdos de Chicago son de los clubes de Boystown, caóticos y sofocantes con el calor del verano, llenos de banderas arcoíris y collares de Mardi Gras. Mi local favorito era el Crobar, que celebraba un evento semanal que se llamaba el «Club GLEE» (las siglas en inglés de «gay, lesbian, everyone's equal»). Yo entraba con un documento de identidad falso que le había comprado a un diseñador gráfico de Cicero y conseguía que otros chicos me invitasen a las copas. Los clubes eran más sofisticados que los bares a los que había ido hasta entonces, calurosos, oscuros y llenos de hombres apelotonados unos encima de otros en una pista de baile inmensa delante de una máquina de humo artificial y de un equipo de sonido de verdad. Ese verano, el remix de Steve Angello del *Sweet Dreams* de Eurythmics sonaba a todas horas, y Rihanna acababa de llegar al número uno de las listas de éxitos. «SOS, please someone help me[1]

1. «S.O.S. ¡Que alguien me ayude! / No es bueno para mí sentirme así» (*N. de la T.*).

/ It's not healthy for me to feel this» cantaba Rihanna mientras yo bailaba toda la noche. Tengo las letras de las canciones de ese verano grabadas en el cerebro; me entregaba completamente a la música, al ambiente que me rodeaba, y aquella libertad era lo que siempre había soñado.

Había pasado toda mi infancia y buena parte de mi adolescencia oscilando entre un deseo desesperado de ser yo misma y el verme a través de los ojos de gente que, en el mejor de los casos, no me comprendía. En Chicago podía verme como una persona deseable y sentirme cómoda con quien yo era. La libertad y la música se retroalimentaban, y la experiencia en sí se veía potenciada por la atención desmedida que recibía por parte de los hombres y por las drogas disponibles a veces en los clubes. Probé la cocaína, pero ese verano lo que marcó mi paso por esos clubes fue el éxtasis. El bajón era una putada; en cambio, en los momentos de subidón experimentaba lo que era sentir deseo de verdad. Aún más: me parecía que mi vida tenía sentido y un propósito.

Los clubes de Boystown me ayudaron a sobrevivir. Me proporcionaron un punto de anclaje y una comunidad, pero también me permitieron cubrir mis necesidades básicas. Podía irme con alguien a su casa a última hora de la noche y tener un techo bajo el que dormir, un sitio donde poder ducharme por la mañana. A veces me daban un poco de dinero para la gasolina. Yo siempre les decía que estaba tomándome «un tiempo» antes de buscar mi próximo trabajo, aunque seguramente sabían lo mucho que me estaba costando salir adelante. Ya entonces iba en busca del amor verdadero. Creía que cada persona que conocía podía ser mi pareja definitiva, y siempre acababa, inevitable y repetidamente, llevándome una decepción. Al final, con quienes pasé más tiempo fueron con un joven profesional que vivía en las afueras y con otro chico que tocaba el bajo en una banda malísima que aspiraba a ser la nueva Fall Out Boy, pero la mayoría de mis fantasías románticas terminaban después de la primera noche. Pese a ser todavía una persona muy ingenua, sabía que no todo aquel con quien me iba a pasar la noche era de fiar. Tras un par de situaciones incómodas aprendí a decir que no, y el caso es que, ante mi sorpresa, solía funcionar. Con todo, siempre llevaba una navaja Smith & Wesson encima, por si las moscas.

El club estaba lleno de chavales jóvenes como yo, *twinks* blancos con un *look* gótico, en tensión, a la caza y con ganas de guerra. A quienes ya habían marcado su territorio de trabajo les ofendía mi presencia y mostraban públicamente su desagrado, pero, aun así, se preocupaban por mí. Todos estábamos atentos a la presencia de la policía. Cualquiera podía ser un poli encubierto tratando de pillar a algún chaval incauto y detenerlo por cualquier cosa que se pareciese a ejercer la prostitución. En los clubes se decía que los policías no podían solicitar los servicios ellos mismos y que la única manera de saber con seguridad si eran polis o no consistía en pedirle al potencial cliente que fuese él quien tomase la iniciativa. Naturalmente, la idea de que los policías estuvieran restringidos por esas limitaciones era ridícula y creo que en cierto modo todos lo sabíamos.

Sin embargo, el peligro no estaba solo en el club. Evitar a la policía ha sido una constante a lo largo de mi vida. Encontré un aparcamiento gratuito cerca de una tienda de música de la cadena Guitar Center, en North Halsted, donde la policía no podía molestarme, y durante un tiempo dormí allí. Pasaba el rato en la tienda durante el día, hablando sobre amplificadores con el personal, e incluso llegué a trabajar allí una breve temporada, pero no conseguí mantener el nivel de higiene suficiente como para no llamar la atención. Yo lo intentaba; me duchaba cada vez que tenía ocasión en el apartamento de algún tipo y hacía la colada en una lavandería de Addison, donde una lavadora entera solo costaba un dólar, pero mis compañeros del Guitar Center insistían en que mi olor corporal era un problema. Allí nadie estaba al tanto de mi situación, y yo tampoco quería dar explicaciones. Dejé de trabajar en la tienda y de dormir en el aparcamiento.

Comía una vez al día, casi todos los días. Cuando ningún conocido del club me invitaba a cenar o a picar algo a última hora de la noche, vivía gracias al menú de un dólar del McDonald's, que en aquella época costaba literalmente un dólar. El McDouble —una de las comidas con más calorías del planeta— era mi superalimento. No es el plato más nutritivo del mundo, pero sirve para mantenerse con vida durante un tiempo. Aun así, bajé de los cincuenta y cuatro kilos de peso a los cuarenta y tres, y lucía unas ojeras con las que ni yo misma me reconocía en el espejo. Tenía la piel, muy clara, completamente quemada: era verano y no podía permitirme las cremas de protección solar.

Cuando no encontraba a nadie con quien pasar la noche, no había más remedio que gastarme cuarenta dólares en un hotel barato en Schaumburg, un barrio de la periferia, cerca del aeropuerto. Aunque no tuviera dinero para el hotel, iba allí con la camioneta de todos modos. Era un sitio aislado y había menos probabilidades de que la policía viniese a molestarme si dormía en el gigantesco aparcamiento de un centro comercial. El acoso era constante: cada una o dos semanas me despertaba un agente iluminando con la linterna el interior de la camioneta y me decía que no podía dormir allí. Me preguntaban por drogas, armas o clientes. Si tenía suerte y conseguía dormir toda la noche del tirón, a la mañana siguiente me despertaba sudando y asándome en aquel horno que era mi camioneta. El entusiasmo y la sensación de libertad estaban empezando a desvanecerse.

Empecé a hurgar en los contenedores de basura, buscando no solo comida, sino también objetos que pudiesen resultarme útiles. Iba en la camioneta hasta los grandes complejos de apartamentos del norte de la ciudad, uno de esos sitios con enormes vertederos y mucho movimiento de gente que tira sus cosas a la basura. Yo lo amontonaba todo en la parte de atrás de la camioneta y se lo daba a las personas con las que iba encontrándome: a las amigables, como regalos y a las hostiles, como ofrendas de paz. El videojuego Fallout está ambientado en un universo postapocalíptico en el que vas acumulando chatarra que aparentemente no sirve para nada, pero que puede ayudarte en tu lucha por la supervivencia intercambiándola por otras cosas. En mi apocalipsis personal, esa lógica tenía mucho sentido y me dio muy buenos resultados.

Necesitaba dinero. Empecé a ganar algo de pasta en efectivo recurriendo a mis habilidades tecnológicas, vendiéndole chorradas a gente que no sabía lo suficiente como para darse cuenta de que todo era un camelo. Conocía a alguien y le soltaba un rollo prometiéndole páginas web y bases de datos que no tenía ninguna intención de crear. Hice un letrero en el que escribí «HACKER SIN TECHO» y lo colgué en la puerta de atrás de la camioneta de mi padre. Decía que todavía no me había abierto una cuenta bancaria y que por eso pedía un pequeño adelanto en metálico, de unos cien dólares o así, por un trabajo que juraba hacer rápido y barato. Y luego desaparecía. Un día encontré en un contenedor de basura unos estuches de programas informáticos viejos que alguien había tirado. Compré plástico retráctil en una ferretería, lo calenté con un mechero y envolví las cajas como si fueran nuevas. Creé un código falso de activación utilizando un generador que encontré en internet. Me puse en una esquina de Greektown junto a un tipo que vendía relojes de procedencia y autenticidad dudosas, y vendí los CD a la gente que pasaba, que se iba convencida de haberse llevado una auténtica ganga.

No es que estuviese viviendo al límite, es que cualquier día me iba a caer por el precipicio. Supuse que tarde o temprano acabaría en la cárcel, y la verdad es que no me parecía tan mala idea. No me importaba tener antecedentes; pensaba que tres comidas calientes y una cama proporcionaban la misma estabilidad que acostarse con gente a cambio de comida y un lugar donde dormir. No me arrepentía de haber ido a Chicago, pero necesitaba poner fin a aquella aventura en particular.

No había estado en contacto con nadie de Oklahoma desde Chicago, pero tenía conmigo la posesión más valiosa para garantizar mi supervivencia: mi portátil. Utilizaba la conexión gratuita de internet de la Biblioteca Pública de Chicago (no podía sacar libros en préstamo; como no tenía domicilio fijo, no podían darme el carné) o redes inalámbricas no protegidas con contraseña. Que yo supiese, mis padres no me buscaban. Solo le dije que me había ido a vivir allí a un amigo, y le di mi nuevo número de móvil, aunque no hablábamos. Tener móvil era complicado: necesitaba una dirección para que enviaran las facturas, así que alquilé un apartado de correos por un par de dólares al mes.

Un día, hacia finales de verano, recibí una llamada de un número de Maryland que no reconocí. Contesté por curiosidad. «¡Ay, Dios! ¡Llevo siglos intentando localizarte!», exclamó una mujer al otro lado de la línea. Era mi tía Debbie, la hermana de mi padre. Había estado buscándome porque mi madre se lo había pedido. Estaba furiosa con mi padre por haberme echado de casa. Sentí una sensación de alivio que no era consciente de haber deseado sentir. Me eché a llorar. Ella se echó a llorar. Me dijo que solo quería asegurarse de que tenía un sitio donde vivir, y cuando le dije que vivía en la calle, que dormía en la camioneta de mi padre, me propuso que me fuera a vivir con ella a Potomac. Me envió dinero a una oficina de Western Union, suficiente para gasolina y comida, y me fui hacia el este sin más plan que presentarme en la puerta de la casa de una mujer a la que hacía años que no veía. Estaba lloviendo y una tormenta me persiguió todo el camino por la autopista I-80, donde más que llover, diluviaba, con fuertes rachas de viento y cortinas de lluvia a mi espalda. A cada rato dejaba la tormenta atrás y luego volvía a verla por el retrovisor, momento en que tenía que parar y hacer un descanso. No me funcionaba la radio, así que no tenía más remedio que divagar con el pensamiento. Paré a poner gasolina en las inmediaciones de Pittsburgh. Me quedé sentado al volante, junto al surtidor, y estuve llorando veinte minutos. La camioneta estaba lista para volver a ponerse en marcha, pero yo acababa de comprender el tiempo que hacía que me había quedado sin combustible.

Potomac, en Maryland, es un barrio de clase media-alta lleno de casoplones de médicos y abogados. A mí me daba vergüenza llegar así, en mi camioneta hecha polvo, oliendo como si me hubiera pasado el verano viviendo en ella. Al principio no encontraba la casa de mi tía, así que seguí dando vueltas cada vez más nerviosa, con miedo a que algún vecino llamase a la policía al verme merodeando por allí. Al final aparqué delante de la casa, una enorme casa de ladrillo en una calle de árboles altos y frondosos. Llamé a la puerta y mi tía me hizo pasar. Lo primero que le dije, antes de cualquier otra cosa, era que necesitaba darme una ducha. Y dormir. Mi prima estaba fuera, estudiando en la universidad de Penn State, y mi tía me dijo que podía dormir en su cuarto todo el tiempo que quisiera.

Intenté construir una nueva vida, poco a poco. Una vida que me proveyera un futuro. Con el carnet de conducir de Maryland en la mano, recién estrenado, me matriculé en el Montgomery College, un *community college*, es decir, una escuela universitaria menos costosa que otras universidades. El plan era estudiar allí hasta que pudiese pedir el traslado a la Universidad de Maryland para sacarme un grado en Física, una materia que siempre me había gustado. Necesitaba dinero, así que busqué un trabajo en el que pudiese utilizar mis conocimientos tecnológicos, pero casi todas las ofertas en la zona de Washington D. C. requerían autorizaciones de seguridad. Supuse que mi etapa sin trabajo y sin domicilio fijo aparecería en cualquier verificación de antecedentes, y, además, la mayoría de las empresas no quieren invertir en obtener una nueva autorización de seguridad para alguien cuando no está claro que consiga el puesto. Trabajé en Starbucks para pagar la matrícula universitaria. Las condiciones eran buenas —¡por fin tenía acceso al sistema sanitario!—, pero la jornada era agotadora. Como camarera, se espera de ti que derroches alegría a todas horas, que seas una persona sociable. La gente quiere que la reconozcas, que sepas cómo se llama y qué toma habitualmente. El trabajo conlleva un importante esfuerzo emocional y el horario es demoledor: es «flexible» en el sentido de que se adecúa a las necesidades siempre cambiantes de la empresa. Entre el horario irregular y la alegría forzada, pasaba tanto tiempo apretando los dientes como moliendo café en grano.

El ambiente de los clubes de Dupont Circle no tardó en convertirse en mi válvula de escape. Una vez más, encontré una euforia temporal en el sexo y el éxtasis. Le compraba el éxtasis a un graduado en Química que se había puesto en plan *Breaking Bad*, y escogía a mis novios de forma mucho más selectiva, ahora que ya no estaba tan desesperada por encontrar un lugar donde dormir. La calidad de ambas cosas era infinitamente mejor que en Chicago, pero aún me dejaban una sensación de vacío después. Sin embargo, empecé a pensar que podía aprovechar mis habilidades sociales y mis ligues para conseguir un trabajo mejor. Lo único que debía hacer era acostarme con alguien con contactos que me permitiesen ir escalando puestos, cualquier cosa que me procurase más dinero y estabilidad. Tenía la certeza de que aparecería un empleo mejor si utilizaba mi sexualidad del modo adecuado, pensaba que de pronto atravesaría una especie de umbral y ya podría respirar mejor, librarme de las jornadas extenuantes y los turnos. En el entorno del club, todo el mundo menos yo parecía tener un trabajo fabuloso: el Departamento de Estado, el cuerpo diplomático…, carreras que veía como una vía para lograr una vida más plena, una vida estable y trascendente. Lo estuve intentando un año sin conseguir nada. Acudía a fiestas como acompañante de alguien, fiestas llenas de políticos y diplomáticos, pero aquello nunca me ayudó a obtener lo que quería.

Durante esa época, mi disforia de género —ya debilitante de por sí— se fue agravando. Según la mejor descripción que he oído, es como un dolor de muelas que nunca se va. No estás siempre pensando en ello de forma consciente, pero es algo persistente de lo que nunca consigues olvidarte del todo y que te impide avanzar y dar un paso adelante. Empecé a comprarme artículos femeninos. Estaba ganando más dinero que nunca y no tenía que pagar alquiler, así que podía permitirme mejores marcas de maquillaje y mejor ropa. Cogía el maquillaje que me había comprado y me lo probaba con la ropa que mi prima había dejado en el armario al irse a la universidad. Luego me miraba en el espejo de cuerpo entero de su habitación, desde todos los ángulos. En esos momentos me sentía mejor, pero me aterrorizaba la posibilidad de que me descubriesen. Era un poco como la primera vez que me fumé un cigarrillo: había mucha presión social del grupo para que fumaras y también para que lo hicieras a escondidas; solo que, en esa ocasión, toda la presión me la ponía yo misma. Y era inmensa.

Disfrutaba de más seguridad y libertad de las que había tenido jamás y no quería perder ninguna de las dos cosas. Podía salir e ir de fiesta cuanto quería, a la vez que contaba con alguien que me quería como una madre, mi tía. A lo largo de los años, mi tía Debbie siempre me ha apoyado, pero entonces yo tenía miedo de que, si descubría mi identidad de género, me echara de casa. No sabía si se sentía del todo cómoda con mi orientación sexual, porque, aunque desde luego yo no hacía ningún esfuerzo por esconderla, nunca había salido del armario oficialmente con ella. No tenía ni idea de cómo reaccionaría en caso de que le revelara que era trans. Si bien en el terreno político defendía ideas liberales, podía ser, como ocurría a menudo en aquellos años, que se mostrara simplemente más reservada en cuanto a sus prejuicios. Acababa de encontrar un refugio seguro, así que cualquier terreno que pisase me parecía resbaladizo.

Los sentimientos se impusieron al miedo. Empecé a informarme sobre la terapia hormonal, de la que había oído hablar gracias a un folleto informativo que había visto en un club de Dupont Circle, junto a los preservativos y las barreras bucales de látex. Tenía unas ganas inmensas de saber si era algo factible, pero el coste parecía prohibitivo; mi sueldo era muy bajo y todavía estaba estudiando, así que traté de olvidarme del asunto.

En aquel entonces no había muchas personas abiertamente trans en el ambiente queer, pero sí algunas. Una vez conocí a una mujer trans en una *after-party*. Estaba sentada sola, fumando un cigarrillo en el balcón del apartamento de alguien, en un edificio muy alto. Me quedé fascinada con ella, y ella, a su vez, me reconoció de inmediato como a un «polluelo»: un bebé trans que no ha salido todavía del «cascarón». Me quitó la careta; yo hice como si no supera de qué estaba hablando. Me guiñó un ojo y me dio un abrazo. «Cuando estés lista», me dijo. Rememoré aquel momento una y otra vez, de forma obsesiva; fue una de las cosas que me llevaron finalmente a ir a terapia. Encontré a mi psicóloga en internet buscando profesionales de la zona de Washington D. C. que estuvieran especializados en temas LGBT. Era una mujer joven, con el pelo oscuro, muy atenta, y pensé que podría ayudarme a decidir si quería transicionar o no. Sabía por mi investigación que necesitaría una carta de un psiquiatra para que el sistema me cubriera el tratamiento hormonal y la cirugía, pero en las cinco o seis sesiones que tuve con ella le hablé de todo menos de cuestiones de género: de los difícil que había sido sentirme segura cuando me echaron de casa y tuve que dormir en el coche, de mi trabajo, de mis inseguridades en general, de mi familia... Evité el tema del género, y había montones de otros temas de que hablar. Sufría numerosos ataques de pánico. Habían empezado en mi adolescencia, y se habían exacerbado durante el tiempo que había vivido en la calle. Al final acabamos hablando de todos mis problemas simplemente como trastornos de ansiedad y depresión, analizando los síntomas e ignorando la raíz del problema. Tenía miedo de que me juzgase, aunque fuese mi psicóloga, y de lo que podría provocar el hecho de reconocer mis sentimientos. Pensaba que, si los verbalizaba en voz alta, se desencadenaría una serie de hechos y, como consecuencia, mi tía me echaría de su casa, no podría terminar mis estudios y acabaría viviendo en las calles de otra ciudad.

Deseaba desesperadamente que mi psicóloga me mirase a la cara y comprendiese sin más lo que yo no me atrevía a expresar en voz alta. Me quedaba mirando los cuadros que tenía en las paredes, rehuyendo su mirada. Una vez me quedé inmóvil, en completo silencio, mientras ella esperaba a que dijese algo. Estuve sin decir una palabra durante unos interminables minutos, incapaz de desahogarme y librarme de la carga que llevaba a cuestas.

Recuerdo ese momento a menudo. ¿Y si hubiera salido del armario como trans entonces? ¿Y si hubiese vivido una vida más normal en un barrio de las afueras de Maryland? Tal vez unas cuantas sesiones más de terapia y hubiese roto mi silencio.

Pero no lo hice, en parte porque caí en la desesperación por una cuestión mucho más corriente: una serie de desengaños profesionales. No me tuvieron en cuenta para ascender a un puesto de ayudante de dirección que me habían prometido en Starbucks en dos ocasiones. La segunda vez que me pasó, pensé que iba a tener que quedarme con aquel delantal para siempre, con aquel trabajo de mierda de horarios impredecibles y en un entramado empresarial de pesadilla. Me sentía atrapada por la imposibilidad de mejorar mi situación laboral, de conseguir un trabajo de asalariado con un horario normal.

Aun con la rebaja en el precio de la matrícula universitaria por el hecho de vivir en el estado de Maryland, me costaba mucho reunir dinero suficiente. Hasta me busqué un segundo empleo, en la tienda de Abercrombie & Fitch, durante el verano de 2007, para intentar complementar mis ingresos. Me gustaba la decoración de la tienda —fotos en blanco y negro de chicos muy monos sin camiseta— y se me daba bien el trabajo. El primer día me dieron un aparato para escanear y me preguntaron si sabía utilizar una base de datos. Hice un inventario de la tienda en dos días y el encargado me ofreció un puesto con un sueldo más alto, de gerente de almacén, pero el horario laboral se me solapaba con las clases.

Ese fue mi punto de inflexión. Pasaba cien horas a la semana o bien en clase, o bien trabajando en aquellos dos sitios. Cuando tenía un rato para estudiar me caía de sueño. Los estudios dejaron de parecerme algo que mereciese la pena, así que el siguiente semestre no me matriculé de nada y empecé a replantearme mis opciones. No sabía lo que quería hacer, lo único que sabía era que no podía seguir llevando esa vida. Conocí a un cazatalentos en un club de ambiente que me consiguió una entrevista con una tecnológica que estaba creando un gestor de contraseñas. Fui a un enorme y anónimo edificio de oficinas de Virginia, donde el director ejecutivo, un hombre blanco y mayor, me contrató de inmediato. Sin embargo, enseguida tuve claro que el director no tenía ni idea de cómo hacer lo que quería hacer. Solo era un inversor capitalista a quien le entusiasmaba la perspectiva de abrir una empresa y había acabado firmando un contrato con el Departamento de

Defensa; tenía mucha prisa por cumplir con lo pactado en el contrato. La cantidad de información que planeaban proporcionar al gobierno sobre sus usuarios parecía increíblemente escasa. Cuando me dijo que yo sería el responsable de redactar el plan de viabilidad —es decir, no tenían todavía ni siquiera una prueba de concepto, a pesar de haber firmado un contrato de esa envergadura—, rechacé el trabajo. No quería formar parte de semejante estafa.

Me subí a la línea naranja del metro para volver a la ciudad, pensando todo el camino en lo atrapada que me sentía, en lo inútil que parecía todo. Sabía que tenía la capacidad de hacer algo de verdad, pero no conseguía establecerme en una base sólida desde la que avanzar. Una vez, en la estación de Metro Center, estaba esperando en el andén para cambiarme a la línea roja y volver a Maryland cuando me fijé en la foto de una mujer en un anuncio de maquillaje. Era evidente que había pasado por Photoshop y yo lo sabía, pero me quedé mirando su imagen, viendo solo perfección: una perfección absoluta e inalcanzable. En ese momento llegaba un tren y pensé: «¿Y si me tiro a la vía ahora mismo? Ya no quiero seguir así. No quiero vivir en este infierno. Nada de lo que hago me lleva a ninguna parte, nada es suficiente». «Abriendo puertas —anunció la conocida voz pregrabada—. Dejen salir del vagón antes de entrar. Al entrar desplácense al centro del vagón, por favor».

«¿Piensas subir o qué?», me soltó una mujer mayor a mi espalda. Entré. Las puertas se cerraron.

5

Maryland
Verano de 2007 (junio a septiembre)

Había empezado a hablar con mi padre por teléfono, tratando de reparar los daños, intentando retomar mi relación con él. La cosa al principio fue bien. Le gustaba charlar de temas triviales. Luego se puso a darme consejos sobre cómo forjarme un futuro, cómo tener una vida más estable... «Alístate en la Armada —me decía una y otra vez—. Alístate en la Armada. Joder, métete en las Fuerzas Aéreas». Él veía el ejército como la solución a todos mis problemas: el ejército ofrecía estabilidad, dinero para la universidad en un futuro, una carrera. Y además me haría un hombre, repetía sin parar. Con él había sido así.

La guerra de Irak aparecía como imagen de fondo en televisión a todas horas. Mi tía cada tarde, al volver a casa del trabajo —era abogada en Fannie Mae, la empresa de tramitación de hipotecas amparada por el gobierno—, veía las noticias horrorizada. Su marido, contratista de Defensa, también se oponía a la guerra y hablaban durante horas sobre los errores del presidente George W. Bush y el vicepresidente Dick Cheney. Sin embargo, mis opiniones sobre Irak y Afganistán no eran tan categóricas. Confiaba plenamente en la versión del gobierno sobre la misión en aquellos países y no me cuestionaba las razones de nuestra presencia en Irak. Creía el relato que estaban imponiendo los medios, que necesitábamos aumentar el número de efectivos para poder sofocar la violencia.

Las estanterías de mi tía estaban llenas de libros sobre la Segunda Guerra Mundial y la guerra de Secesión —como las de mi padre— y empecé a leer acerca de movimientos de tropas, batallones, tácticas y estrategia. Además, pasaba mucho tiempo jugando a videojuegos de temática bélica, como *Call of Duty*. Me interesaban los aspectos técnicos del combate, y la insurgencia y la contrainsurgencia eran problemas tácticos y teóricos que me resultaban muy intrigantes.

Fui convenciéndome de que alistándome en el ejército resolvería algunos de mis problemas. Para comenzar, así conseguiría que mi padre dejara de pincharme, y quería ganarme su respeto. Además, suponía una buena forma de reforzar exteriormente mi masculinidad. Pensé que en un entorno con una disciplina tan férrea se me quitarían las ganas de vestirme con ropa de mujer: si había un uniforme, no tendría que pensar en la presentación de género en absoluto. Luego estaba, tal como había señalado mi padre, la seguridad laboral que proporcionaba, junto con los beneficios y ayudas sociales por el hecho de ser soldado. Me estaba matando a trabajar para poder pagar la matrícula estatal del *community college*, mientras que cuando me licenciara del ejército podría ir a la universidad gratis. Y a causa de la escalada bélica, el ejército ofrecía otros incentivos añadidos.

Tal vez lo más importante fuera que alistarme me brindaría la posibilidad de hacer que mi vida volviera a tener sentido. Quería ir a Irak. Quería vivir la lucha en primera persona, estar allí, olerla, arriesgar mi vida incluso. Si moría en Irak, no habría muerto de una forma vergonzante para mi padre. Tampoco moriría a consecuencia de la violencia contra el colectivo a la que tantas personas queer temen y con la que se enfrentan a diario. Moriría por razones igual de absurdas, solo que en el extranjero. Podía vivir con eso.

A finales de septiembre de 2007 fui en coche a la oficina de reclutamiento que había cerca del centro de Rockville. Dentro, dos figuras de cartón recortadas competían entre sí, una con el uniforme del cuerpo de Marines y otra con el uniforme del ejército, junto a un estante lleno de folletos. Como oficial de la Armada, mi padre miraba con desprecio al cuerpo de Marines, y en un último gesto de rebeldía decidí que esa sería mi primera opción. Llamé a la puerta del cuerpo de Marines, pero la oficina ya había cerrado. Cogí un folleto y vi que el centro de reclutamiento del ejército estaba abierto, al otro lado del pasillo. Asomé la cabeza por la puerta y pregunté si tenían algún folleto. Quienes estaban en la oficina se volvieron a mirarme. La sala olía a líquido limpiacristales y a nueva construcción. Tres soldados vestidos de camuflaje digital verde, pardo y gris se levantaron rápidamente a saludarme, como si acabara de alegrarles el día por el hecho de aparecer allí.

Me preocupaba que los militares responsables del reclutamiento se burlasen de mí. No porque fuese gay —tenía la sensación, por los hombres que había conocido en el ambiente de los clubes de Dupont, que el «No preguntes, no digas» (como se llamaba a la ley que prohibía a los homosexuales o bisexuales revelar su orientación sexual mientras sirviesen en el ejército) no iba a ser ningún problema en la práctica—, sino porque era muy enclenque. Apenas media metro sesenta en aquella época, cinco centímetros por debajo de la que acabaría siendo mi estatura definitiva. Pero en lugar de reírse de mí, me dispensaron un trato exquisito. Creo que estaban locos de contentos por que un posible recluta hubiese entrado allí espontánea y voluntariamente. «Tenemos mucho más que folletos

—me dijeron—. Siéntate. Tómate un café». Hasta ese día nunca me había relacionado con soldados del ejército. Aquellos tipos eran simpáticos: ofrecían apoyo institucional, incluso mostraban empatía. Eran especialistas en procurar una salida a personas que se habían quedado sin recursos, a personas como yo. Y ellos también habían estado en mi situación en algún momento de su vida. Mi reclutador era un sargento, veterano de dos misiones en Irak, con un sentido del humor muy negro y una naturalidad y simpatía que me resultaron agradables. Nos sentamos y planeamos el trazado de mi carrera, mi plan de vida, allí mismo. Me preguntaron qué quería hacer, qué se me daba bien y dónde me veía viviendo al cabo de diez años. En toda mi vida rara vez me habían formulado esa clase de preguntas y rara vez se habían sentado, escuchado y analizado conmigo las respuestas.

Me llevaron a Fort Meade inmediatamente a fin de que realizase una batería de test académicos y de aptitud de cuarenta y cinco minutos. Mis resultados fueron sobresalientes. Un oficial sentado a su escritorio con un formulario genérico abierto en el ordenador me interrogó sobre lo que quería hacer en el ejército. «No tienes ninguna limitación en cuanto a las especialidades a las que puedes optar, porque casi has sacado la puntuación máxima», me dijo. Pero ¿qué quería hacer? Dominaba la informática, pero lo cierto era que no quería limitarme a temas relacionados con la tecnología de la información, que me obligarían a estar todo del día delante de una pantalla y solucionando los problemas de software de la gente. Además, sabía que no me gustaría que me asignasen al Departamento de Inteligencia de Señales de Fort Meade, donde creía que me tendrían resolviendo problemas matemáticos en una oficina. Quería ver mundo, participar en el combate. Así, en vez de decir que me gustaban los ordenadores, contesté que me gustaba trabajar con bases de datos y que la inteligencia militar me parecía una buena opción. Me alisté como

96 Bravo: analista de inteligencia *all-source*, integrando todas las fuentes. Le pareció bien al oficial, quien en dos minutos me dio una breve explicación sobre el concepto *green to gold*, el programa del ejército para ayudar a los soldados rasos a ascender a oficiales y, a partir de ahí, acceder a todo un mundo de opciones profesionales.

La cosa fue muy rápida. Los resultados de los test eran instantáneos, todo era instantáneo. Parecía que los reclutadores se daban mucha prisa, como para evitar que saliese por la puerta y recapacitara. Me prometieron una bonificación extra de veinte mil dólares si me alistaba de inmediato, obviando el período de espera de cuarenta días; al fin y al cabo, la campaña en Irak necesitaba soldados. Lo único que me faltaba era el reconocimiento físico. Pasaron a recogerme por casa de mi tía; la paliza de tener que ir hasta allí por tu cuenta podía hacer que te lo pensaras dos veces. Me pasé el resto del día rellenando el formulario de antecedentes llamado SF-86 y apuntando montones de nombres de personas y direcciones. Resultó que, después de tanto preocuparme por lo que pudiese salir a la luz en la verificación de antecedentes, me aseguraron que la comprobación de seguridad del ejército no supondría ningún problema, y gracias a sus instrucciones, tuvieron razón. Actué con total sinceridad y les expliqué que había estado un tiempo viviendo en la calle, y en lugar de avergonzarme y decirme que entonces nunca me darían el visto bueno, se mostraron solidarios y comprensivos. Les pregunté qué hacer con el tema de mi experimentación con las drogas. «No pongas nada —me dijo mi reclutador. Y añadió—: Quien más quien menos, aquí todo el mundo ha hecho algo». En los formularios también preguntaban si había ido a ver a algún psicólogo y les expliqué que había ido a terapia para tratar mis ataques de pánico. Me aseguró que eso no les preocupaba: mientras no me hubiesen internado en algún centro psiquiátrico, eso no supondría ningún problema. «En caso de duda, no lo pongas», bromeó. Técnicamente, eso iba contra las normas, pero a fin de cuentas así era como el ejército lidiaba con otras cuestiones incómodas: en distintos puntos del papeleo se me recordaba que el ejército no iba a preguntarme por mi orientación sexual y que yo tampoco podía revelarla ni mantener ninguna «relación homosexual» ni casarme con alguien de mi mismo sexo. Ese incómodo equilibrio no parecía un problema en aquel entonces. Yo haría todo lo posible por ocultar mi sexualidad mientras siguiese trabajando y cobrando un sueldo, sin que nadie me hiciese preguntas al respecto.

Sin embargo, tardé unos días en pasar el reconocimiento físico porque me descubrieron un lunar en la espalda y querían hacer una biopsia. Los reclutadores se cabrearon mucho: el oficial médico (a quien apodaban Doctor No) les parecía un pelmazo que disfrutaba dilatando el proceso. Pero al cabo de unos días, tras una visita al dermatólogo, el oficial médico me dio luz verde. Me enviarían a hacer la instrucción militar básica a Fort Leonard Wood, en Misuri, en el grado E-1, con un sueldo mensual de 1.204 dólares durante seis meses y tres ascensos automáticos en un lapso de dos años. Me dieron un día de permiso para que pudiera despedirme de los míos.

No se lo dije a mi familia hasta haber firmado los papeles. Mi tía se quedó de piedra. Quería saber por qué no había acudido a ella primero, dijo que podíamos haberlo hablado y haber ideado algún otro plan. Mi padre, en cambio, estaba orgulloso de mí. Habría preferido que me hubiese decantado por la Armada, pero sobre todo pensaba que acababa de tomar una decisión inteligente, por una vez. No llamé a mi madre; hablar con ella en ese momento habría abierto demasiadas heridas. Mi hermana parecía preocupada de verdad y estuvo muy cariñosa conmigo: reaccionó diciéndome que era idiota, que mi decisión era estúpida e impulsiva y que daba igual el talento que tuviera; era imposible que encajase en la cultura del ejército, teniendo en cuenta mi historial de enfrentamientos con las figuras de autoridad. Sus muestras de afecto y preocupación me resultaron reconfortantes, pero eran del todo irrelevantes frente a lo que acababa de poner en marcha.

Fort Leonard Wood está a dos horas y media en coche del aeropuerto de Saint Louis, bajando por la ondulada carretera 44, en los Ozark de Misuri. Al llegar no encontré ni rastro del entorno amigable y solidario de la oficina de reclutamiento. A partir de ese momento, el sargento de instrucción, un tipo de cejas prominentes y una voz ferozmente autoritaria, nos diría lo que teníamos que hacer, hablando a gritos con el doble propósito de infundir miedo y motivarnos. El autobús del aeropuerto se llenó de reclutas: personas altas, bajas, chicos y chicas, con el pelo largo y corto, la mayoría jóvenes, pero al menos uno de hasta treinta y ocho años. Casi todos acabábamos de salir del instituto, en el Medio Oeste o en el sur profundo. Apenas dijimos una palabra. Yo tenía la cabeza apoyada en el cristal de la ventanilla, la mochila en la mano y veía los árboles desfilar. Me recordaba a cuando iba en el autobús escolar.

Nuestra primera parada en la base fue en el batallón de recepción, en Grant Hall, un edificio alargado con hileras de bancos donde los sargentos nos dieron diez minutos para que nos despidiéramos de nuestros seres queridos por el móvil antes de ordenarnos que tiráramos nuestras bolsas y vaciásemos los bolsillos de cualquier aparato electrónico y demás artículos de nuestra vida como civiles. Sacaron una enorme papelera con ruedas con la palabra AMNISTÍA y nos dieron una última oportunidad para deshacernos, sin consecuencias de ninguna clase, de cualquier producto de contrabando: drogas, tabaco, alcohol o navajas. Para rellenar la documentación indispensable solo estaban permitidos los bolígrafos de tinta negra. «No hay bolígrafos azules en el ejército», repetían los sargentos, como si fuera una metáfora del control y la disciplina a la que aprenderíamos a estar sometidos. «Prohibido hablar», añadieron, a pesar de que en la sala reinaba el silencio. Si alguien no seguía las instrucciones, se lo llevaban aparte y lo ponían a hacer flexiones. Más tarde, los sargentos de instrucción nos dieron el equipo esencial: uniformes, bolsas y petates, botas, ropa para el entrenamiento físico y guantes. Teníamos que escribir nuestro apellido y las cuatro últimas cifras de nuestro número de la seguridad social en todas partes. Los sargentos de instrucción nos hicieron marchar hacia las literas de los barracones para pasar la noche, pero no conseguimos dormir demasiado. A las cinco de la mañana, mucho antes del alba, nos llamaron a formar para desayunar, mientras el sargento nos daba las órdenes a gritos. Sin embargo, nadie conocía los rangos ni cómo formar filas; solo éramos un grupo de gente confusa y asustada en la oscuridad. Siguió otra larga jornada del proceso de introducción. La mayoría de nosotros, yo también, tuvimos que afeitarnos la cabeza. Para vacunarnos, las enfermeras nos llevaron en varios grupos grandes a una enfermería. Nos dijeron que nos pusiéramos de cara a la pared, que nos inclináramos hacia delante y que nos bajáramos los pantalones del uniforme y los calzoncillos, dejando las nalgas al descubierto en una larga fila. Las enfermeras se iban paseando con unas jeringuillas gigantescas.

Cuando nos dieron destino, me asignaron a una compañía de entrenamiento de la Tercera Brigada Química (lo de «Química» era un término histórico, no indicaba que fuera una unidad especializada). Los sargentos de instrucción nos dividieron en grupos y nos hicieron marchar hacia los autobuses respectivos con nuestro nuevo equipo militar en un pesado petate. Los uniformes de camuflaje digital de color verde y gris, de nuevo diseño, tenían un aspecto ridículo, hasta para el ejército. Bromeábamos diciendo que el estampado solo cumpliría su cometido si nos colocábamos delante del estucado rugoso de los barracones o si nos tumbábamos en la gravilla de una carretera secundaria o de un aparcamiento. A partir del preciso instante en que te pones el uniforme de faena, todo lo que te rodea se conjura para inducir un determinado estado mental, programarte para que seas lo que se necesita que seas, reconstruirte de cero para que actúes como parte de un equipo. «Instrucción militar básica» es el término; el objetivo es prepararte para aprender. Te borran el disco duro. Todos acabaríamos aprendiendo distintas habilidades —muchos otros reclutas iban a ser conductores de camión, ya que en 2007 en Afganistán había una enorme demanda y se ofrecía una generosa bonificación por hacerlo—, pero primero teníamos que saber qué era ser un militar.

En 2006, tras una década de escándalos relacionados con las novatadas, el ejército técnicamente había prohibido el uso de términos despectivos durante la etapa de instrucción. Sin embargo, la cultura iba muy por detrás de la política oficial y no tardé en acostumbrarme a la humillación, los insultos, la misoginia y el uso despreocupado de palabras como «subnormal» y «maricón» por parte de los mandos. «Presta atención, que no estás en tu puto barrio», le oí a un sargento decirle a una persona de color. Cantábamos canciones militares y las infames *Jody calls*, que reciben ese nombre por un personaje de ficción que aparece en alguna de ellas como el hombre con el que la esposa de un soldado lo engaña en casa. Son igual de desagradables que las canciones de las animadoras y están pensadas para hacerte reír como si fueras un chico de una fraternidad e inyectarte energía para la guerra. Cantábamos «We went to the market / Where all the ladies shop / I pulled out my Ka-Bar / and I began to chop»[2] o «I don't want no teenage queen / I just want my M16 / This is my rifle, this is my

2. «Fuimos al mercado / donde todas las chicas van a comprar / me saqué mi Ka-Bar / y empecé a darle sin parar» (*N. de la T.*).

gun / This is for fighting and this is for fun»,[3] y luego nos señalábamos nuestras partes. Izquierda, derecha, izquierda, derecha.

Hay una técnica de entrenamiento básico que se llama «ataque de tiburón» y se utiliza para establecer el dominio psicológico: un sargento de instrucción empieza a gritarte y a darte órdenes, retándote a responderle y pinchándote para que formes en una formación que no conoces. «¡Muévete, cabronazo! ¡Recoge esa bolsa, maricón!». Cualquier error —e incluso a veces algo que hayas hecho bien— conlleva una intensa agresión verbal por parte del sargento de instrucción, que se fija en los rasgos particulares de tu aspecto físico o de tu personalidad y los señala para criticarlos delante de los demás. Una de nuestras sargentas de instrucción tenía un fuerte acento coreano que al principio parecía restarle agresividad al ataque, hasta que dos idiotas de mi grupo decidieron empezar a burlarse de ella delante de sus narices, riéndose por lo bajo. Los fulminó de inmediato. «¿Mi voz os parece graciosa? Fuera del autobús, pedazo de gilipollas». Tuvieron que hacer flexiones, abdominales y los temidos escaladores hasta que ya no podían ni con su alma, y entonces ella se burló de los dos por flojos. Fue nuestra primera lección sobre el control. El poder en el ejército gira en torno a la autoridad, y si el sargento al mando cuyo acento te parece tan gracioso es quien tiene la autoridad, te hará la vida imposible. Los demás también sufrimos las consecuencias, y esa fue nuestra segunda lección: formábamos un equipo. Si una persona la caga, recibe el castigo todo el mundo.

Los sargentos de instrucción me pusieron en su punto de mira desde el principio por mi aspecto delicado y aniñado. Oí a uno de ellos decirle a otro en voz alta: «Te apuesto

---

3. «No quiero ninguna reina del baile / solo quiero mi M16. / Este es mi fusil, esta es mi arma, / esto es para combatir y esto para gozar» (*N. de la T.*).

lo que quieras a que a ese le va que se la metan por el culo».
O me decían directamente cosas con segundas como: «Vale,
niño de mamá, ahora estás en el ejército. No estás en tu dormitorio».

La principal forma que tiene el ejército de doblegar a los
reclutas es mediante el ejercicio físico punitivo y constante, a
todas horas. Coger un petate y ponerse a dar vueltas corriendo. Correr constantemente. Los sargentos de instrucción diciendo: «Primera fila en posición de descanso: ¡moveos!
¡Ar!». Decenas de miles de flexiones. Dominadas. Saltos de tijera. Todos los ejercicios aprobados por el viejo manual de
campaña, e incluso otros «caseros» inventados.

Lo más duro era la falta de sueño. Pasábamos todo el día
sometidos a un intenso entrenamiento físico en un entorno
diseñado expresamente para eliminar la capacidad de pensar
por uno mismo, y nuestros cuerpos apenas tenían cinco horas para recuperarse. Acabas sencillamente sobreviviendo,
demasiado exhausta como para pensar o cuestionarte nada.
Las órdenes no tardan en resultarte un alivio. Te enseñan a
desmontar un M16, te obligan a memorizar el contenido de
un libro de quinientas páginas, te taladran con la estructura
de los rangos y la jerarquía. Y el hecho de que te griten ayuda
a que se te grabe todo eso en los huesos. «¡Manteneos despiertos, manteneos despiertos! ¡No quiero ver que se os cierren
los ojos!».

Ahora tengo el convencimiento de que lo que el ejército
intenta hacer realmente en la instrucción básica es recrear los
efectos del TEPT (trastorno de estrés postraumático) de baja
intensidad. Necesitan inculcarte los reflejos a un nivel profundo para que te comportes de una manera determinada bajo
presión, y la forma más fácil de hacerlo es sometiéndote a una
enorme cantidad de estrés; luego, una vez que ya estás débil,
cansada y muerta de miedo, te dan cosas que hacer. Y a pesar
de que tú lo único que quieres es irte a tu casa, sabes que tie-

nes que seguir. Hay algo en la propia experiencia traumática que hace que retengas mejor la instrucción, que te enseña a reaccionar con el piloto automático activado en un entorno de elevado estrés.

Sobreviví al rancho que nos daban de comer. Nunca en toda mi vida había tenido tanto apetito. Teníamos que comer lo que hubiese en menos de diez minutos. Aprendimos que las cucharas eran la opción más rápida para atiborrarnos del máximo de calorías lo más deprisa posible. Comer no era una experiencia que ayudase a crear lazos de unión, nada lo era. Durante la instrucción militar básica no existe la vida social ni sexual. La libido se evaporó por completo y los sargentos de instrucción sofocaban cualquier conato de flirteo que detectasen en sus filas.

En mi caso, durante esa etapa tan intensa, no solo desapareció el apetito sexual, sino que mi género dejó de importarme; los sentimientos sobre la identidad y la existencia que tanto me habían preocupado desaparecieron también. Tal vez alistándome en el ejército sí había conseguido lo que yo pretendía en ese aspecto, pensaba entonces. Sabía lo que pasaría al día siguiente y eso me procuraba cierta sensación de seguridad, aunque no la suficiente como para que me bastase a largo plazo.

La instrucción básica me destrozó el cuerpo. Al cabo de diez días estaba batallando con el entrenamiento físico de la mañana cuando me di cuenta de que me pasaba algo. No era simple cansancio: tenía el brazo derecho y el pie izquierdo completamente dormidos, sin ninguna sensibilidad al tacto, y fue aterrador. Los sargentos de instrucción empezaron a gritarme: que si lo mío no era más que pura pereza, que lo que tenía era cuento... Dijeron que estaba fingiendo.

Al final me dejaron ir al pabellón de enfermería, donde también dieron por sentado que fingía, una táctica habitual entre los soldados que no podían soportar el estrés del entrenamiento militar. El pabellón está diseñado para ser un lugar desagradable y para ahuyentar a quienes simulan estar enfermos. Allí la jornada empezaba a las cinco menos diez de la mañana, antes del toque de diana habitual para despertarse y desayunar, y cientos de reclutas teníamos que formar en una fila. La prescripción habitual eran ochocientos miligramos de ibuprofeno y un volante de «vuelta al servicio activo». Cuando me tocó a mí, a primera hora de la tarde, la enfermera me dio una pastilla de ibuprofeno y me envió al entrenamiento, como si tuviera una simple distensión muscular. Al día siguiente volví a solicitar una visita a la enfermería, a pesar de los comentarios sarcásticos del sargento de instrucción. «¿Otra vez enfermo? No debes de ser muy buen soldado. Seguro que eres un blandengue de mierda». Esta vez un ayudante del médico me mandó a un especialista, quien me derivó a un hospital para que me visitara el neurólogo. La exploración confirmó que realmente me pasaba algo, pero no me dieron ninguna explicación de por qué; al parecer, mi sistema nervioso había dejado de funcionar normalmente por el exceso de ejercicio y el estrés. Estaba aterrorizada. ¿Y si nunca volvía a recuperar la sensibilidad? ¿Y si mis terminaciones nerviosas se quedaban paralizadas de por vida?

La mayoría de los soldados de la unidad de rehabilitación estaban esperando los papeles del alta médica y la consiguiente baja del ejército. Un pequeño grupo iba a volver a la instrucción en cuanto se recuperasen de sus lesiones. En mi caso, el batallón de instrucción inició el proceso como si ya tuviera la lesión antes de incorporarme a las fuerzas armadas y, por lo tanto, iba a darme de baja. Aquello, sencillamente, no era verdad: había sido la propia instrucción la que había causado la lesión y no quería que me enviaran de vuelta a la vida civil sin seguro médico, sin trabajo y sin unas piernas y unos brazos sanos. Además, tampoco quería dejar el ejército. Cuando un administrativo me dio una hoja para que la firmara y poder así procesar mi baja, solicité la asistencia de un abogado. No estaban acostumbrados a que alguien rechazase la baja, así que, en vez de traerme a un abogado, dieron marcha atrás.

Me moría de aburrimiento y nunca me había sentido tan atrapada e impotente. Nos pasábamos el día allí sentados —no había tele, los únicos libros eran unas novelas malísimas y tampoco teníamos móviles ni internet—, sin nada que hacer más que barrer y limpiar los barracones. Los demás soldados empezaron a llamarme Patatiesa por el pie dormido, que arrastraba por el suelo al caminar. Vivía en un limbo y estuve varias semanas peleando para poder permanecer en el ejército. Al final llegó mi primera visita al neurólogo, quien me hizo un electromiograma (EMG) en el hospital, una prueba consistente en pincharme y someterme a descargas eléctricas en distintos puntos de la pierna y el brazo. Confirmó que había sufrido algún tipo de lesión nerviosa. Tenía que someterme a varias semanas de tratamiento y regresar para otra exploración médica. Por suerte, cuando el otoño dio paso al invierno, la lesión empezó a remitir. Recobré la sensibilidad en el brazo y no tardé en poder volver a escribir. Dos meses después de mi primera visita a la enfermería me enviaron de vuelta a la preparación física básica. Esta segunda vez, el entrenamiento no resultó tan abrumador y yo tenía la cabeza más centrada. Sabía lo que podía esperar y estaba en mejor forma: mientras me recuperaba de mi lesión había empezado a hacer ejercicio y a fortalecer los músculos. Seguía siendo difícil y la sensación de aislamiento era igual que antes, pero estaba demasiado exhausta para sentirme sola. Alternábamos entre el adiestramiento en el campo y las clases de formación. Practicábamos la puntería con el rifle en el campo de tiro, aprendíamos a utilizar las radios, hacíamos carreras de obstáculos diseñadas específicamente para el trabajo en equipo y la cooperación, y entrenábamos con una forma simple de varias artes marciales. Llevábamos a cabo simulacros de acción con rifles equipados con láseres infrarrojos en el cañón y sensores que detectaban cuándo un cartucho de fogueo impactaba en nuestro cuerpo. A mí se me daban bien las maniobras de combate en unidades pequeñas. La mayoría de la gente vacila o directamente se acojona, incluso en los entrenamientos. Se trata de hacer un montón de caminatas largas a cubierto, y mi tamaño y estatura, justo aquello por lo que había sido objeto de tantas burlas, dentro y fuera del ejército, de pronto se convirtió en una ventaja. Podía agacharme, avanzar a gatas, correr y evitar que me disparan. Podía disparar con acierto incluso bajo presión. Podía pensar con claridad desde el punto de vista táctico, aunque los demás gritasen y soltasen alaridos llevados por el pánico. Al final de un ejercicio, muchas veces yo era la única que quedaba en pie.

Mi padre vino desde Oklahoma City para la graduación. Nunca en toda mi vida se había mostrado tan visiblemente orgulloso de mí como al verme con el uniforme de gala de color verde, con mi nuevo porte militar. Para mí, percibir su orgullo vino a llenar un hueco que siempre había sentido en mi interior, aunque solo fuese de forma temporal. Mi tía también acudió a la ceremonia. Quiso mostrarme su apoyo y al mismo tiempo asegurarse de que mi padre y yo no nos peleásemos, aunque para mí era evidente que odiaba aquella parafernalia, sobre todo los discursos relativos a Irak y Afganistán. Sabía que ella estaba convencida de que ahora que me había convertido en soldado me pasaría algo malo y culpaba a mi padre por haberme empujado a tomar ese camino.

Además, vino a verme un chico con el que había mantenido una intensa relación en Washington D. C. Estaba muy metido en los ambientes políticos de Washington y trabajaba para la organización Human Rights Campaign. En esos momentos participaba en la campaña de Hillary Clinton para las primarias de las elecciones presidenciales de 2008. Lo nuestro había sido una relación bastante informal, pero empecé a escribirle cada pocos días durante la instrucción militar para mitigar mi sensación de soledad y la correspondencia había afianzado nuestra conexión emocional, al menos para mí. Él me mantenía al día en cuanto a la actualidad informativa y electoral; la desconexión de las noticias era una de las cosas más salvajes de la etapa de adiestramiento militar básico. Sin acceso a un ordenador, me sentía desconectada del mundo y él fue mi salvavidas en ese sentido. Entonces, en una de sus cartas me soltó la bomba de que iba a comprometerse con alguien. Yo había estado dando alas a mi imaginación todo aquel tiempo mientras que para él solo había sido un simple ligue. Me quedé hecha polvo. Él se sentía fatal. El hecho de ir hasta allí solo para verme en la graduación era una forma de demostrarme que yo le importaba, a pesar de que amase a otra persona. Y funcionó, más o menos. Su enorme sonrisa fue un consuelo para mi corazón malherido, e incluso pareció impresionar a mi padre hasta cierto punto. Nos dieron a todos un permiso de un día para salir con la familia a celebrarlo, así que nos fuimos los cuatro a almorzar al mismo restaurante al que habían ido absolutamente todos los recién graduados de la instrucción básica y sus familiares.

Teníamos que hacer las maletas para marcharnos a las cuatro de la mañana siguiente; los sargentos de instrucción inventariaron para el trámite de salida cada uno de los artículos, cada cordón de botas, cada calcetín y cada prenda de ropa interior. Algunos reclutas intentaron despedirse de los sargentos de instrucción, pero solo recibieron duras advertencias previniéndolos sobre no acercarse a nadie de ese mundo. Luego, junto con solo otros dos graduados, cogí un avión hasta Fort Huachuca, en Arizona, casi en la frontera mexicana. Era la primera vez que salíamos al espacio público en mucho tiempo sin que los sargentos de instrucción supervisaran escrupulosamente nuestros movimientos, y en el aeropuerto de Phoenix, donde hacíamos escala, nos atiborramos de toda clase de comida basura. Yo incluso me fumé unos cuantos cigarrillos. Por unas horas fue como si no estuviésemos en el ejército.

Fort Huachuca, adonde llegamos esa misma noche muy tarde, era una base de entrenamiento para el personal de inteligencia desde hacía décadas. En lugar de parajes verdes y de piedra caliza de los Ozark de Missouri, la ciudad de Sierra Vista es un desierto montañoso, cerca de Tombstone. He oído a gente comparar el paisaje con el de Afganistán. Los edificios de bloques de hormigón de la base militar habían proliferado alrededor de las estructuras de madera originales de un puesto de caballería, con un viejo cañón y una semejanza estética general con el set de rodaje de un espagueti wéstern. Llegar allí fue como exhalar un suspiro de alivio después de estar tantos días en modo «Sí, mi sargento de instrucción». Cuando pregunté a qué hora tenía que poner el despertador para el día siguiente, la respuesta fue: «A la hora que quieras. Es sábado». Ya casi ni me acordaba de cómo era disfrutar de aquella clase de libertad: despertarse de forma natural porque había salido el sol y mirar por las ventanas y ver montañas al oeste, tan claras, con la nitidez de una postal, fue como una conmoción para mi organismo. El aire olía a rocío por las mañanas y al atardecer cuando llovió una hora cada día durante todo el mes de julio. Al alba, de lunes a viernes, para el entrenamiento físico, corríamos por una carretera de un desierto árido, centenares de soldados, con nuestros chalecos reflectantes verde lima para ser visibles en la oscuridad. Yo corría con el grupo alfa, los corredores más veloces. La luz del día crecía despacio y con cadencia irregular por encima de las montañas, pintando el desierto de colorido justo cuando alcanzábamos el subidón del corredor.

Empecé a aprender lo que significaba de verdad ser analista de inteligencia. Pasábamos largas horas en los edificios cuadrados y equipados con aire acondicionado estudiando diapositivas de ubicaciones tácticas, aprendiendo a interpretar los mapas y a entender los informes de inteligencia de señales. Para la formación aún se estudiaban antiguos escenarios de la lucha de la Unión Soviética contra los muyahidines y de la guerra entre Irak e Irán, las analogías históricas más próximas a los conflictos de Afganistán e Irak. Aprendí que se llamaba «pájaros» a las imágenes por satélite, que eran de distintos tipos: aéreas, isométricas, infrarrojas, en blanco y negro y de georradar. Había una cantidad ingente de material. A lo largo de veinticuatro semanas dedicamos cincuenta horas semanales a memorizar todo el contenido de las dos mil diapositivas de las «tarjetas inteligentes» que estudiábamos. Podía recitar del tirón los detalles técnicos de los aviones franceses, los tanques rusos o las armas que empleaban los sirios. Descubrí que la Unión Soviética no permitía a sus pilotos tomar decisiones y que los muyahidines de Afganistán muchas veces combatían desde terrenos más elevados.

Pero el análisis de inteligencia no consiste solamente en memorizar datos. Estudiamos cómo combinar todas esas fuentes con el fin de elaborar un retrato cohesionado de lo que ocurría compuesto por distintos retazos: aprendimos a hacer lo que en el argot militar se conoce por las siglas SWAG («*scientific wild-ass guess*»), es decir, suposiciones científicas increíblemente forzadas. Hay que entender cómo coger todo el contexto que se te proporciona y hacer que cobre sentido de forma útil, mirar a un campo de batalla y comprender no solo lo que pasa en ese preciso instante, sino lo que esa columna de tanques va a hacer a continuación. Se parece un poco a la labor de un detective, y resultó que a mí se me daba especialmente bien resolver ese tipo de problemas.

Las dos guerras más importantes que se libraban en aquel entonces, en Irak y Afganistán, parecían imposibles de analizar. Requerían un enfoque completamente distinto del que se aplicaba a cualquier otra guerra convencional. Mucha gente no se da cuenta de que el hecho de disponer de más tecnología no significa que tengas más capacidad en todos los aspectos. Y esa es la historia de esas guerras: ocho tipos armados con un lanzagranadas portátil pueden joderlo todo a base de bien y causar un caos impresionante. Treinta tipos en un entorno urbano son fácilmente capaces de tener a un batallón entero enzarzado en un combate durante días. Debíamos aprender a pensar como los insurgentes, a ser conscientes de que podía pasar cualquier cosa. Era preciso saber lo que podían hacer los combatientes de la guerra de guerrillas y cómo utilizar desventajas convencionales como si fueran ventajas no convencionales. A mí me encantaba el proceso del análisis en sí: era pura abstracción al más alto nivel, desprovista de emociones, al menos en aquel momento.

Hice amigos con más facilidad en aquel grupo que en el adiestramiento básico. Puesto que nos habían clasificado en función de nuestras destrezas e intereses, teníamos más afinidades de forma natural, lo que creaba un ambiente más amistoso. Enseguida encontré un grupo de aficionados al *Dungeons & Dragons* y nos pasábamos las horas libres jugando a ese juego o con la PlayStation y la Xbox. Éramos una panda de frikis —en cuanto a carácter extrovertido, yo era un caso atípico— y, al menos según lo que pude comprobar, el porcentaje de personas queer en nuestro grupo, para tratarse de militares, era más alto de lo habitual. También parecía que muchos de los miembros del grupo estaban sobrecualificados o tenían estudios superiores, lo que chocaba con el hecho de que se hubieran alistado en el ejército. A menudo habían terminado allí porque habían llegado a la treintena y se habían visto incapaces de salir de la pobreza, pese a sus habilidades naturales e incluso a pesar de poseer un título universitario.

El ejército era una especie de salvavidas de último recurso para gran parte de mis colegas, tal como lo había sido para mí. La sensación de ir sobreviviendo al día a día desapareció, pero eso a la vez significaba que ahora mi disforia tenía vía libre para volver a manifestarse. Los fines de semana podíamos vestirnos con nuestra propia ropa y yo tenía predilección por una camisa rosa brillante, como para reafirmar quién era, tanto ante mí como ante los demás. Solo quería sentirme más cómoda. La gente se dio cuenta y empezó a hacer comentarios.

El primer fin de semana en Fort Huachuca me compré un portátil Lenovo en el «economato» militar, el centro comercial de la base, una especie de Walmart Supercenter gigante. Volví a pasar las noches y los fines de semana online, conectada otra vez a mi mundo. Buena parte de las horas después del toque de queda las dedicaba a visitar YouTube, Facebook y aquel nuevo rincón de internet conocido como 4chan: la comunidad de los memes, los festivales de «Caturday night» o *lolcats*, troleos, ironía y muchas risas. En la cultura chan no existían los moderados. Si llegabas a un compromiso equilibrado o sopesabas cuidadosamente «ambos lados», en aquel entorno no te hacían ningún caso. Allí todo el mundo era una versión extrema de sí mismo, tanto los socialistas, los anarquistas o los comunistas como esos críos neofascistas que ahora dominan esa parte de internet. El ateísmo era mi credo personal, lo que moldeaba el resto de mis opiniones. Me daba una gran satisfacción ver a un *vlogger* capaz de expresar de forma elegante el daño que una fe en Dios mal entendida había causado a la humanidad. El caso Kitzmiller contra el Distrito Escolar de Dover —el caso judicial de 2005 en Pennsylvania contra la exigencia de que en la escuela pública se enseñara la teoría del «diseño inteligente» como alternativa a la teoría de la evolución— había despertado mi interés por el ateísmo durante mi etapa libertaria en el instituto. Como muchos otros jóvenes en aquella época, me sentí brevemente cautivada por las voces sobredimensionadas de los cuatro jinetes del ateísmo: Richard Dawkins, Christopher Hitchens, Daniel Dennett y Sam Harris. Incluso intentaba escribir como ellos en los foros, con voz certera, lógica y hábilmente cruel con la derecha cristiana. (Ahora me consta que son misóginos, clasistas y a menudo xenófobos).

Mis colegas de chan y yo éramos *edgelords* en ciernes. Aunque el término para designar esos troles de las redes —cínicos, pueriles y a menudo falsos— no se había inventado todavía, ya se percibía el germen de algo que se ha transferido al mundo de internet moderno, tal como lo conocemos ahora. Creamos palabras nuevas para nombrar nuevos conceptos, como *memes*, *clapbacks* (zascas), *firin muh lazer* (abiertamente racista), *downvote brigades* (brigadas de -1) y *doxxing* (compartir la ubicación de una persona sin su consentimiento). Éramos una panda de inadaptados técnicamente competentes que nos juntábamos en una masa tóxica y comunitaria de egos destrozados. Se formó una nueva comunidad de más ateos militantes alrededor de las primeras estrellas de YouTube: Zinnia Jones, Thunderf00t y Amazing Atheist.

Muchas de las personas a las que veía en aquella época en YouTube o con las que chateaba en 4chan cayeron, de forma acrítica, en la intolerancia antiislámica que acabé reconociendo —aunque sin tomármela lo bastante en serio— en Hitchens y Dawkins. Yo no albergaba esa clase de ira en mi interior. No tenía ningún interés por mostrar una actitud ofensiva contra «nuestros enemigos». Ninguno de los contactos que había mantenido con personas musulmanas coincidía con esa concepción del mundo. Me había criado en Oklahoma, por lo que era probable que hubiera dicho —y sin duda oído— cosas que ahora entiendo que estaban mal, tanto en el sentido ético como de los hechos concretos. Pero lo que veía en aquellos foros siempre iba acompañado de un matiz de odio auténtico que de inmediato me pareció distinto a la necesidad de decir algo transgresor para provocar o hacer reaccionar a la sociedad.

Aun así, quería joder a determinada gente. Me convertí en un trol de las webs cristianas evangélicas y de los foros de discusión creacionistas. Me suscribía a los foros y luego pasaba un tiempo hablando como ellos e integrándome en su comunidad. Compartía memes cristianos. A veces hasta copiaba y pegaba comentarios de otras webs para dar con el tono adecuado, siempre apocalíptico y moralizante. Luego, cuando ya estaba metido a fondo —a veces tanto que me asignaban el estatus de moderador—, soltaba una opinión del tipo: «Bueno, la verdad es que a mí la teoría de la evolución me parece sensata», y entonces estallaba una auténtica guerra dialéctica. Me echaban al cabo de un par de días y el foro seguramente cerraba filas y volvía a su normalidad, pero yo ya me había divertido un buen rato a su costa.

El riesgo de mi participación, como soldado, le daba atractivo al asunto, era como un soplo de libertad. Ser un trol te da una sensación de conexión humana. Aunque la respuesta sea negativa, sigue siendo un punto de conexión. Tú le gritas con furia al vacío, pero en lugar de oír un eco, alguien te contesta gritándote también. Es un modo de reconocer que existes, que también eres humano.

Eso por no hablar de la sensación de comunidad, de solidaridad y de apoyo que recibía de las salas de chat, justo lo que no me proporcionaba mi trabajo, donde me sentía muy sola, desvinculada de la cultura militar y su estricta masculinidad, aun en aquel entorno más amable e informal. Había conectado con algunas personas, pero básicamente miraba al mundo fuera de la base. Mi vida sexual era nula: tenía demasiado miedo de que mi carrera se fuera al traste. Me encantaba mi trabajo, me gustaba muchísimo la labor intelectual que implicaba ser analista. La Administración Bush había continuado con la política del «No preguntes, no digas» y habían echado a tantos lingüistas de la base de adiestramiento de inteligencia en Monterrey, California, que había una tremenda escasez de personal que pudiera hablar los idiomas que necesitábamos para poder ir a la guerra de forma efectiva.

Hacia el final de la etapa de instrucción en Fort Huachuca hicimos un ejercicio de campo que debía simular un combate. Era una simulación de guerra, con campos de tiro y de bombardeo. Nos proporcionaron rifles con munición de fogueo y nos ordenaron entrar en acción: fue como una partida de *paintball* increíblemente sofisticada. Nos pasamos la mayor parte de la maniobra en una caravana. Durante cinco días y cinco noches, hicimos análisis en tiempo real, basado en operaciones de combate auténticas realizadas en Irak desde 2006, la práctica más parecida al trabajo de verdad. El día de la graduación, la sensación fue mucho menos especial que en la del adiestramiento básico. Ni siquiera nos pusimos el uniforme de gala. Sin embargo, recibí dos distinciones —una por mis resultados académicos y otra por mi aptitud física— que no me esperaba. Mi padre también acudió a esa ceremonia y casi se puso a dar saltos de alegría. Me cambié y me vestí con la ropa de civil en el baño de un restaurante y mi padre me llevó con su coche de alquiler hasta el aeropuerto de Tucson. Pero cuanto más nos alejábamos del edificio de la ceremonia de graduación, más se diluía su felicidad, que se iba transformando en la indiferencia de siempre.

Hasta que no regresé a Maryland no me di cuenta de lo mucho que había cambiado en aquellos meses de entrenamiento, de cómo el ejército había reprogramado mi cerebro, al igual que mi masa muscular. Volví a los clubes varias de las noches de mi permiso. Quería (¡necesitaba!) echar un polvo antes de continuar el camino hasta mi siguiente destino. Sin embargo, ahora todo parecía distinto: en lugar de esperar a que alguien me entrara, yo tomaba la iniciativa. Ahora era fuerte, una persona segura de sí misma. En cierto modo, también ayudaba el hecho de saber que, si era necesario, podía pelearme con alguien y ganar. Tenía una nueva clase de poder. Estaba lista para asumir riesgos. Estaba lista para asumir responsabilidades.

6

Fort Drum, Nueva York
Invierno de 2008-2009

Zinnia Jones era aún más joven que yo, tenía solo diecinueve años. Era diseñadora web y activista y tenía un canal de YouTube en el que se llamaba a sí misma la Reina del Ateísmo y salía con un pintalabios rojo que realzaba su melena larga y brillante. Yo la descubrí una noche, al azar, sentada a solas en mi habitación mientras iba haciendo clic sin más en la oscuridad, saltando de un sermón antirreligión a otro. Zinnia, en cambio, me hizo parar de golpe: me fascinó no solo por lo que decía, sino por quién era. Era una persona abiertamente trans y no tenía nada que ver con nadie que conociese. Además, tenía su nombre de mensajería instantánea en abierto en su perfil. Empecé a escribir: «Perdona, no me conoces de nada. He conseguido tu dirección de tu canal de YouTube».

«No pasa nada. La pongo ahí por algo :P», contestó.

Empecé a explicarme: «He visto tu info personal y creo que tienes muchas cosas en común… conmigo. Me recuerdas a…, bueno…, a mí». Empecé a contarle mi vida por escrito. «Mi plan es sencillo pero un poco vago», concluí.

«Consigue referencias positivas, referencias que impidan que te ataque toda esa gente superconservadora que da tan mal rollo. Luego salta a la política».

Desde agosto de 2008 estaba trabajando para la 10.ª división de Montaña, una unidad de infantería ligera, como analista de inteligencia en Fort Drum, cerca del lago Ontario, en el norte del estado de Nueva York. Aquel era prácticamente el destino más alejado de Arizona, tras un largo trayecto en coche por la Interestatal 81 desde Syracuse hacia la frontera canadiense, a través de una larga llanura densamente boscosa que se extendía hacia las estribaciones de las Adirondack. El invierno era gélido; era una de las localidades con mayor frecuencia de nevadas de Estados Unidos, con temperaturas bajo cero. Para entrenar, nos subíamos a la elíptica o hacíamos gimnasia dentro de un almacén, o dábamos vueltas en una pista de atletismo cubierta. Se acabó salir a correr ante amaneceres impresionantes; ahora veía los mismos bloques de hormigón vuelta tras vuelta. A pesar de que dormía en el norte del estado de Nueva York, en realidad estaba en Afganistán, prestando apoyo a destacamentos desplegados en el exterior. No más situaciones imaginarias, no más entrenamientos basados en guerras que se habían librado cuando yo iba al parvulario. Ahora manejaba información real: debía coger enormes cantidades de datos y formular predicciones detalladas que resultasen útiles para los oficiales que diseñaban la estrategia. Las decisiones que tomaba yo tenían consecuencias decisivas para unas personas que vivían en la otra punta del mundo. Así se lo expliqué a Zinnia cuando me dijo que tuviera cuidado durante mi despliegue: «Me preocupa más asegurarme de que todos —soldados, marines, contratistas e incluso la población local— puedan volver a casa sanos y salvos junto a sus familias. Me siento con una enorme responsabilidad y un deber para con la gente. Es raro, ya lo sé».

El equipo de combate de la 2.ª brigada tenía una ilustre historia en el ejército de Estados Unidos, historia que se remontaba a la Guerra del Golfo. Su 2.º batallón, del 14.º regimiento de Infantería, un batallón al que llamaban los Dragones Dorados, estuvo involucrado en el ahora tristemente famoso incidente descrito en el libro y la película *Black Hawk derribado*. Mi supervisor, el sargento primero Paul Adkins, había vivido el episodio. Adkins vio su primer combate en 1993 y participaba en la operación Serpiente Gótica, en Somalia, como miembro de la columna de socorro en un país destrozado por nuestra política exterior durante la Guerra Fría, cuando dos helicópteros Black Hawk fueron derribados durante la batalla de Mogadiscio. La brigada era un grupo experimentado, con solo un pequeño puñado de nuevos soldados, entre ellos yo. Para cuando me incorporé a ella, la brigada había visto un mayor número de combates que cualquier otra unidad de Fuerzas no Especiales desde el 11 de septiembre, y era la que había sufrido más pérdidas de todas. En agosto de 2006, fue destinada a una árida zona de terreno agrícola al sur de Bagdad, en la parte inferior del llamado Triángulo de la Muerte de Irak. La zona estaba delimitada al sudoeste por el río Éufrates y la entrecruzaba una extensísima red de canales de riego. La carretera que bordeaba el río, la Ruta Malibú, se convirtió en escenario de numerosos ataques con artefactos explosivos improvisados y, en consecuencia, el destacamento permaneció allí tres meses más de lo previsto, sufriendo el desgaste del dolor y la pérdida derivados de esas batallas.

La unidad obtuvo una especie de permiso de dos años en Nueva York a modo de compensación y para que pudiera descansar un poco antes de que nos destinaran a las provincias de Logar y Wardak, en el este de Afganistán, en diciembre de 2009. Aquellos soldados conocían el percal de primera mano, no como se aprende en un libro de texto. A todo el mundo se le llena la boca explicando sus batallitas en el ejército, pero muchas de las personas que fanfarronean de esa manera nunca han participado en ningún combate de verdad. Los soldados junto a los que serví en aquella campaña eran muy conscientes de que aquello no era ningún juego de rol para machitos, que el combate no se podía idealizar o ensalzar. Sabían, y me lo dejaron muy claro, que el objetivo consistía, sobre todo, en minimizar el tiempo de exposición al fuego enemigo, tanto de uno mismo como de las personas que están al lado de quienes luchas. Comprendían lo duro que es tomar decisiones sobre el terreno.

Muchos de ellos también habían descubierto, tras la experiencia de ver que se producían bajas constantemente, que no podíamos hacer nada para «ganar» aquella guerra. Estábamos allí para controlar el territorio. Podíamos lograr algún avance aquí o allá, pero lo que avanzábamos por un lado lo perdíamos por otro. Los insurgentes atacaban por aquí, por allí y más allá también. Con los años, esto se volvió enajenante. No se veía ningún final a la situación, por lo que muchos de los veteranos a los que iba conociendo habían decidido adoptar la siguiente actitud: «Voy a desconectar de todo, recoger mi cheque y controlar este territorio hasta que pueda volver a casa y ver a mi mujer». Aquello era un trabajo, una tarea que había que llevar a cabo con eficiencia, pero al final se trataba básicamente de protegerse y mantenerse con vida unos a otros mientras los políticos sacaban pecho. La actitud mental de mis compañeros de brigada afectaba a la mía y no tardé en asimilar que nuestra tarea no consistía en ganar, sino en regresar a casa, en hacer que sobrevivieran el mayor número posible de los nuestros y de los civiles inocentes. En la guerra no existe eso que solemos llamar «ganar».

Yo no encajaba en Fort Drum, en parte por ser quien era, pero también porque pertenecía a la inteligencia militar, de modo que en el ámbito profesional estaba atrapada entre dos mundos. En realidad, nosotros no teníamos la mentalidad de los soldados de carrera, pero tampoco nos llevábamos del todo bien con la comunidad, más amplia, de los analistas de inteligencia, dominada por civiles y por el personal militar conjunto de alto rango de las agencias «del alfabeto», como las llamábamos nosotros.

El rango importaba mucho menos en mi rol que en cualquier otro ámbito del ejército, cosa que me iba como anillo al dedo. Nunca se me había dado bien aceptar la subordinación cuando creía poder ofrecer información o ideas útiles. Los comandantes esperaban de nosotros que les proporcionásemos información práctica de inteligencia a partir de la cual poder tomar, o al menos plantearse, distintas decisiones. Les dábamos opciones y yo podía hacer preguntas, mostrar escepticismo y tratar a los oficiales como iguales. Ellos también necesitaban pensar en mí de ese modo, para poder confiar en mi asesoramiento. En la brigada, formada por tres mil soldados, había menos de veinte personas a cargo de las tareas de analista y parte de mi trabajo consistía en proporcionar análisis al mando de la brigada, es decir, a los oficiales de más alto rango. La primera vez que informé al mando, uno de los oficiales me preguntó cuántos años tenía, para intimidarme un poco. Tuve que enseñarle un documento de identidad porque no se creía que solo tuviese veinte años. A veces me sentía más como un oficial que como un soldado raso, pues me desenvolvía más a menudo en su política de despacho que en la de los soldados, que técnicamente eran mis compañeros.

En Fort Drum podíamos hacer videoconferencias con nuestros colegas en el exterior, pero todavía no disponíamos del ancho de banda de internet necesario para ver imágenes en tiempo real de las zonas de combate, ni siquiera para descargárnoslas. Visualizábamos capturas de pantalla de aeronaves no tripuladas, vídeos en blanco y negro con imágenes granuladas que aún se me aparecen en sueños. Estaban incorporadas en las interminables presentaciones de PowerPoint que veíamos cada doce horas, con actualizaciones de las operaciones en acciones significativas y discusiones sobre el tiempo y sobre si las piezas tenían como destino un equipo determinado o una base lejana. Las imágenes de vídeo eran una parte de las piezas de la información que a mí me encantaba unir: el precio del pan en una aldea; qué cultivos de una aldea padecían una enfermedad o cuáles se habían quemado; qué estaba haciendo el gobierno local ese día en concreto; a quién habían detenido y por qué y qué querían decir en realidad con «disidente» en esa situación en particular. (No tardé en descubrir que llamar a alguien «disidente» a veces solo era una forma que tenía el gobierno de intentar obtener un soborno o de castigar a alguien que no estaba de acuerdo con una determinada política gubernamental). Incluso saber qué equipo había ganado un partido internacional de fútbol podía ser una información valiosa que afectaba a lo que podía ocurrir en las calles de una ciudad. Cierres de carreteras, disputas entre terratenientes, atascos de tráfico, tormentas de arena, inundaciones, denuncias de secuestros, denuncias por robos… Cualquier cosa podía ser una fuente de información. Lo veíamos todo. Teníamos ojos en todas partes.

Y luego estaban nuestros objetivos específicos. Cualquier persona de interés —en el sentido más amplio del término— para Estados Unidos podía ser un objetivo. Recurriendo a los métodos más secretos a disposición del gobierno, éramos capaces de averiguarlo todo sobre una persona. Absolutamente todo. Las redes de sus relaciones, con quiénes hablaba, con quiénes hablaban sus amistades, qué compraban, qué secretos tenían, cómo era su vida sexual, las infidelidades que cometían… El detalle y la cantidad de la información disponible era impresionante. Teníamos acceso a todos los aspectos de la vida de nuestros objetivos, sus fortalezas, sus puntos débiles, sus mentiras y esperanzas… Averiguar lo que hay en el cerebro de alguien de la forma en que lo hacíamos es mucho más invasivo que un registro con desnudo integral. La gente cree que sus pensamientos, al menos, son privados, pero no lo son. El historial de navegación, por ejemplo, puede decir mucho sobre las inclinaciones de una persona en el ámbito de su intimidad. Los seres humanos son increíblemente predecibles y cualquier paso que dé alguien fuera de sus patrones de conducta habituales —o incluso el hecho de que nosotros sepamos lo que es importante en esos patrones de conducta— puede convertirse en un instrumento de coacción. Se suponía que yo tenía que coger todo eso, la información más íntima sobre un ser humano susceptible de ser recopilada sin entrar en su cerebro, y hacer una evaluación militar objetiva para notificar a mis superiores mi evaluación clínica, y así predecir cómo podía comportarse una persona o un grupo.

Yo quería saber exactamente cómo era un despliegue real en una zona. Mi primer supervisor principal en Fort Drum, el sargento Anica, dirigía nuestros ejercicios de entrenamiento físico y gestionaba nuestros asuntos administrativos mientras esperaba el traslado a un puesto de más relumbrón en el Pentágono. Era de origen mexicano y aún más bajito que yo, un hombre robusto de personalidad accesible, con un profundo y cálido sentido del humor, teñido de cierto humor negro que parecía consecuencia de su última movilización en Irak. Solía preguntarle por su experiencia con un ávido interés por conocer bien los detalles y aunque él hablaba de todo, justo ese era un tema tabú. «Solo fue una misión», decía, eludiendo la cuestión, o me contaba una anécdota graciosa para que me olvidara del asunto. Yo no dejaba de insistirle.

De lo que Anica no quería hablar era del traumático incidente de los DUSTWUN. Todo aquel que había permanecido en la base después del despliegue anterior hablaba del incidente en susurros. Incluso el acrónimo DUSTWUN (del inglés «Duty Status Whereabouts Unknown», o «Paradero desconocido estando en acto de servicio») parecía proyectar unas sombras muy oscuras sobre aquella cuestión. El 12 de mayo de 2007, un grupo armado con rifles y explosivos había tendido una emboscada a un escuadrón estadounidense en un puesto de vigilancia temporal de la Ruta Malibú llamado Crater Overwatch, en la que resultaron muertos cinco soldados estadounidenses y un soldado iraquí, mientras que otros tres fueron hechos prisioneros: Byron Fouty, Alex Jimenez y Joseph Anzack.

La brigada al completo reaccionó al cabo de escasos minutos llevando a cabo una agresiva búsqueda en un radio de cincuenta kilómetros en su zona de operaciones. La búsqueda se prolongó varias semanas y centenares de iraquíes fueron detenidos para ser interrogados. Al final, unos soldados encontraron el cadáver de Anzack en el río Éufrates. Le habían pegado un solo tiro en la cabeza, como si lo hubieran ejecutado. El Estado Islámico de Irak, un precursor del Dáesh, publicó un vídeo reivindicando la autoría del ataque y pidiendo a Estados Unidos que cesara en su búsqueda de los otros dos miembros de su ejército. Una tarde, poco después de mi llegada a Fort Drum, el jefe de sección, el mayor Murphy, entró con aire taciturno en su oficina desde una sala común. Era un hombre muy corpulento y, por lo general, sosegado y bromista; me recordaba a un oso de peluche gigante. Pero no ese día. Al cerrar la puerta a su espalda dio un portazo tan fuerte que se cayeron los cuadros de las paredes. Lo oímos poner la oficina patas arriba, destrozándolo todo y lanzando objetos. «¿Qué coño pasa?», les pregunté en voz baja al sargento Anica y a otro analista. «No te preocupes. Ya lo pondremos todo en orden luego nosotros», me contestó Anica.

Unas semanas antes, otra brigada había recuperado los cadáveres de Fouty y Jimenez. Ese día nuestra brigada iba a celebrar una ceremonia de homenaje con sus familias. Resultó que el mayor Murphy se sentía personalmente responsable de no haber encontrado los cuerpos, sobre todo teniendo en cuenta que los hallaron en un lugar donde la brigada ya los había estado buscando con anterioridad. En la puerta de las oficinas de los mandos, el personal de la brigada colgó enmarcada una de las banderas blancas y negras del Estado Islámico de Irak que habían capturado, como recordatorio diario de lo sucedido. Yo observé todo aquello en silencio. Lo que les había ocurrido a Fouty y Jimenez podía pasarnos a cualquiera de nosotros. El pesimismo y el desaliento se colaron en las filas de la brigada.

Por las noches, en mi barracón individual, me sumergía aún más profundamente en mi mundo online. Internet tal y como lo conocemos ahora empezaba a nacer y buena parte de los cambios más interesantes se producían en las salas de IRC (Internet Relay Chat) en las que pasaba las noches de insomnio.

Un servidor de IRC contiene una enorme cantidad de canales creados y moderados por los usuarios que suelen llamarse «salas».

Cualquier servidor de IRC puede contener de cien a cien mil canales o más, con entre dos y varios centenares de personas en cada sala leyendo el torrente de mensajes. Los participantes tienen la posibilidad de utilizar un sistema privado de mensajes (o «susurros») para hablar directamente unos con otros. Eran como clubes privados para los adictos a la red.

Normalmente, yo tenía cinco o diez canales abiertos a la vez y la pantalla repleta de mensajes, llena de imágenes de arte ASCII y memes. Los servidores de IRC requieren una invitación para entrar, como un local clandestino digital, con un moderador que hace las veces de portero de discoteca, prohibiendo la entrada a los troles y a la policía con ganas de irrumpir a la fuerza y molestar. En aquella época, los canales más activos tenían que ver con las operaciones: lugares para que los usuarios de 4chan planeasen ciberacciones contra la Iglesia de la

Cienciología, o los mormones, o quienquiera que fuese el objetivo en ese momento. Yo formaba parte de Anonymous, un colectivo que había puesto el punto de mira en la Iglesia de la Cienciología llevando a cabo acciones de *doxxing* (divulgar los datos personales de un individuo sin su consentimiento) y *swatting* (hacer que los equipos SWAT de las unidades especiales respondan al aviso de que se está produciendo un delito violento en el domicilio del objetivo). (Dichas operaciones recibían el nombre de OpChanology, una combinación en inglés de «operación», «4chan» y «cienciología».) Lo mío era la búsqueda en internet: pasaba horas peinando bases de datos legales como LexisNexis o PACER tratando de dar con información útil, datos que pudieran servir para descubrir vulnerabilidades; la Iglesia de la Cienciología, que había denunciado a casi todo el mundo por casi cualquier cosa denunciable, acabó dejando, como resultado, un rastro de información muy práctica sobre ella misma en las bases de datos públicas.

Otros canales se centraban más en aspectos tecnológicos y eran más pragmáticos: podían ser un lugar donde compartir listas de buenas prácticas y métodos de seguridad. Tenías que demostrar tu habilidad con la seguridad operativa para que te dejasen entrar. Era un método tanto de selección cultural como de comprobación de habilidades. Cuando entré, recibí un mensaje privado en el que se me solicitaba que demostrase que merecía estar allí, preguntándome quién era y qué hacía. En los canales, yo era un programador informático de Reino Unido y solo estaba allí «para hablar», cosa que más o menos era cierta. Para poner a prueba mis habilidades, el administrador me dio la dirección de un servidor y me pidió que consiguiera el código *hash* de un nombre de archivo específico que había en dicho servidor. (Los *hashes* criptográficos son aleatorios y suelen estar codificados en hexadecimal, por lo que es imposible adivinar un código *hash* al azar; para ello se precisa acceder al documento y al sistema).

Mi objetivo era una dirección IP del Triángulo de Oro, en el sudeste asiático. Llevé a cabo un escaneo de los puertos del sistema mediante Nmap, una operación que me permitía buscar las posibles vías de entrada. Habían dejado de forma deliberada uno de los puertos lo bastante abierto para que yo entrara, el equivalente digital de una puerta cerrada pero con la llave en la cerradura. Un detalle que le habría pasado desapercibido a alguien más inexperto, mientras que, si sabías medianamente lo que hacías, aquello estaba chupado. Encontré una vía de entrada, averigüé la clave y luego borré el historial que demostraba que había accedido al sistema. Era algo del todo inocuo, pero también una prueba de mi valía social, medida en términos de mi capacidad técnica.

Trabé amistad con algunos miembros de los foros de discusión, pero eran amistades fugaces. La gracia de ese aspecto de internet es justamente que no sabes con quién estás hablando. El anonimato es un arma de doble filo: una característica propia de la red y, al mismo tiempo, un fallo. Desprovista de identidad, era más fácil ser mi verdadero yo; me sentía más viva, más real, en la piel de los distintos *alter ego* que creaba y destruía a voluntad, y sospecho que no era la única. No solo empleaba un seudónimo, sino también un navegador especial y una VPN para que nadie pudiera rastrear mi dirección IP. Yo tenía claro ya entonces que tomar medidas para proteger la privacidad era un propósito útil en sí mismo, tanto si tenías «algo que esconder» como si no.

Los fines de semana de permiso volvía a Washington y retomaba, aunque fuera brevemente, mi antigua vida. Iba a fiestas en las casas de la gente de Dupont Circle o a los clubes. Una noche, vestida con un traje tres piezas con un chaleco morado, asistí a un evento para recaudar fondos en un bar queer de las calles Diecisiete y R. El dinero recaudado era para financiar la campaña de Gavin Newsom, en aquel entonces alcalde de San Francisco, que luchaba por ser candidato del partido Demócrata a gobernador de California. Había dado un paso muy audaz e importante a favor del derecho del colectivo gay al matrimonio y en general había apoyado mucho a nuestra comunidad. Y lo más importante era que se trataba de un evento con barra libre al que acudiría la plana mayor del colectivo queer de Washington. Aquella era mi gente.

Lucas —no es su verdadero nombre— trabajaba en el *Washington Blade*, el periódico de la zona de Washington sobre temas relacionados con la comunidad gay, pero cuando lo conocí no sabía que era periodista. Sí sabía que era un chico muy guapo y que me estaba tirando la caña. Era interesante, un poco mayor que yo, y de carácter abierto y agradable. Nos fuimos juntos de la fiesta y nos metimos en otro bar. Estuve hablándole de mi vida durante horas. En algún momento deduje que era periodista y él descubrió enseguida que yo estaba en el ejército... bajo la premisa «No preguntes, no hables». Tenía curiosidad por saber cómo era mi vida con esa política, cómo me trataban mis compañeros y cómo podía tener relaciones y vida sexual. Confiaba en él y le dije la verdad. Seguimos comunicándonos mediante mensajes de texto a partir de esa noche y le servía de fuente para sus artículos.

En 2009, el Estado Mayor Conjunto encargó a sus respectivos auditores generales que llevasen a cabo un estudio de la política «No preguntes, no digas» para determinar cómo podría afectar su derogación a las unidades de cada servicio. Todavía no había salido a la luz el resultado del estudio, que aún era un borrador interno. Sin embargo, yo tenía acceso al documento porque estaba en los servidores de los auditores generales y era un tema que me interesaba, así que lo busqué. El documento que resumía los resultados del estudio era uno de los ejemplos de ignorancia sobre las personas queer más decepcionantes que había visto en mi vida, con comentarios tan desinformados que daban risa y preguntas en los márgenes.

Carecía de los conocimientos básicos sobre el colectivo gay y sobre las relaciones sexuales en general. Se basaba en un viejo estudio, realizado en los años noventa, de aquella política, lleno de estereotipos anticuados y ofensivos sobre las personas queer —¿derogar la ley implicaría que el ejército tendría que prestar mayor asistencia médica por el VIH?; ¿y si los soldados gais en territorio nacional cambian a menudo de pareja por culpa de su promiscuidad?—, estereotipos expuestos por abogados, con todo detalle, en un documento oficial. Se agarraban a un clavo ardiendo para encontrar maneras de seguir justificando la prohibición, a pesar de la promesa de Obama de revocarla.

Sentí un profundo malestar al leer el documento. Empecé a pensar que tal vez otras personas también querrían conocer su contenido; al fin y al cabo, el texto se iba a presentar al secretario de Defensa y se convertiría en un arma arrojadiza política que permitiría a la gente decir que revocar la ley del «No preguntes, no digas» perjudicaría la disponibilidad de las unidades, cosa que yo sabía —por mi propia experiencia, por el sentido común y por la evidencia que proporcionaban los datos— que no era cierta. También demostraba que hasta el propio ejército estaba un poco desconcertado por las desfasadas justificaciones de la norma. Su potencial dañino era demasiado grande como para seguir conteniéndolo. Le escribí a Lucas al respecto y me pidió una copia del documento, así que lo imprimí en el trabajo, lo reescaneé en los barracones y se lo envié por correo electrónico. No me preocupaba lo más mínimo: era un documento no confidencial. Al cabo de unas semanas me envió un mensaje de texto, además de para flirtear conmigo, para decirme lo mucho que le había ayudado el informe para documentar sus artículos sobre el tema cuando había abordado a fuentes oficiales para hacerles preguntas. Sentí cierto orgullo de haber podido influir en el discurso público.

Nunca establecí ninguna relación con periodistas nacionales, aunque me habría gustado mucho (¿por qué iban a hablar con un simple soldado destinado en el quinto pino, nada menos que en Fort Drum, cuando podían hablar con alguien que trabajase para el secretario de Defensa?), pero había una periodista local a la que conocí en los bares de ambiente del norte del estado de Nueva York. Cubría los asuntos militares y yo le proporcionaba algunas dosis de información privilegiada. Yo había trabado amistad con una oficial muy lista y despierta del gabinete de prensa del ejército, y fue ella quien me animó, tras sugerírselo yo, a hablar con la periodista como una especie de canal extraoficial. Me gustaba tener influencia, contribuir a que pasaran las cosas. Ayudé a generar una cobertura mediática positiva, de las que levantan la moral, de las habituales celebraciones en Fort Drum del Día de Conmemoración de los Caídos, el Día de los Veteranos, el regreso a casa después de un despliegue en el exterior y los permisos de Navidad. A cambio, yo le proporcionaba a la periodista chismes sobre las fricciones y los traslados entre el personal del alto mando y le filtraba información sobre el impacto de distintas políticas en el ánimo de los soldados rasos, como la tan controvertida política de publicar las fotos de todos los soldados arrestados en Fort Drum como medida disuasoria contra la conducción bajo los efectos del alcohol.

También obtenía algo más tangible de mi relación con los medios de comunicación: información real, que a su vez trasladaba a mi amiga del gabinete de prensa de la base. Las preguntas que hacían los periodistas y los temas que les interesaban muchas veces me decían algo importante que yo no sabía sobre la base. Me ayudaban a prever cuándo iba a haber algún tipo de disputa entre Fort Drum y la comunidad local, todo lo cual podía resultar de interés para mi amiga del gabinete de prensa y sus colegas. Mientras tanto, los oficiales del gabinete veían cosas que pasaban en el alto mando a las que ni los oficiales de inteligencia ni los soldados rasos teníamos acceso; mi amiga del gabinete a veces compartía conmigo esa información, que sin duda me era de utilidad: me hacía una mejor analista. La forma en que se guardan los secretos en el ejército hace que te des cuenta de lo valiosa que es cualquier clase de información protegida cuidadosamente.

Parte de mi trabajo consistía en asegurarme de que las cajas fuertes y los arsenales llenos de información clasificada y armas contaban con las medidas de seguridad físicas más adecuadas. No tardé en darme cuenta de que en el ejército había innumerables riesgos de seguridad. Por ejemplo, la cerradura de la cámara acorazada que contenía el arsenal de armas de la base —lleno de rifles y de una cantidad ingente de munición— aún estaba configurada con los parámetros originales de fábrica. Sin embargo, eso no era nada comparado con la laxitud que se veía en la seguridad digital del ejército en la primera década del siglo XXI; se empleaba una enorme cantidad de energía en garantizar la seguridad física de los aparatos electrónicos, pero en la propia electrónica la seguridad era terrible. Lo advertí el primer día que me relacioné con el cuerpo: utilizaban un ordenador que funcionaba con el sistema estándar de Windows. En aquella época, lo que lo hacía más vulnerable era el propio Windows, el sistema operativo más popular del mundo y, por lo tanto, el más fácil de explotar. Tardo unos tres minutos en entrar en un sistema así. Sin embargo, el gobierno tenía un contrato con Microsoft, desde principios de los noventa, por valor de miles de millones de dólares, por ese software tan increíblemente malo, lo cual dejaba expuesta por entero la principal infraestructura y soporte digital del Departamento de Defensa.

Para entonces había empezado a labrarme en mi unidad una modesta reputación como alguien que se daba maña con los ordenadores. Una vez, durante un ejercicio, construí un servidor de archivos privado para la oficina usando un portátil viejo. Mis compañeros agradecían poder sortear el lento y complicado sistema central y utilizar solo un dispositivo local.

Mis conocimientos informáticos pusieron el foco sobre mí, tanto en sentido negativo como positivo. El Centro de Entrenamiento de Alistamiento Conjunto del pantanoso Fort Polk, en Luisiana, alberga uno de los tres centros de entrenamiento de combate del ejército para que los pelotones se ejerciten en un entorno aislado, con especial realismo en los casos de Irak o Afganistán; el escenario del entrenamiento cambia en función de las necesidades de la misión de cada una de las unidades participantes. Los ejercicios son maniobras de enorme envergadura, elaboradas simulaciones de las acciones de los oficiales y ciudadanos civiles de un territorio ocupado en las que se recrean redes enteras de insurgencia y grupos criminales, cobertura informativa y organizaciones humanitarias y no gubernamentales. En octubre de 2008, nuestra unidad simuló un despliegue en Fort Polk para un ejercicio de entrenamiento de un mes de duración. Nos pusimos manos a la obra, mientras los oficiales de formación monitorizaban y supervisaban cada uno de nuestros movimientos. Durante los ejercicios se situaban a nuestra espalda y nos vigilaban como si fueran maestros de escuela, incrementando de forma continua la dificultad de los retos y ejercicios.

Entre un ejercicio y otro, los analistas de inteligencia asistíamos a clases de software; en una de ellas aprendimos a utilizar una nueva herramienta de diagramas de análisis de enlaces. Yo me puse a trastear con el *back end* (el servidor) de la base de datos, para ver cómo encajaba en nuestra estación de trabajo. Decidí descargarme la base de datos entera, incluidas las partes que los encargados de la formación nos mantenían ocultas hasta las fases posteriores del ejercicio. El hecho de tener ya la base de datos descargada, decidí, situaría a nuestro grupo en posición de ventaja en la siguiente fase, lo que dejaría a nuestra oficina en muy buen lugar. Utilicé una terminal de línea de comandos para acceder por la puerta trasera; para obtener permisos de administrador me limité a conectarme como «Administrador» utilizando la contraseña «admin». Fue increíblemente fácil entrar en aquella base de datos.

Ya había hecho cosas parecidas antes, con la aprobación tácita de mis jefes: cuando había alguna información en la red que se consideraba «de vital importancia para la misión», pero a la que nosotros no teníamos acceso técnicamente, muchas veces a causa de las altas tasas de rotación y de la complicada naturaleza de la estructura de permisos, yo simplemente iba y accedía a ella sin más. Era como si alguien me pidiera que le alcanzase un libro que está en el estante superior de una librería o, para ser más exactos, como si alguien me pidiera que le diera una escalera de mano para poder alcanzar el libro. Con el *back end* de un servidor de Microsoft SharePoint conseguí las diapositivas para una reunión a la que los oficiales no iban a poder asistir. Les daba igual cómo las consiguiera, ellos solo querían la información. Los mandos hacían la vista gorda cuando eso les hacía quedar bien. Supongo que cuando se espera de ti que progreses en tu carrera basada en la política y te haces responsable de las vidas de los soldados a tu cargo, dejas de ver las reglas como líneas rígidas que no debes cruzar y empiezas a verlas como obstáculos borrosos que hay que sortear para poder conseguir un objetivo más importante. Aquí la única regla era «sobre todo, que no te pillen», lo que no tardó en convertirse en un hábito muy productivo.

Sin embargo, esta vez, cuando ejecuté el comando para exportar la base de datos con la intención de usar un rúter como «zona desmilitarizada» para transferir aquel archivo de gran tamaño, el resultado fue catastrófico. Había cometido un error tipográfico en algún punto de la línea de comandos. Me cargué el rúter y resultó que no era un rúter local: era el que dirigía las redes clasificadas del ejército en toda la zona del sudeste del país. Varios miles de personas, y algunos de los ejercicios que se estaban llevando a cabo en esos momentos, perdieron el acceso a la red de manera inmediata. Las imágenes de vídeo de las aeronaves no tripuladas y la información de las unidades transmitida por radio a los teletipos que recibían los mandos… todo había desaparecido. ¡Zas! Ni rastro de la información. Oí a un montón de gente quejarse a grito pelado de que habían perdido la conexión. Tardé un minuto en darme cuenta de que tal vez la persona responsable de todo aquello era yo.

«Muy bien, ¿quién ha sido?», preguntó uno de los oficiales de formación, sarcásticamente. Yo sabía que lo decía de broma, pero levanté la mano, despacio. Era consciente de que tarde o temprano acabarían descubriéndolo, y si no confesaba, las cosas se me complicarían mucho más. Un hombre de baja estatura y calva incipiente, el mayor que supervisaba la red de las brigadas, me llevó aparte. Su respuesta me sorprendió un poco: no le importaba lo que hubiese hecho, solo quería saber los detalles para poder arreglar la situación. Casi al instante, la red volvió a funcionar. Lo hacía sin problemas. El mayor y otros dos oficiales me echaron un sermón, con aire desganado, diciéndome que no volviera a hacer esas cosas en el futuro. El ejercicio se reanudó con normalidad, regresamos a casa y me olvidé del asunto.

Sin embargo, unos meses más tarde estaba trabajando con mi ordenador cuando mi jefe, el sargento primero Adkins, acudió a verme. «Han venido unas personas de Washington que quieren hablar contigo. Visten con traje», me dijo, rascándose la cabeza, un gesto característico de cuando estaba indeciso. Noté que se me empezaba a hacer un nudo en el estómago. ¿Me habría metido en algún lío? Salimos de la oficina y fuimos a una sala de reuniones, donde un hombre y una mujer, poco más mayores que yo, ya estaban sentados esperando. Me senté enfrente de ellos. Parecían agentes federales, aunque no llevaban placa ni armas. La mujer fue la primera en hablar. «Nos han dicho que se te da bastante bien la informática», dijo con una sonrisa genuina.

La situación estaba clara. No me había metido en ningún lío. Me iban a transferir a una unidad del ejército de nueva creación: el llamado Batallón de Guerra en las Redes, cuya base estaría en Fort Meade. Su objetivo era llevar a cabo «operaciones ofensivas con redes informáticas», es decir, el batallón iba a ser el nuevo equipo de ciberseguridad del ejército.

Era una idea muy atractiva. Podría vivir en Maryland —mi hogar— y realizar una labor intelectualmente estimulante en la que podría poner en práctica las habilidades que había estado perfeccionando durante tantos días de mi soporífera adolescencia y tantas noches hasta altas horas de la madrugada. No solo eso, sino que el horario sería mejor. En lugar de las exigentes y agotadoras jornadas de doce horas seguidas de trabajo y luego otras doce de descanso, en esa unidad el horario laboral se regía por turnos escalonados, con intervalos normales de dos días de descanso para recuperarse y recargar las pilas y el cerebro.

Pero había una pega. Mi libertad de movimiento era limitada: el despliegue de mi unidad estaba previsto para aquellas fechas, de forma inminente, y yo iba a ser, o al menos eso creía, una parte importante de dicho despliegue.

Los reclutadores se ofrecieron a mover algunos hilos. Al fin y al cabo, aquel era un proyecto al que se daba «prioridad nacional», lo que significaba que las órdenes venían directamente de la oficina del secretario de Defensa. Sin embargo, yo quería participar en el despliegue. Quería forjarme una carrera en el ejército, además de acabar bien aquella etapa de mi alistamiento. Hay una diferencia enorme entre quienes han participado en una misión en una zona de guerra y quienes no lo han hecho. Es algo más que una cuestión de jerarquía: es una cuestión de respeto. Les pregunté si podíamos retomar aquella conversación cuando estuviese de vuelta en el país después de mi despliegue. Me contestaron que se trataba de una oportunidad única, pero tuve la sensación de que su respuesta constituía una táctica de negociación. La «guerra cibernética» era el futuro y aquella unidad, en aquel momento aún en pañales, no podía sino hacerse más grande y más importante.

Así pues, rechacé su oferta y les propuse que siguiésemos en contacto. Lo hicieron. Más tarde, cuando ya me había desplegado con mi unidad, recibí un correo electrónico tras otro preguntándome si aún me interesaba la propuesta. Fijamos una fecha para una prueba de aptitud.

Ese es otro de los momentos acerca de los cuales, al echar la vista atrás, me asaltan las dudas. Me habría resultado mucho más fácil trabajar en asuntos tácticos en una mesa de despacho. Habría podido llevar a cabo una labor importante que no me hubiese destrozado por dentro. La propuesta me habría ofrecido seguridad laboral y una conexión con mi comunidad, y era un trabajo fijo con contrato indefinido, con posibilidades de ascender en el escalafón.

Sin embargo, una vez que nuestra unidad se desplegó, yo ya no pude dar marcha atrás. No tenía la opción de irme, así que ni me lo planteé siquiera. No era la clase de hilo que se pudiese mover, no importaba que la guerra cibernética fuera una prioridad nacional. Cuando regresase y estuviese disponible para la unidad cibernética, ya estaría a punto de terminar mis cuatro años y lista para realistarme. Ante una oportunidad así, lo habría hecho.

Pero las cosas no salieron de ese modo.

7

Norte del estado de Nueva York
Noviembre de 2008

Durante mi estancia en Fort Drum no solo aprendí a ser analista de inteligencia. También estuve tratando de descubrir cómo quería vivir como persona gay. La noche en que el presidente Barack Obama salió elegido me tumbé a solas en la litera superior de mi dormitorio, en los barracones de Fort Drum, mirando al techo. Tenía el móvil al lado. En cuanto vi que Obama había ganado, solté el aparato y dejé de prestar atención a las celebraciones en las calles y a los sesudos análisis de los tertulianos y los locutores de los informativos. Me parecía redundante: una verificación adicional de un hecho que ya se había producido. Caí rendida de puro agotamiento después de la jornada.

Para muchas personas de mi edad, aquel mes de noviembre fue un momento de ilusión y esperanza sin precedentes. Después de los dos mandatos del presidente George W. Bush, abrazaron las ideas de esperanza y cambio. No fue mi caso. Yo permanecía ajena a la política estadounidense y me consideraba una burócrata, haciendo mi trabajo en el seno de un sistema que continuaría siendo más o menos el mismo, independientemente de quién ocupase el Despacho Oval. Obama solo era otro presidente más, un abogado meticuloso que se apoyaba en los memorandos y los protocolos para tomar cualquier decisión. Desde el punto de vista práctico y militar, no parecía tan distinto de su oponente, el senador John McCain, el republicano de más alto rango del Comité de Servicios Armados del Senado.

¡Ping! ¡Ping! ¡Ping! ¡Ping! Cuando estaba empezando a quedarme dormida, oí los insistentes avisos de la recepción de un reguero de mensajes de texto, de repente y todos a la vez. ¿Qué narices pasaba ahora, que ya se sabía el resultado de las elecciones?

Rodé por el colchón y cogí el teléfono. Vi los mensajes y me invadió una oleada de náuseas. Me bajé de la litera como en una especie de nebulosa y me dirigí tambaleándome al baño, jadeando y con arcadas.

La Proposición 8, la aprobación en referéndum de la iniciativa del estado de California para modificar la Constitución de ese estado y definir el matrimonio como válido únicamente entre «un hombre y una mujer», había salido adelante por un margen muy escaso pero decisivo. El efecto que aquella enmienda tuvo sobre mí fue demoledor. Mi noción del mundo se vino abajo de golpe. Había estado oyendo toda mi vida que las cosas siempre irían a mejor, que el sistema contaba con mecanismos de control y equilibrio que así lo garantizaban, que la sociedad liberal suponía un «progreso» lento pero seguro hacia la inclusión democrática. Esta idea aparecía en toda la filosofía que había leído, en todas las clases a las que había asistido como estudiante. La Proposición 8 no solo acababa de un plumazo con esa promesa y con esa concepción de nuestro sistema, ni era una tragedia nacional simplemente, sino que significaba el rechazo a mi persona y a millones de otras personas del colectivo queer como seres humanos. Mi cuerpo se estremeció de arriba abajo, horrorizado: sentía un fuerte martilleo en la cabeza y me flaqueaban las piernas. Me quedé con la mirada fija en el mugriento suelo de linóleo, con la porcelana blanca bajo mi mejilla húmeda. Me levanté como pude y me metí en la ducha del barracón, pero me temblaban demasiado las piernas para aguantarme de pie. Mi cuerpo reaccionaba como si sus cimientos acabasen de derrumbarse, en sentido literal. Permanecí agazapada en el suelo de la ducha dejando que el agua me resbalara por el cuerpo durante dos horas, llorando. Me daba igual que me oyesen. Me desperté tarde, aún presa del estupor, con los ojos hinchados. Llegué por poco a la formación de la mañana, en la que todo el mundo hablaba del resultado de las elecciones mientras hacían estiramientos a la intemperie en un día inusitadamente cálido para el mes de noviembre. El sargento primero Adkins me preguntó qué opinaba de la victoria de Obama. No le respondí de inmediato. «La verdad es que prefiero no hablar de política en el trabajo», dije, escaqueándome. No insistió. En el ejército, la política es un tema sobre el cual se practica la «neutralidad», según el reglamento. Me moría de ganas de gritar de pura rabia y frustración, pero no podría haber explicado mi ira ni mi reacción sin desvelar oficialmente que era gay.

En Fort Drum estaba completamente sola, en cambio, todos mis conocidos fuera de la esfera del trabajo, todos aquellos que estaban publicando comentarios en internet, parecían compartir mi consternación por la Proposición 8. Para muchas personas de mi edad fue un momento decisivo: aquello nos unió. Nos imbuyó de la sensación de estar todos implicados en la misma lucha. Muchas de mis amistades creían que al final la situación se arreglaría, que los tribunales se encargarían de solucionarlo tarde o temprano. Yo no lo creía. No era eso lo que quería, ni lo que creía que ocurriría. Tampoco tenía paciencia para esperar. Estaba demasiado furiosa.

Aquello me superaba y quería emprender acciones directas. Fue la primera vez que sospeché que la balanza moral del universo no se inclinaba necesariamente hacia la justicia, sino que hay siempre una lucha constante y activa. Además, independientemente del cambio que se había producido en mi percepción de cómo transcurre la historia, por primera vez comprendí realmente que las promesas fundamentales de esta sociedad —libertad y justicia para todo el mundo— solo son meras palabras, a menos que estén apoyadas por valores significativos y acciones concretas.

En mi vida intelectual y política hubo un antes y un después de la Proposición 8. Esta me hizo reflexionar profundamente sobre mi fe ciega en el nacionalismo. Quería averiguar por qué había ocurrido, de dónde habían salido el odio y el dinero. No creía que la mayoría de la población de California apoyase de verdad lo que defendía la Proposición 8. Los conservadores religiosos más ricos del país habían financiado la campaña para conseguir que se aprobara el referéndum. Empecé a leer sobre el asunto y a tirar del hilo, y me enfurecía por momentos con un sistema que permitía a la gente presionar con su dinero para obtener influencia y poder, en definitiva, para manipular a la población y hacer que tomara una decisión determinada. Cuanto más leía, más radical me volvía.

Descubrí el libro de Howard Zinn *La otra historia de los Estados Unidos*. Quería saber más. Amplié mis conocimientos sobre la historia de la comunidad queer, sobre los movimientos de protesta. (Escondía los libros en mi taquilla). Leí *Stonewall: The Riots That Sparked the Gay Revolution*, de David Carter; artículos sobre Sylvia Rivera y Marsha P. Johnson; páginas web sobre los disturbios de la cafetería Compton's; *Transgender History*, de Susan Stryker. Vi *Los tiempos de Harvey Milk*, el documental de Rob Epstein sobre la vida del concejal asesinado en la ciudad de San Francisco y los disturbios de la llamada Noche de White que siguieron a la absolución de su asesino confeso. Me aprendí el mantra: «Los homosexuales no nos callaremos, Stonewall fue un levantamiento». Esta parte de la historia nadie me la había enseñado nunca y no acababa de encajar en la versión del *establishment* liberal sobre los derechos de los homosexuales.

Mientras tanto, la crisis financiera se agudizó. Afectó a todo el mundo a mi alrededor. Vi como los depósitos para la jubilación de mi familia se evaporaban. La rentabilidad del pequeño fondo de inversión donde había colocado mi bonificación de veinte mil dólares por alistarme en el ejército —mi inversión en el sistema, literalmente— cayó en picado. Me puse a buscar explicaciones.

Una tarde lluviosa, días después de las elecciones, me subí a un autobús de la línea Trailways con destino a Syracuse para asistir a mi primera manifestación de protesta. (Es legal que los soldados asistan a protestas si no llevan el uniforme). Ese día, Join the Impact había programado actividades en cuatrocientas ciudades, a las que se preveía que asistiera un millón de personas en todo el mundo. Me enteré de la convocatoria a través de Facebook y me puse en contacto con los organizadores locales —una estudiante lesbiana y un hombre gay algo mayor— para ver en qué podía ayudarles. A pesar de las inclemencias del tiempo, casi doscientas personas se presentaron en el ayuntamiento, en su mayoría jóvenes queer, pero también algunas parejas mayores. Llevábamos banderas arcoíris y pancartas que decían «NO A LA PROP. 8» y «ORGULLOSAMENTE CASADOS». Yo llevaba una con letras de los colores del arcoíris que decía: «IGUALDAD EN CASA, EN EL TRABAJO Y EN EL CAMPO DE BATALLA». Al ver a otras personas sentirse tan dolidas como yo, recuperé mi sensación de reconocimiento como ser humano.

Sin embargo, mientras contaba el número de asistentes, de pronto pensé en las tácticas de insurgencia y contrainsurgencia que me pasaba todo el día estudiando. Las protestas pacíficas no habían llevado a los iraquíes a ninguna parte. Nuestros soldados prácticamente se reían en la cara de los iraquíes que ejercían la desobediencia civil. Era fácil apartar a la gente con pancartas, en general, personas dóciles. Eran quienes se resistían, se negaban a moverse e incluso sacaban a la multitud de en medio como forma de defender una opinión y demostrar iniciativa política quienes preocupaban al ejército. Me lo había explicado de forma sucinta en la base un mayor (que trabajaba en Operaciones, no en Inteligencia) diciendo: «No negociamos con manifestantes, pero sí lo hacemos con las turbas de gente... ¡joder, vaya si negociamos!».

Sentí una oleada de solidaridad entre los manifestantes, pero no pensé que hubiésemos conseguido llamar la atención de la clase dirigente; había una o dos unidades móviles de noticias, aunque no presencia policial. El verano anterior había ido a Washington D. C. para el fin de semana del Orgullo y me mezclé en la tórrida noche de verano con la muchedumbre del desfile del Dupont Circle Saturday. Una persona alta, toda vestida de negro, con un pañuelo rosa en el cuello, cantando y bailando, se me acercó, me dio un panfleto y luego me dijo algo que no entendí. Me metí el folleto en la bolsa, junto con los cinturones de arcoíris, los pins y los collares que había recopilado ese día, y luego lo puse en la cajita donde guardaba mi parafernalia relacionada con los derechos de los gais. Meses después, mientras me preparaba para la protesta de Syracuse, abrí la caja y al fin leí el panfleto. Era de un colectivo denominado Bash Back!, un colectivo anarquista queer centrado en la acción directa e influido por los disturbios de Stonewall y la Noche de White. «Cuestiónalo todo» —el mensaje del panfleto— parecía la actitud adecuada. Bash Back! tenía una página en MySpace, que visité de inmediato. Me moría de ganas de participar activamente en los disturbios, pero trabajar en el ejército limitaba mi capacidad de asistir a actividades de acción directa en la calle. Una detención policial podía tener como consecuencia una sanción administrativa, mi baja fulminante o incluso un consejo de guerra.

Así pues, para mí, la acción directa significaba aparecer online, de noche, muy tarde, yo sola, y utilizar las técnicas que había aprendido cuando estaba en Anonymous. Le hicimos *doxxing* al Consejo de Investigación Familiar, una organización política evangélica de derechas tan sumamente antigay que el Southern Poverty Law Center, la organización progresista de defensa de los derechos civiles, la había clasificado como «grupo de odio». Queríamos revelar quiénes los financiaban y adónde enviaban sus recursos. Aquella fue la primera vez que abracé la idea de integrarme en una comunidad queer radical. Aquel colectivo hacía de potente altavoz para la ira que yo sentía por la manera en que las personas queer estábamos excluidas de una sociedad que esperaba de nosotras que participásemos en ella sin respetarnos en absoluto.

Pese a aquella recién descubierta camaradería, estaba abrumada por el estrés del trabajo y mi fijación obsesiva con la injusticia y la opresión. El ejercicio no me servía de nada y las drogas y el alcohol no eran una opción en el ejército. Me moría de ganas de pasar aunque solo fuera una sola noche en compañía de otro ser humano. No es que hubiese un gran ambiente de clubes para gais en el norte del estado de Nueva York, que digamos, así que me metí en el mundo de las citas por internet. No sabía lo que quería, así que casi siempre esperaba a que fuese otra persona quien me escribiese primero. En internet las cosas eran extremadamente directas: casi los únicos datos que necesitabas eran la edad, el sexo y la ubicación, a menos que quisieses compartir información más íntima y preferencias. En la era anterior a que las aplicaciones de geolocalización hiciesen que echar un polvo fuese casi tan fácil como llamar a un taxi, la mayoría de la gente, yo incluida, acudíamos a sitios web como Adam4Adam y Gay.com. Examinaba un perfil tras otro y luego enviaba mensajes a unas cuantas personas. El primer chico con el que salí era guapo pero rarito, más interesado en poner a prueba mis límites sexuales que en mi persona.

Sin embargo, Dylan —no es su verdadero nombre— me interesó mucho más. Era alto, con los ojos verdes y el pelo largo, castaño y alborotado, y lucía un poco de barba. Nos conocimos en una web de citas y enseguida empezamos a enviarnos mensajes de texto y a chatear en AIM y Yahoo Messenger; yo perdía horas coqueteando con él, hablando de cualquier cosa que se nos pasaba por la cabeza. Estábamos a finales de otoño, justo cuando en el estado de Nueva York empieza a hacer frío de verdad y anochece muy temprano, y nuestro flirteo era la parte más emocionante del día. Dylan era un liberal con un corazón de oro y enormemente preocupado por el medio ambiente. Yo era una soldado que me estaba desvinculando aún más del gobierno. Sin embargo, me enamoré perdidamente de él. Todo en él me parecía atractivo. Pero vivía cerca de Ithaca, a dos horas y media de distancia.

La primera vez que vi a Dylan en persona fue cuando vino a recogerme al aeropuerto de Syracuse. (Había volado allí tras disfrutar de un permiso de dos semanas en Washington). El norte del estado de Nueva York en enero era tal y como aparecía en los anuncios: nieve y más nieve por todas partes. Soplaba mucho viento y las nubes blancas inundaban el paisaje. Dylan se reunió conmigo en la zona de recogida de equipajes y a pesar de que yo había organizado el encuentro y esperaba con ilusión verlo, me sorprendí un poco al comprobar que, efectivamente, se había presentado a la cita. Fui y lo abracé con cierta incomodidad. Salimos fuera, a su coche, un viejo Subaru de los años noventa; cuando giró la llave de contacto, empezó a sonar música folk por el sistema de sonido del coche. Yo estaba muy nerviosa, en tensión constante, y empecé a hablar de la nieve. Respondía a sus preguntas con monosílabos, pensando en lo extraña que era la situación, en si la carretera era segura o no. Al final, cuando ya llevábamos una hora de camino rumbo a Ithaca, lo miré y asimilé la idea. «Este es Dylan. La persona con la que he estado hablando todo este tiempo». Dimos un paseo por Ithaca y el sol invernal al reflejarse en el manto blanco de las calles era tan afilado e intenso que tuve que ponerme gafas de sol. Entramos en su casa y nos fuimos directamente a la cama, y allí nos quedamos. Nuestra cita se prolongó catorce horas.

Al principio, Dylan tenía mucho más empeño que yo en que nuestra relación estuviese claramente definida. Los escasos días que pasábamos juntos alternábamos sexo, comida y videojuegos. Él tenía dieciocho años, estaba a punto de terminar el instituto y preparándose para ir a Brandeis a la universidad. En comparación, yo me sentía una veterana. Acababa de cumplir veintiún años y lo había celebrado organizando una pequeña fiesta en la sala común de los barracones de Fort Drum, con galletas, pizza y una botella de Moët & Chandon. Prácticamente solo asistieron mujeres, hasta que los hombres de los barracones se dieron cuenta de que había conseguido reunir a un nutrido grupo de chicas.

La ingenuidad de Dylan me ayudó a sentirme más desenvuelta, más segura de mí misma. Estaba empezando a enamorarme de él, a pesar de que aún no sabía exactamente qué era eso de enamorarse. Para el día de San Valentín me compró una docena de rosas y yo le regalé una pulsera a juego con la mía, con dos signos iguales simbolizando la igualdad, en nuestra relación y como personas queer en el mundo. Empecé a pasar los fines de semana y mis permisos de tres días yendo a verlo a Boston cuando se instaló allí para ir a la universidad. Sin embargo, tenía la impresión de que, a medida que avanzaba el curso y se sumergía en los estudios, se iba alejando de mí. Una vez hicimos un test online sobre nuestra compatibilidad como pareja; había una pregunta sobre quién era la persona más importante de tu vida. Yo respondí que era Dylan; él, católico devoto, respondió que era Dios.

En Boston, Dylan y yo empezamos a asistir a encuentros de grupos locales relacionados con la seguridad tecnológica. Se trataba de una ventana a un mundo completamente nuevo que me resultaba familiar y revelador a la vez. Dylan cursaba la especialidad de neurociencia y muchas de las personas a las que conocimos allí iban al MIT, a Harvard, a Tufts o a la BU, y estudiaban física o informática. Conocí a expertos en ciencias aeroespaciales, algo que, literalmente, no habría imaginado ni en sueños. Aquella era mi gente; sentí una afinidad instantánea, que compartíamos una serie de intereses y referencias. Resolvíamos problemas de física sobre trayectorias por pura diversión o nos pasábamos horas bebiendo cerveza y discutiendo con distintos ejemplares del típico universitario que siempre quiere hablar de Nietzsche. Los chistes privados, los pósteres, las camisetas, las conversaciones en las que imaginábamos las estructuras de una internet más utópica… todo era como si mis canales de IRC hubiesen cobrado vida.

Esa vida no podría haber sido más distinta de mi vida laboral. Pasaba las semanas pensando en el día a día sobre el terreno en las provincias de Logar y Wardak, en el este de Afganistán, adonde teníamos previsto volar en breve. Era una región montañosa, poblada por una variedad de grupos tribales y étnicos a los que era prácticamente imposible convencer de que reconocieran la autoridad del Gobierno del presidente Hamid Karzai, auspiciado por la OTAN. Aquello era un caos tremendo, razón por la cual Estados Unidos planeaba enviar un enorme despliegue de fuerzas, entre ellas mi unidad. El año que transcurriría entre que puse el pie en Fort Drum y el momento en que me destinaran allí lo pasaría estudiando minuciosamente la zona de Wardak-Logar, hasta la última aldea, aprendiendo todo lo posible sobre las dinámicas de la política intrapastún y la sociedad tayik.

Pero las decisiones políticas me obligaron a tirar todo mi trabajo por la borda. La provincia de Helmand, en el sur, se había convertido en el epicentro de la insurgencia talibán durante el periodo previo a las elecciones nacionales. Al alto mando del ejército estadounidense le preocupaba que la situación amenazase su capacidad de proyectar de forma creíble una imagen de poder en toda la región, y pasó la primavera de 2009 presionando al presidente Obama —quien, recién estrenado en el cargo, estaba aún muy verde— para que venciera su escepticismo respecto a la guerra y enviara más efectivos. (Hacía poco se había extendido el convencimiento de que una contrainsurgencia ágil funcionaba y el enorme aumento de tropas de 2007 en Irak se consideraba un ejemplo de la eficacia de ese nuevo planteamiento). La Casa Blanca anunció una estrategia agresiva en Afganistán y necesitaba una unidad con experiencia sobre el terreno y que estuviese lista para desplegarse allí antes que nosotros.

Toda esa reorganización del envío de unidades significaba que el mando del ejército nos iba a enviar a Irak en lugar de a Afganistán, y los tiempos se aceleraron rápidamente. En apenas un instante hubo que desechar meses y meses de trabajo previo al despliegue, pues ahora ya no servía para nada. Nos habíamos documentado y preparado para enfrentarnos a una zona montañosa rural y ahora íbamos a aterrizar en un entorno urbano del alto desierto, en otro país, en una llanura inundable repleta de sedimentos fluviales. Me tocaba elaborar un nuevo conjunto de mapas e imágenes, crear nuevas series de datos y establecer relaciones profesionales completamente nuevas, asimilar todo un campo de conocimiento nuevo. La geografía política también era nueva: el este de Afganistán está situado a la sombra de Pakistán, mientras que el trayecto en coche de Bagdad a la frontera iraní es más corto que el recorrido de la ciudad de Nueva York a Washington. Aquello suponía jornadas de horas y más horas, a veces incluso fines de semana. Para los soldados de mi unidad, la moral era un desafío aún mayor que la sobrecarga de trabajo. La mayoría de los miembros de mi brigada ya habían estado en Irak un par de veces y nadie quería regresar a aquel infierno demasiado conocido.

Para lidiar con el estrés me automedicaba con café, bebidas energéticas, tabaco... y sexo. Dylan y yo teníamos una relación abierta y él vivía a horas de distancia. Ligué con varios chicos que vivían cerca de Fort Drum, aunque procuraba evitar todo lo posible a los que estuviesen relacionados de algún modo con el ejército. En el ambiente gay se conocía todo el mundo, lo cual podía complicar las cosas muy rápidamente. Había un bar gay, el Clueless, a escasa distancia en coche, en Watertown, pero allí la mayoría de la gente trabajaba en la base. Fui solo una vez, un sábado por la noche, y me encontré con la comunidad homosexual de Fort Drum al completo. Me pareció demasiado acotado, claustrofóbico y arriesgado. Si pasaba cualquier cosa que pusiera en el punto de mira el bar y a los soldados gais que se daban cita allí, nos darían la baja inmediata del ejército.

El comienzo de la primavera en el norte del estado de Nueva York es como una continuación del invierno. Era un domingo de finales de marzo de 2009, uno de esos días nublados en los que aún se ven pilas de nieve amontonada. Yo tenía el día libre, así que lo pasé vestida de civil, paseándome por el centro comercial de la base. Estaba en la zona de los restaurantes, comiéndome un bocadillo de la cadena Subway, cuando vi a un chico bastante guapo, unos cinco o diez años mayor que yo, que no me quitaba los ojos de encima. Verlo mirarme de esa manera me provocó un cosquilleo muy agradable. El chico se levantó e hizo justo lo que esperaba que hiciera: atravesó la sala en dirección a mí. «Hola, ¿está bueno tu sándwich?», me dijo. Me ruboricé.

Me encantaba que se hubiese fijado en mí. No apartó la mirada en ningún momento, era obvio que me deseaba, escuchaba atentamente todo cuanto le decía. Empecé a contarle mi vida. Le hablé de Oklahoma, de mis padres, de Chicago, de por qué me había alistado en el ejército... Luego me puse a hablar de mis frustraciones en el trabajo, de lo harta que estaba, de lo sola que me sentía. Le hablé de las ganas que tenía de poder salir, como hacía en Washington. Él era del sur, y no hablaba mucho de sí mismo, pero no dejaba de hacerme preguntas. Me encantaba que mostrase tanta curiosidad por mí, me sentía halagada. No sabía con seguridad si estaba en el ejército o no, y tampoco le di muchas vueltas. Simplemente nos quedamos allí sentados charlando bajo la luz artificial, rodeados de bandejas de plástico, dispensadores de kétchup y soldados que parecían vagamente incómodos con los pantalones de cuando no estaban de servicio, y aun así a mí todo aquello me seguía pareciendo romántico.

Cuando me propuso ir en su coche a tomar café a un Starbucks que había a escasos kilómetros de allí, accedí. Nos subimos a su todoterreno y fuimos al minúsculo centro comercial de Salmon Run, justo a las afueras de Watertown. Estuvimos dando vueltas hasta que nos entró hambre y nos metimos en el Taco Bell, en la zona de restaurantes, para cenar. Le pedí que me llevara de vuelta a Fort Drum y, de camino, paró en un aparcamiento. Se detuvo en un rincón oscuro, detrás de unos restos de nieve amontonada después del invierno. Al final, en el asiento delantero del coche, tomó la iniciativa. A mí me gustaba, pero estaba cansada y le expliqué que no me apetecía hacer nada esa noche.

Parecía frustrado. Siguió insistiendo con más empeño, cosa que al principio parecía un juego inocente, puro flirteo.

Que solo quería pasarlo bien, decía. Siguió sujetándome y tratando de besarme, así que lo aparté, medio en broma al principio, pero luego la cosa empezó a ponerse más agresiva. Me agarró de la hebilla del cinturón y me metió las manos por debajo de la camisa, empujándome con más fuerza. Traté de echar mano de mi navaja. Desde lo de Chicago, siempre llevaba un arma encima para protegerme. Me vio buscándola y, sin soltarme, me dijo que ni se me ocurriera intentar nada, que él era un oficial y sería un caso de agresión a un oficial por parte de un soldado raso, además de que sería mi palabra contra la suya. Él sabía que, como analista de inteligencia, mi carrera dependía casi por completo de mi autorización de seguridad. Ambos sabíamos que una acusación, incluso sin aportar pruebas, bastaba para que te revocasen la autorización de seguridad. La simple acusación daría al traste con mi carrera, sobre todo conforme a la política del «No preguntes, no digas». Surgirían toda clase de preguntas sobre qué hacía yo con él dentro de un coche en un aparcamiento. La consecuencia sería mi baja de las fuerzas armadas. Tenía que elegir, en esa fracción de segundo, entre mi carrera y mi seguridad.

Me agarró de la cintura y me empujó al asiento de atrás. Se encaramó encima de mí y dejé de resistirme. Puede que activar el piloto automático me evitase perder el trabajo, pero me hacía sentir responsable en cierto modo de lo que me estaba sucediendo. Recuerdo cómo me susurraba al oído: «Sabía que te iba a gustar». En aquel momento pensé que la traición más profunda no era su agresión, sino mi propia complicidad.

No le dije una sola palabra. Después me quedé en el asiento de atrás. Me puse a mirar por la ventanilla. La bajé y encendí un cigarro sin pedirle permiso para fumar. Una vez de vuelta en Fort Drum paramos en el puesto de control. Bajó la ventanilla y el centinela de la garita comprobó sus credenciales. Eché un vistazo a su tarjeta de identidad y estoy casi segura de que identifiqué su rango. No recuerdo su nombre.

Como medida de protección, le di indicaciones para que me llevase a unos barracones que no eran los míos y llamé a un taxi cuando se fue.

El ejército distribuye a los soldados un formulario con instrucciones sobre cómo denunciar una agresión sexual. Todo lo que hice esa noche contravenía dichas instrucciones. Yo no quería denunciarlo, no quería pruebas de ninguna clase. Debido al «No preguntes, no digas», la simple acusación habría sido ya un asunto muy problemático. De vuelta en mi diminuta habitación, lo primero que hice fue desnudarme por completo y poner toda mi ropa a lavar. Luego me di la ducha de agua caliente más larga de mi vida.

Esa noche apenas pude pegar ojo. Me hice un ovillo bajo las sábanas, aturdida. Me desperté cuando alguien empezó a aporrear mi puerta, con todos los despertadores sonando. Eran las siete y veinte y me había saltado la formación de la mañana. «¡Un momento, que me estoy vistiendo!», grité. Los golpes en la puerta y los gritos siguieron. Era la Administradora, como la voy a llamar aquí a partir de ahora. No tenía un rango superior al mío, pero su papel burocrático le otorgaba una especie de poder informal sobre mí. Era muy cotilla, una metomentodo, y me odiaba a muerte. Me puse el uniforme, abrí la puerta y salí, pasando de largo y dejándola con un palmo de narices. Ella quiso darme alcance, enfadada aún y sin parar de regañarme. En aquel momento ella me importaba una mierda, igual que la vida en general.

Me dirigí al adiestramiento físico y fui a buscar al sargento de sección, el sargento primero Adkins, para hablar con él de mi retraso, pero la Administradora me siguió y no había manera de que se callara. No dejaba de repetir lo que había hecho yo y la intensidad fue aumentando hasta que se puso a chillar. No pude más. Empecé a gritar a pleno pulmón. Aquel alarido primitivo me procuró cierto alivio, pero aún sentía el malestar de la noche anterior en cada centímetro de mi cuerpo. Y ahora, además, estaba en guerra con aquella persona tan ridícula. Se redactó un informe y hubo sanciones, y nadie se ofreció a ayudarme en ningún momento ni me hicieron preguntas. La Administradora sugirió que no me desplegasen con el resto de la unidad, pero Adkins se opuso: necesitábamos mis habilidades informáticas.

Aturdimiento. Disociación. Desconecté del trabajo y dejé de escuchar el mundo a mi alrededor, me sumergí en los rincones más profundos y oscuros de mi mente. Ya casi ni siquiera podía hablar con Dylan. Esa noche me había cambiado, había cambiado mis apetitos y lo que sentía por mí misma. No deseaba nada. Me veía sucia y asquerosa. Empecé a fumar cada vez más, pasé de tres cigarrillos al día a más de un paquete diario. Cada vez pasaba más tiempo en internet o con los videojuegos, a altas horas de la noche, bebiendo café y latas de Red Bull a las dos de la mañana. Consumía toneladas de cafeína para poder sobrevivir a la jornada. O apenas dormía o dormía catorce horas seguidas. Mi personalidad estaba destrozada.

El drama con la Administradora continuó. Intenté no hacerle caso —me parecía el menor de mis problemas—, pero ella siempre había ido a por mí, sin ningún motivo real. Aunque ambas éramos soldados rasos de Oklahoma, a ella parecían importarle mucho más que a mí las jerarquías del ejército. Se preocupaba enormemente por el aspecto de los uniformes, o de si el formato de un memorando era el correcto, prestaba mayor atención a eso que a cualquiera de los aspectos más sustanciales del trabajo. Se encargaba del papeleo para las autorizaciones de seguridad y otros trámites de ese estilo. Utilizaba las tonterías administrativas para acosarme.

Yo siempre le contestaba y me revolvía contra ella. Era muy fácil sacarla de quicio y socavar su autoridad, así que le amargaba la vida. Ella me hacía lo mismo, esgrimiendo su supuesta superioridad jerárquica. Me hacía toda clase de mezquindades, como controlar el número de refrescos que consumía e informar de ello a la cadena de mando. Tengo la impresión de que había un componente de celos: yo mantenía una relación cordial y de amistad con los oficiales a quienes ella estaba tan desesperada por impresionar y desempeñaba labores más interesantes que ella. No la había tomado únicamente conmigo, pero yo la atacaba más que nadie, algo a lo que no estaba acostumbrada. Quería sacarla de sus casillas siempre que pudiese.

En mayo de 2009, me enviaron al norte de Virginia para seguir un curso de dos semanas sobre bases de datos geoespaciales. Aproveché la oportunidad para hacer una visita a casa y desconectar y relajarme un poco, a pesar de que cada día era más evidente que las noticias de primera plana sobre Afganistán e Irak iban a afectar a nuestra unidad. La Administradora me llamó para decirme que sabía que me acostaba con hombres y que, aunque ella no pretendía arruinar mi carrera, eso dependería de lo dispuesta que estuviese yo a jugar según sus reglas. Quería llevarse el mérito de mi trabajo y ascender. También quería que la tratase como a una jefa. Aquello me hizo montar en cólera.

Para entonces no se aplicaba de forma verdaderamente agresiva el «No preguntes, no digas» —de hecho, en nuestra unidad, la política extraoficial era no llevar a cabo ninguna investigación, y yo sabía que no me darían de baja a petición suya—, pero la Administradora era de la clase de personas que intentarían al menos llevar sus acusaciones a las instancias superiores o a los mandos de Washington. Y cuanto más papeleo relacionado con esa clase de cosas, más riesgo corres de que te expulsen. «¡Vete a la mierda!», le solté, pasando de todo, y colgué el teléfono.

A veces en Fort Drum tenía la sensación de que mi vida no empezaba hasta que me despojaba del uniforme y abría mi ordenador. Sentada a la mesa de oficina, en el trabajo me sentía como un robot, actuando con un papel asignado de antemano. El trabajo que antes me fascinaba ahora me resultaba monótono y aburrido, mecánico. Sin embargo, al entrar en internet, en casa, estaba viva, era una pionera. Había universos enteros por descubrir y a los que dar forma.

Cuanto más tiempo pasaba online, a medida que me retraía de mi vida en Fort Drum, más tiempo pasaba en aquel nuevo mundo. Muchas veces, cuando estaba delante del ordenador en mi habitación, a solas, me vestía de mujer. Eso me hacía sentirme mejor, más relajada, como si fuera una versión más profunda de mí misma. Tenía un montón de ropa guardada, toda de estilo gótico. Empecé a investigar qué haría falta, hablando en términos prácticos, para transicionar. Sobre todo, significaría abandonar el ejército. En YouTube, nacido hacía apenas dos años, había montones de vídeos de personas que se sometían a procesos de transición de género. Estaba obsesionada con aquello.

Antes de ver los vídeos, mi investigación había sido enteramente abstracta: áridos y sesudos artículos médicos sobre cirugías de afirmación de género o sobre el mejor cóctel de hormonas. En cambio, ver a alguien —otro ser humano— vivir su vida como persona trans lo convirtió en algo concreto. Vi a gente que pensaba como yo. Hablaban como yo, con todas las esperanzas, los sueños, el sufrimiento y los miedos que sentía yo. Eran un reflejo de mí misma: de mi futuro yo o de un yo desdoblado en un universo paralelo. Me aferré con fuerza a la súbita revelación de que las personas trans eran justo igual que yo. Pese a haberme alistado, pese a estar en aquel régimen de entrenamiento intensivo, preparándome para un despliegue en el exterior y convertirme en soldado, aún había en mí la semilla de algo distinto, algo que constituía mi yo más auténtico. Bajo todas mis corazas y muros defensivos —bajo tantas capas de mentiras y falsas apariencias— se hallaba la verdad desnuda: soy una persona trans.

Sin embargo, aquel no fue un momento de epifanía en el que se despejaron las nubes del cielo y a partir de entonces, tras reconocer esa verdad, todo se hizo mucho más fácil, no. De hecho, las cosas aún se complicaron. Le pregunté a Dylan qué le parecería que empezase a tomar hormonas, que comenzase el tratamiento para estimular el crecimiento de las mamas. ¿Seguiría gustándole? Su respuesta no fue demasiado entusiasta; además, parecía confuso. A él le excitaba la masculinidad, pero a pesar de todo, me dijo: «Supongo que sí». Tuve la sensación de que solo me lo decía porque era lo que creía que debía decir. Dylan a veces actuaba en espectáculos de *drag* y creo que no acababa de entender la diferencia entre hacer *drag* y ser trans. Yo deseaba que me asegurase que me quería por ser quien era, mientras que él deseaba cambiar de tema.

Cuanto más se acercaba la fecha de mi despliegue —la fecha que imposibilitaría que mis sueños pudiesen hacerse realidad algún día—, más profundamente me sumía en mi mundo de fantasía. Soñaba con sentar la cabeza para siempre y llevar una vida estable. Mi relación con Dylan era la más duradera que había tenido y me gustaba imaginar que me esperaría todo el año que se prolongaría la campaña. Quería hacer cuanto fuese necesario para convertir eso en realidad. No dejaba de proponerle que cogiésemos un apartamento en Massachusetts, cerca de su universidad, y nos fuésemos allí a vivir juntos cuando yo regresara. Quería un hogar de verdad, un lugar seguro. Quería un trozo de papel que dijese que, si me pasaba algo en Irak, Dylan sería la persona que se beneficiase de las prestaciones correspondientes, que sería él quien cuidaría de mí. Él se negaba sistemáticamente, decía que era demasiado pronto, que no estaba preparado. De repente me sentí insegura en mi anclaje más sólido con el mundo, en mi relación. Me quedé destrozada.

Me entregué en cuerpo y alma al trabajo para llenar el vacío emocional. Comprendía que lo que hacía era importante y me tomaba mis obligaciones muy en serio. Para entonces ya había adquirido una amplia experiencia, conocimientos muy profundos. Transicionar equivaldría a renunciar a todo aquello. Guardar el secreto sobre mi condición —un concepto que iba en contra de mis creencias sobre la libertad de información, sobre la transparencia online— era la única forma de poder ir a Irak y hacer mi trabajo. Sin embargo, estaba preocupada. «Tengo un mal presentimiento —le escribí a un amigo en un mensaje—. Me viene de darme cuenta de que soy una empleada de confianza del gobierno con una autorización de seguridad del más alto nivel. Sé demasiado… Ni te puedes imaginar la presión que siento».

8

Base de operaciones avanzada Hammer, Irak
Octubre de 2009

Hay quienes dicen que la llanura inundable del Tigris se parece a la superficie de la Luna, recubierta de arena fina y sedosa. Sin embargo, a mí me recordaba a Oklahoma, con unas planicies inmensas y desiertas de tonalidades pardas y nubes de polvo que lo cubrían absolutamente todo.

El aterrizaje en Irak en el otoño de 2009 fue brusco y contundente. Un descenso suave y paulatino habría convertido al avión militar estadounidense en blanco fácil para cualquier habitante de Bagdad empeñado en abatir soldados de las tropas norteamericanas, y eso era un montón de gente. Así pues, nuestra aeronave despresurizada de transporte militar bajó en picado. Se me reventó el oído interno con un dolor atroz y el estómago se me subió a la garganta. Fue como estar en una montaña rusa, si la montaña rusa hubiese sido diseñada por un payaso sádico y en lugar de depositarte en un parque de atracciones, te dejase en un país asolado por la guerra.

Bagdad era una de las ciudades más grandiosas del mundo, una metrópolis de más de seis millones de habitantes, pero en lugar de un paisaje urbano salpicado de ruinas o monumentos, la ciudad estaba rodeada de aerostatos —dirigibles gigantescos equipados con cámaras y equipos de vigilancia— y plagada de puestos de control militares. Todo el paisaje de Irak se había modulado en torno a los miembros del ejército desplegado y al negocio de la guerra, el de matar y proteger. La población seguía adelante con su rutina diaria con la máxima normalidad posible bajo una ocupación militar, pasando junto a los grupos de soldados fuertemente armados con sus carritos de la compra y sus bolsas de comida para llevar. Ocupar un territorio con tanta densidad de habitantes como Bagdad era un poco como ocupar los barrios de Brooklyn y Queens. A sus residentes no les gustaba nada nuestra presencia, pero tenían que llevar a sus hijos al colegio, ir a trabajar o quedar con sus amigos. Yo veía a niños pequeños con el uniforme impoluto jugar al fútbol en el parque a un kilómetro y medio de un combate con helicópteros. Veían y oían la batalla, pero seguían siendo niños, y solo estaban divirtiéndose. Supongo que sabían que no era una situación ideal, aunque fuera normal.

Mi primera parada en Oriente Próximo había sido en Camp Buehring, en Kuwait, donde, a pesar de estar en el mes de octubre, hacía un calor infernal y un montón de soldados mataban el tiempo esperando los vuelos que los llevarían a Irak, muertos de aburrimiento y viendo DVD de clásicos del cine estadounidense bajo los retratos pintados al óleo de la nobleza kuwaití. Le envié un mensaje a mi amigo Louis (no es su verdadero nombre) para ponerlo al día de mi viaje. «Punto de acceso de internet de Starbucks. Así es como Estados Unidos libra sus guerras en la actualidad». Louis y yo nos habíamos conocido a través de amigos comunes, entre ellos Dylan, en Boston, después de estar un tiempo chateando online. A los dos nos interesaban los temas relacionados con la tecnología. Le di mi dirección en Irak y le dije: «Pásala por ahí. Cualquier paquete o regalito será bienvenido (sobre todo cosas de Cambridge/Harvard/MIT). Mandadme lo que sea, preferiblemente cosas golosas, recordatorios de la gente que me apoya, etcétera. Cuanto más raras, más bestias o más difíciles de encontrar, mejor». Hablábamos en nuestra particular jerga técnica: ¿había algún buen software de videochat de código abierto que pudiésemos utilizar?, ¿no teníamos que encriptar los mensajes?, se preguntaba, teniendo en cuenta que iba a hablar de mi sexualidad y que el «No preguntes, no digas» seguía en vigor. «Qué va —le contesté—. Vigilar los sistemas de mensajería es técnicamente imposible. Solo son tácticas militares y gubernamentales para meterle el miedo en el cuerpo a la gente. No se monitoriza casi nada. Solo llegan a intervenirse los mensajes de quienes ya se consideran una amenaza creíble».

Se suponía que iba a pasar dos semanas en Kuwait, aclimatándome, pero al cabo de menos de una semana acababa de despertarme, dispuesta a pasar otro día enfrascada en los juegos de estrategia en tiempo real en mi MacBook personal, cuando oí una voz que me gritó: «¡Manning, recoge tus cosas! ¡Te vas!». Yo era la única soldado raso entre el personal del mando superior a bordo del avión de transporte C-130 Hércules con el que haríamos el corto trayecto hasta Bagdad. El interior del aparato era espartano y solo disponía de los elementos más funcionales —cuerdas, redes, asientos—, y estaba lleno hasta los topes de tripulantes y equipos varios. No disponía de aire acondicionado y el fuselaje era como un horno en el que nos asábamos en la oscuridad.

Estaba exhausta y muerta de hambre. Cargamos con nuestros petates de treinta kilos hasta la base. Lo primero que hicimos fue comer. Toda mi etapa de servicio en Irak fue así: vivía día a día, sin adelantar acontecimientos ni pensar demasiado en el futuro, igual que durante la instrucción básica. Camp Liberty, donde nos alojamos temporalmente después de aterrizar, formaba parte de un complejo militar estadounidense en expansión en las proximidades del Aeropuerto Internacional de Bagdad. Había muchas hamburgueserías, puestos de venta de *lattes*, baratijas y ofertas de dos por uno, como si nos hubieran destinado a un centro comercial. El mensaje estaba claro: la libertad norteamericana —lo que estábamos exportando a Oriente Próximo— se definía por la capacidad de comprar cosas.

A la mañana siguiente, a bordo de un ruidoso helicóptero Chinook de doble rotor, nos dirigimos a la base de operaciones avanzada Hammer, una nueva base al este de Bagdad. Separaban el aeropuerto y la base cuarenta kilómetros de un paisaje árido y desolado, como si lo hubiesen abandonado todos los seres vivos. Llegamos a medianoche y las caravanas —relucientes bajo la luz artificial de montones de faroles portátiles— se convirtieron en mi nuevo universo.

La base Hammer era una ciudad en toda regla. Hasta tenía alcalde, que era responsable de cosas tan espantosamente prosaicas como la delimitación de zonas urbanísticas. Sí, había helicópteros Black Hawk y vallas de tela metálica coronadas por concertinas de seguridad, sacos de arena, barreras de hormigón y barreras Hesco delante de cada edificio, pero también había una estación de bomberos y una cafetería Green Beans. Recuerdo escuchar la radio en una camioneta Ford F-350 mientras esperaba para recoger a un teniente. Me aburría con la canción de música pop americana que sonaba en ese instante y decidí sintonizar otra emisora. El pop bagdadí me devolvió de golpe a la realidad del entorno que me rodeaba. Era asombrosamente fácil olvidar que no me hallaba en Estados Unidos. Las fronteras entre los lugares se desdibujaban.

Y pese a todo, no había confusión posible sobre lo que hacíamos allí: éramos un comando terrestre para combatir en una guerra. El centro de operaciones tácticas estaba ubicado en una cancha de baloncesto abandonada y montado como si fuera una sala de conferencias, con mesas encaradas hacia unas pantallas gigantes que mostraban a todas horas un mapa de la zona de operaciones e imágenes del área en tiempo real captadas por un dron. Los analistas reproducían en sus portátiles (ya fuese por trabajo o por diversión) un bucle intermitente de vídeos con secuencias de los momentos cumbre de la guerra: explosiones y vehículos que se desintegraban en una nube de metralla y llamas.

La base Hammer rezumaba un olor acre y sintético. Todas las mañanas, una nube de contaminación formada por la combustión de gasóleo y los tubos de escape se extendía por la base y se imponía al olor a arcilla y cal del terreno de la llanura inundable. La basura incinerada en la fosa del extremo sur de la base se mezclaba con el humo de las fábricas de ladrillos de una ciudad que había hacia el norte. Cada vez que llovía, el suelo de tierra se volvía de mantequilla de cacahuete, una masa enfangada y amorfa que nos empastaba las botas. El invierno se nos plantó delante con una temperatura de diez grados y envuelto en niebla. En lugar de ventiscas de nieve, en Irak se formaban tormentas de arena. El entorno era desapacible y de tonos beis, pero sobre todo era monótono, un territorio al final de una década de pertinaz sequía.

La base Hammer era enorme. Había ampliado sus instalaciones en la primavera de 2007 para dar cabida al aumento de efectivos estadounidenses. Con su presencia se pretendía hacer una exhibición de fuerza frente a los numerosos grupos organizados de milicias que habían proliferado en los barrios densamente poblados de la zona sudeste de Bagdad y que querían derrocar al Gobierno iraquí. Y funcionó, según el ejército, que aseguraba que la base Hammer era el eje de la transformación de la dinámica política del denominado Triángulo Suní. Se decía que las fuerzas estadounidenses habían trabajado en coordinación con las fuerzas locales para que así fuese. Con todo, incluso en su fase más activa, la mayor parte de la labor de contrainsurgencia consistía simplemente en seguir y vigilar a la gente mientras hacía sus tareas diarias.

Nuestras energías parecían centradas casi exclusivamente en darnos palmaditas en la espalda por haber llevado la «democracia» a la región, a pesar de que cada vez había más indicios de que iba a producirse una espiral política a largo plazo. Si bien es cierto que, en general, la violencia había disminuido desde su punto álgido en 2007, cuando la base Hammer era objetivo de ataques regulares, en la época en que llegó mi unidad, en octubre de 2009, las ventajas derivadas del aumento de la presencia militar habían empezado a desaparecer. Por primera vez, el Estado Islámico de Irak —ahora conocido en todo el mundo como ISIS— estaba dejando sentir su presencia. Ese mes hubo varios atentados con bomba coordinados cuyo objetivo fue una reunión para la reconciliación nacional en el oeste de Irak. Dos atentados suicidas en Bagdad acabaron con la vida de más de ciento cincuenta personas y otras setecientas resultaron heridas. Fue el atentado más mortífero desde 2007. En Estados Unidos, en las noticias solo se hablaba de la inminente instauración de la democracia y de elecciones libres.

Los atentados coincidieron con mi llegada a Irak, así que tuve que ponerme a trabajar de inmediato en un primer turno después de haber dormido solo cinco horas. Conocí a las personas con las que me había estado intercambiando correos durante meses, desde que había quedado claro que iríamos a Irak; ahora intercambiaríamos la información en persona.

Caí redonda en la cama en cuanto terminé mi turno. En los barracones, mi dormitorio estaba en una caravana dividida en tres unidades, cada una para dos personas, con una taquilla y una litera para cada ocupante. La decoración de la caravana era absolutamente sobria. En la tienda local, regentada por inmigrantes de la zona y ciudadanos iraquíes, compré una mesa pequeña y una mininevera por una miseria. Tenía mi

MacBook Pro, algunos manuales de estadística y programación y un iPod Touch repleto de música de Nirvana, Rage Against the Machine, DMX, las óperas de Philip Glass, Beyoncé y un montón de música dance electrónica. El único objeto con valor sentimental de mi habitación era una Game Boy original que me había enviado Louis como regalo gracioso antes de mi despliegue.

Todas las noches bajaba por un embarrado sendero hacia la cancha de baloncesto, pasando junto al gigantesco tráiler del generador de electricidad, que emitía un ruido constante, y un grupo de vehículos blindados resistentes a las minas y las emboscadas aparcados allí, cerniéndose sobre nosotros como si fueran los transportes de exploración todoterreno del planeta Tatooine. Nuestro centro para la información sensible compartimentada (SCIF, por sus siglas en inglés) —una oficina en la que no podías entrar sin una autorización de seguridad— era un sitio oscuro y sin ventanas, un amasijo de cables y ordenadores, cada uno conectado a los extensos repositorios de la red de documentos clasificados de Estados Unidos.

Vivíamos en condiciones de auténtico hacinamiento, pegados los unos a los otros. No podías ni moverte sin chocar con alguien. Al principio de mi despliegue en Irak me ascendieron de soldado raso a especialista, para dar sentido a la naturaleza de la labor que debía llevar a cabo, pero el término «especialista» no significaba gran cosa para las personas obsesionadas con los galones de oficial de un uniforme. Uno de los oficiales era de esos hombres que quieren que digas «señor» al final de cada frase, costumbre inexistente en mi unidad en Fort Drum. No me había tropezado con muchos oficiales así. Yo trabajaba sobre todo con oficiales de inteligencia, que quieren que los analistas hablen con total libertad sobre lo que ven, y tener que intercalar en cada recomendación la palabra «señor» no animaba precisamente a adoptar esa actitud. Estaban bastante menos obsesionados con la jerarquía que los oficiales de operaciones y el resto de los miembros del ejército en general. Aquello fue como un *flashback* que me hizo volver a los primeros días de la instrucción militar básica, a las clases sobre poder, presión y control.

Mi mesa de trabajo estaba en el área de tiros libres de la cancha de baloncesto. Aún se veían las líneas en el suelo de la pista, aunque con la pintura descascarillada, y mi silla estaba rota. Me pasaba los turnos alternando el trabajo entre tres ordenadores: uno para material altamente secreto, otro para material clasificado y otro para material desclasificado. Las imágenes de vídeo constantes, a menudo cruentas, que nos llegaban en tiempo real desde pocos kilómetros de distancia me atormentaban tanto en sueños como en las horas de vigilia.

En Fort Drum, la conexión era demasiado lenta para recibir imágenes en directo, pero allí la guerra entraba en la mismísima habitación. Se acabaron las capturas de pantalla, la distancia física y el desfase horario. Teníamos el monitor gigante que presidía la sala y se cernía sobre nosotros a todas horas, y luego estaban nuestros propios monitores, en los que podíamos acercar la imagen casi tanto como si fuera de una cámara de casco. Era lo más cerca del combate activo y constante que podías llegar a estar sin participar físicamente en él.

No tardé en empezar a sentirme del todo desvinculada de mi cuerpo, como si estuviera viviendo en una simulación. Me disociaba de mí misma y buscaba consuelo en el aturdimiento y en la repetitiva rutina diaria. Era como si estuviese en dos lugares a la vez, pero ¿cómo no iba a estarlo? Eso era, literalmente, lo que se exigía de mí. Estaba en la cancha de baloncesto, redactando informes de evaluación y lidiando con la burocracia idiotizante de la vida administrativa, y al mismo tiempo estaba en el frente, viendo el mundo a través de los ojos de un soldado que podía estar matando a alguien en ese instante y que siempre corría el riesgo de acabar muerto. Ya no había margen para conceptualizar los problemas, no había distancia analítica. Las imágenes de vídeo eran un recordatorio en primer plano de lo que estaba en juego.

En Fort Drum me había impresionado mucho el momento en que tuve plena conciencia de la cantidad de información increíblemente detallada e invasivamente íntima que obtenía de las personas a las que estábamos espiando. Era una profusión de datos alucinante, pero enseguida nos acostumbramos a trabajar con ella como herramienta con total naturalidad. No tenía tiempo de asimilar lo que significaba, filosóficamente, el hecho de que tuviésemos semejante acceso a la vida de la gente. Lo aceptaba sin más, clasificando la información en función de su utilidad práctica: ¿cuadraba aquello con alguien a quien pudiésemos utilizar?, ¿era esa persona una posible fuente o suponía una amenaza, alguien a quien deberíamos capturar o incluso eliminar?

En el norte del estado de Nueva York, mi cerebro podía apagar las imágenes una vez terminada la jornada laboral. Podía irme del trabajo. Ahora, el trabajo era mi vida, mi universo.

El derecho humano a la intimidad, el derecho a que las personas no seamos manipuladas, coaccionadas o destruidas de forma activa por un gobierno no era algo que me hubiese planteado en profundidad, al menos al principio. Tampoco había dedicado más tiempo del necesario a pensar en las implicaciones éticas de lo que hacíamos, en el contexto general de nuestra actividad y mi papel en él.

Sin embargo, cuando empecé a ver los resultados, la situación me impactó de lleno: la manera en que mi labor diaria estaba relacionada con aquel panorama más amplio y preocupante del papel que Estados Unidos desempeñaba en la región. Las brutales consecuencias de lo que estábamos haciendo sobre el terreno eran inevitables para mí. Cualquier cosa que nos proporcionase una ventaja adicional se volvía muy valiosa, trascendental, estaba por encima de la importancia de los iraquíes a los que creía que se suponía que debíamos proteger, y puesto que trabajaba como analista de inteligencia, conseguir esa ventaja adicional era mi trabajo, mi vida, en realidad.

Por muchos episodios de *Metalocalipsis* que viese compulsivamente, uno tras otro, seguía estando en Irak y seguía formando parte de un aparato que deshumanizaba a la gente cada momento del día. Ya no podía continuar compartimentando más. Día tras día, durante doce, catorce y hasta dieciocho horas diarias, veíamos imágenes en tiempo real, captadas por los sistemas de vigilancia, de la destrucción de todo cuanto había a nuestro alrededor. Leíamos sobre muertes y más muertes en nuestros informes, y luego veíamos los medios de comunicación estadounidenses, donde esas muertes no aparecían por ningún sitio. Vivía en una película de terror, una mezcla de *Trabajo basura* y *Atrapado en el tiempo*.

Mis recuerdos de la época en Irak son borrosos. Lo que más recuerdo es lo duro que resultaba todo. Lo difícil que era hacer algo tan simple como la colada. Tenía que recorrer un kilómetro y medio andando de ida y otro kilómetro y medio de vuelta. Solo disponíamos de cuatro uniformes, así que tuve que hacer ese camino muchas veces.

Todos los días era lo mismo. Me ponía el uniforme, completo, de la cabeza a los pies, y lo odiaba todos los días. A menos que tu objetivo fuese pasar desapercibido en una tumbona setentera, el camuflaje solo servía para borrar cualquier rastro de identidad en una masa de soldados vestidos de forma similar.

Como trabajaba en el turno de noche, cenaba a la hora del desayuno. Los nuestros eran turnos largos, de doce horas seguidas, desde las diez de la noche hasta las diez de la mañana, y eso en un día bueno, cuando no teníamos mucha carga de trabajo. Dormía de día, y dormía fatal. A todas horas había gente entrando y saliendo de la caravana donde nos alojábamos. Los cartones que ponía en las ventanas no conseguían tapar la luz. Poco a poco al principio, pero cada vez más rápido, mi salud emocional empezó a sufrir un deterioro evidente.

Mi rendimiento, en cambio, mejoró por el simple hecho de trabajar sobre el terreno. Mis evaluaciones se hicieron más precisas, menos mecánicas. Tenía más conciencia de la situación. La mayoría de mis colegas desconectaban en su tiempo libre jugando a videojuegos, pero yo soy una persona extrovertida. Me daba vueltas por ahí y me ponía a hablar con todo el mundo, desde los oficiales hasta el tipo que custodiaba el arsenal y a quien pagaba veinte dólares al mes para que me limpiara mi rifle M9. Establecí una relación especialmente estrecha con el equipo de fuego indirecto, responsable de derribar los misiles y repeler el fuego de mortero. Hicimos un trato: yo les ayudaba a afinar sus trayectorias desde la torreta mediante un programa de análisis predictivo personalizado —con multitud de operaciones matemáticas— y ellos a cambio me proporcionaban sus datos brutos, sin tratar, en cuestión de segundos, así no tenía que esperar horas hasta que se publicasen.

La política de oficina era un tema complejo. La comunidad de inteligencia atrae a personas «diferentes» en mayor o menor grado y, al menos en nuestro grupo, eso significaba una cifra ligeramente mayor de personas queer (aisladas y aún en el armario) y de mujeres, que, según mis cálculos, constituían el sesenta por ciento del personal de mi oficina, en contraste con solo el catorce por ciento en el ejército en general. Había mucho sexo entre el personal, relaciones impulsadas por el miedo, y todo eso tenía como consecuencia no pocas intrigas desproporcionadamente intensas. En medio de algún culebrón, puse un letrero en mi mesa que decía: DEJAOS YA DE TANTO DRAMITA.

Yo aún estaba enamorada de Dylan, y demasiado cansada después de la agotadora jornada laboral como para mantener relaciones sexuales con nadie. Dylan y yo habíamos roto y el proceso había sido complicado: él había estado jugando al ahora sí, ahora no, diciéndome un día que necesitaba espacio y al día siguiente subiendo fotos a Facebook de él en una manifestación contra el «No preguntes, no digas», con un pin en el que se leía CASADO CON UN SOLDADO. Técnicamente, la nuestra era una relación abierta, pero yo había puesto en el perfil de Facebook que estaba soltera antes de salir del país. Hablábamos lo suficiente como para que yo quisiera seguir con él, pero no lo bastante como para que me hiciera sentir que todavía era mío.

Sin embargo, no podía decir ni una palabra de mi vida privada por la política del «No preguntes, no digas»; no podía quejarme a mis compañeros de mi relación ni tratar de buscar apoyo y consuelo en sus palabras tranquilizadoras. De hecho, estaba obligada estructuralmente a vivir aislada en el aspecto emocional.

Mis colegas sabían que era gay. Para empezar, tenía una varita mágica de hada en mi escritorio. Una vez, mientras desayunaba con una compañera con la que colaboraba habitualmente, ella me sonrió, señaló el bol que me había llenado hasta arriba de cereales Lucky Charms y me dijo: «Madre mía, qué buena pinta tienen esos arcoíris». No pude más que sonrojarme y echarme a reír. Era lesbiana y estaba casada en un matrimonio de conveniencia con un gay que también era miembro del ejército; juntos habían decidido que aquello sería bueno para sus respectivas carreras. Pese a toda la tecnología punta que se manejaba, estar en el ejército era como vivir en otro siglo.

La gente también podía ser manipuladora, utilizando lo que sabía de ti para conseguir que les hicieras favores o simplemente para divertirse a tu costa. Mi capitana supervisora se situaba a veces a mi espalda mientras yo estaba frente al ordenador, se ponía a masajearme los hombros y luego me acercaba los pechos con fuerza a la parte posterior de la cabeza y se los frotaba contra ella. Había más gente en la sala y yo me quedaba perplejo ante su extraño comportamiento. Otras veces me cogía y me decía palabras guarras al oído. Yo daba por sentado que los demás veían lo que pasaba. Pero aquello no iba de sexo: aquello iba de avergonzarme en público.

Sin embargo, cuanta más confianza tenían conmigo mis colegas, menos les importaba mi orientación sexual. Además, hacía muy bien mi trabajo. Me sentía como un bicho raro, pero al menos era un bicho raro indispensable.

En cuanto a mi identidad de género, simplemente no tenía espacio para pensar con calma sobre el tema. Con todo, eso no me impedía experimentar ciertos sentimientos. A medida que pasaban los días, mi ansiedad y mi depresión fueron de mal en peor. Mi horario era siempre irregular y a veces dormía apenas dos o tres horas. El agotamiento pasó de ser un estado físico ocasional a la única sensación para la que tenía un hueco. Supuse que, si podía entregarme en cuerpo y al alma al trabajo, todo lo demás acabaría desvaneciéndose.

El ejército es tremendamente estresante. Nunca estás sola, nunca dispones de tiempo para pensar. El factor añadido de estar inmersa en una guerra activa hacía que me resultase mucho más difícil abordar mi propio mundo interior y, aun así, o tal vez como consecuencia, cada vez se me hacía más difícil ignorar el sufrimiento persistente derivado de mi disforia no resuelta.

Acabé volcando toda mi ansiedad en el trabajo. Incluso en mis pocas horas libres me metía en Google e iba saltando de unas páginas relacionadas de algún modo con mi trabajo a otras. Me obsesioné con hacer una labor de investigación a la que no se pudiese acceder en la red de material clasificado, el tipo de información que tardaba varias semanas en abrirse camino poco a poco por los canales del Departamento de Estado. Leía traducciones de artículos de noticias locales, informes de blogs que pasaba por el traductor de Google. En el entorno local había muchísima información útil flotando por ahí de la que la prensa en inglés nunca se hacía eco, pues lo único que cubría eran catástrofes y amenazas terroristas. A mí me interesaban las plantas de tratamiento de aguas, los rifirrafes entre los partidos políticos… En resumen, las cosas que ocurren realmente en el día a día de un país.

Sin embargo, rara vez llegaba a hacerse uso de mi mejor trabajo. Lo que les gustaba a los oficiales eran los informes con montones de diapositivas y fotografías, cualquier cosa que señalase exactamente dónde estaba «el malo». Me convertí en una experta en decirles a los chicos de operaciones lo que necesitaban oír para justificar una decisión que ya habían tomado. Pero también tenía que ser objetiva para llevar a cabo lo que creía que era mi deber, para realizar un análisis real, aun cuando eso significase señalar que lo que estábamos haciendo en determinados lugares era sembrar el caos, que nosotros éramos los responsables de la violencia, que éramos el agresor. Los «malos» simplemente reaccionaban a lo que hacíamos nosotros. Cuando entrábamos en un vecindario y lo removíamos, haciendo salir a la gente y dejando una estela de muerte y destrucción a nuestro paso, conseguíamos que toda la zona acabase deshecha. La guerra se estaba construyendo sobre la falsa dualidad de «buenos» y «malos», y hacíamos caso omiso de cuanto no queríamos ver. Muchas veces los oficiales no me escuchaban cuando les llevaba información que no les resultaba cómoda u oportuna.

El trabajo en ocasiones era intensamente rápido y exigía un tiempo de respuesta fulminante: un incidente o una amenaza requería proporcionar un análisis inmediato a la sección de operaciones. Sin embargo, lo más habitual era que fuese una carrera de fondo sostenida, larga, agotadora y laboriosa: corregir o terminar el trabajo del turno de día, rellenar todos los datos que exigía la burocracia… Tal como le escribí a mi amigo Louis, que estaba en Cambridge, «Eso le deja a una experta en informática mucho tiempo para ponerse a husmear por ahí».

Nos autorizaban a hacer esa clase de indagaciones: se suponía que teníamos que estar completamente concentrados en la misión que tuviéramos entre manos en ese momento, pero como analistas de inteligencia también se suponía que, recurriendo a nuestra vena creativa, debíamos mirar más allá de nuestras fuentes de información inmediatas y ver el panorama global. Nos animaban a cultivar un conocimiento operativo de toda la intervención militar teniendo en cuenta las acciones significativas de la guerra en su conjunto.

Durante las primeras semanas que pasé en Irak, toda la base estuvo concentrada en las elecciones parlamentarias que se iban a celebrar de forma inminente en marzo de 2010. Mi tarea —como analista *all-source* en el que se conocía como «equipo de fusión S-2»— consistía en hacer el seguimiento de un grupo chiita específico. Era uno de los mayores problemas que podías tener como analista.

Utilizaba el análisis estadístico bayesiano para buscar patrones en su comportamiento, pero ese grupo en concreto con frecuencia contradecía mis afirmaciones previas y mis predicciones. Funcionaban prestando ayuda y asesorando a grupos locales que operaban en el este de Bagdad y, en consecuencia, me pasaba mucho tiempo cubriendo a líderes políticos y religiosos y a grupos de milicias apoyados en la comunidad de alianzas variadas. Al grupo en cuestión se le daba muy bien hacer lo que quería hacer: matar a estadounidenses. De hecho, se les daba bien todo lo que hacían. No pegaba ojo por las noches pensando en lo buenos que eran. Parecían fantasmas. Era asombroso. Y los efectos eran muy cruentos.

La vigilancia de aquel grupo me dejó claro que, sorprendentemente, nuestra intervención en Irak y Afganistán tenía poco que ver con esos países en sí. Nuestra intervención tenía que ver con un contexto más amplio, con proyectar la hegemonía estadounidense sobre otras potencias de la zona. Había dos opciones: examinar el número acumulado de muertes, año tras año, de todos los bandos, y pensar que era imposible ganar aquella guerra, o preguntarte si dedicar recursos ingentes a una guerra interminable no sería realmente el objetivo.

Si se trataba de eso, entonces aquella guerra era un alarde de poderío por parte de una serie de personas que estaban a medio planeta de distancia del conflicto. Mientras tanto, sobre el terreno, era una cuestión de supervivencia. Estábamos muriendo por simple postureo, por auténticas gilipolleces.

Volví a ir al psicólogo. No por voluntad propia: fue la comandancia quien me envió al diván. Casi todo el personal de inteligencia iba a terapia, por supuesto. Había recibido un sinfín de diagnósticos erróneos a lo largo de los años, siendo el de trastorno de ansiedad generalizada el más frecuente. Naturalmente, era la disforia de género la que me provocaba las espirales de ansiedad y depresión, pero todavía no estaba preparada para enfrentarme a eso. Fui a terapia por primera vez cuando sufrí ataques de pánico de adolescente en Oklahoma, pero en Irak, la depresión, la ansiedad, la ira y el estrés extremo eran reacciones lógicas ante lo que presenciábamos a diario. ¿Cómo podía ver morir a gente y que eso no me afectase?

El psicólogo, un hombre mayor y afable, no parecía que pudiese ayudarme. No podía contarle gran cosa, pues él carecía de la autorización de seguridad adecuada para que pudiera hablarle de mi trabajo como tal. No avanzábamos. Yo le decía que mi trabajo me resultaba agotador y entonces él me pedía que le contara más detalles. Yo tenía que zanjar la conversación: justo lo que más miedo me daba y más estrés me provocaba era —y sigue siendo— la información clasificada de alto grado. Percibía su frustración: era un fiel reflejo de la mía propia. Los antidepresivos del tipo ISRS no eran una opción, pues en ocasiones anteriores me habían producido terribles efectos secundarios: náuseas, hemorragias nasales, retención urinaria y otros problemas renales.

Sin embargo, el mayor obstáculo para mi terapia era la ley del «No preguntes, no digas». Los psicólogos no tenían la obligación de denunciar una actividad homosexual a un comandante, pero pecando de prudentes o a veces simplemente por puros prejuicios, algunos de ellos sí lo hacían. Lo mismo ocurría con los sacerdotes. Cualquier posible ayuda representaba un riesgo.

No podía hablarle a mi psicólogo de mi vida personal, me parecía demasiado peligroso. No podía explicarle las ganas que tenía de ver a Dylan ni cuánto me dolía que tardase tanto en contestar mis mensajes. Incluso con mis colegas tenía que jugar con los pronombres de género: Dylan se convirtió en una novia, no en un novio. A veces con un guiño cómplice, otras no, en función del contexto, pero todos estábamos legalmente obligados a no hablar claro. Era otro muro artificial que tenía que levantar, un muro que, por mucho empeño que pusiera, me impedía abrirme y relacionarme en confianza con el personal del ejército. La soledad solo acentuó los brotes de depresión y la inquietud y la sensación de alienación que me embargaban allí.

Y desde luego no podía decirle a nadie que no tenía ningún interés en ser un hombre, ni siquiera que me sentía profundamente incómoda con el género que se suponía que debía representar. Entre mi propia incapacidad para evocar o describir mi experiencia con palabras y la rigidez represiva del ejército, ni siquiera podía articularlo ante mí misma.

9

Irak
De diciembre de 2009 a enero de 2010

Tengo que convivir con el hecho de que hubo personas que murieron a causa del trabajo de mi equipo. Al principio eso no me suponía ninguna clase de dificultad; era parte del trabajo. Me encantaba comprobar que el resultado de mis acciones había modificado el campo de batalla. Me procuraba cierto orgullo eliminar a un grupo enemigo. Al principio.

Sin embargo, la pérdida de vidas —no de vidas de los «nuestros», sino de vidas en general— empezó a pasarme factura. Una serie de muertes en concreto aún me reconcome la conciencia, precisamente porque yo no estaba allí. Una noche de ese invierno había hecho una pausa para comer algo cuando nos llegaron noticias de que la unidad de la Fuerza Operativa Conjunta de Operaciones Especiales tenía la intención de capturar a uno de sus objetivos más valiosos, un hombre al que yo había estado sometiendo a una estricta vigilancia. Me había matado a trabajar semanas enteras, centrándome en él y recabando información actualizada y rigurosa sobre su participación en la planificación de posibles operaciones en el este de Bagdad. No solo sabía dónde vivía, sino dónde almorzaba, cuándo quedaba con sus amantes y cómo conseguía alcohol en un país donde imperaba la ley seca.

Los miembros del grupo de operaciones estaban extraordinariamente preparados para entrar y salir de forma rápida y silenciosa. Esa noche, con apenas cuarenta y cinco minutos de antelación, nuestra oficina recibió el aviso de que iban a eliminar al objetivo. Habían conseguido localizarlo —el segundo elemento de la fórmula conocida como «buscar, localizar y eliminar»—, lo que significaba que habían averiguado su ubicación exacta en una ventana de tiempo concreta mediante un proceso de vigilancia selectiva.

La parte de la eliminación era su especialidad. Solo que en esa ocasión la cagaron. Yo había creado hacía poco un archivo de datos actualizados sobre el objetivo (un dosier y un mapa de información esencial), pero en lugar de ese, utilizaron uno antiguo, de 2007. El objetivo se había trasladado a tres manzanas de donde vivía en 2007, dato que tanto yo como el resto de mi grupo conocíamos. El grupo de operaciones especiales se guio por la información desfasada, entró en el edificio que no era y mató a todo aquel que se resistió a ser capturado, a todos los testigos y, al final, hasta al puto perro.

Cuando volví a mi puesto, me encontré con la noticia de que había al menos doce personas presuntamente inocentes muertas. Tuvimos que hacer como si eso no hubiera pasado. La unidad de operaciones especiales regresó a Qatar para su siguiente misión. Nosotros nos quedamos allí. Conviviendo con los cadáveres; lidiando con la ira acumulada en una comunidad donde se habían perdido esas vidas humanas a causa de un error administrativo: a causa de la pereza y la arrogancia.

A raíz de esa incursión nocturna, el objetivo desapareció. Tratar de volver a recopilar un archivo de datos sobre él parecía tarea inútil. No creo que el grupo de operaciones especiales se lo notificase a la unidad de infantería local, a la que dejaron al margen de forma deliberada, así que aparte de unas pocas personas de la unidad de inteligencia, nadie llegó a saber lo que había pasado realmente. No quedó registrado de forma oficial. Nunca había estado tan furiosa.

Mucha gente se pregunta si mis posteriores filtraciones de información fueron un acto del todo imprevisible o si lo verdaderamente sorprendente es que no hubiera otras personas que divulgasen la misma clase de información. Yo también me lo pregunto.

Lo cierto es que en aquel entonces ya se daban las condiciones que contribuirían a que tomase aquella decisión. La gente que trabajaba en inteligencia había cambiado de forma drástica como reacción al 11 de septiembre: en las instituciones se respiraba la sensación de que la maquinaria burocrática —y las guerras territoriales entre los distintos departamentos y agencias— había obstaculizado, de forma irremediable y con consecuencias muy graves, el intercambio de información en los meses previos a aquella aciaga fecha. Para cuando me alisté, en el sector de la inteligencia se había abandonado, en la práctica, la idea de que hubiera que seguir una estricta cadena de mando, aunque no sobre el papel. En lugar de la machacona insistencia en el concepto de jerarquía que imperaba en el resto del ejército, el sector de la inteligencia era un ámbito relativamente horizontal. Cuando me ponía el gorro de analista podía expresar mis opiniones personales con toda franqueza, formular preguntas y criticar determinadas decisiones, y eso era considerado una cualidad vital por el mando, en aras del buen funcionamiento de la sección. (Naturalmente, eso suponía que a veces se producían algunos enfrentamientos con la gente de operaciones, empeñada en esgrimir el rango por encima de todo lo demás. Les contestábamos con la cantinela de que «Es inteligencia la que guía a operaciones, y no viceversa», y en el fondo sabían que teníamos razón).

En la década anterior, el Gobierno estadounidense había modificado por completo la forma de recopilar y regular la información y nuestra pequeña cancha de baloncesto trabajaba según esas directrices. El número de documentos clasificados había aumentado de manera exponencial a partir de los atentados del 11 de septiembre. Antes de ese día se clasificaban unos ocho millones de documentos al año. En el momento de nuestro despliegue en Irak, la cifra oficial de documentos clasificados era de más de cincuenta millones. Entre tanto, la agencia de noticias ProPublica informó de que el gobierno había empezado a interceptar varios miles de millones de llamadas telefónicas y correos electrónicos diarios. Y había más personas que nunca —cuatro millones, equivalentes a casi la totalidad de la población de Los Ángeles, muchas de las cuales eran contratistas— que disponían de la autorización de seguridad necesaria para acceder a información clasificada, información que las distintas agencias gubernamentales y el ejército se intercambiaban más que nunca gracias a los nuevos protocolos relacionados con el proceso de compartir la información.

Mientras, la seguridad operativa sobre el terreno dejaba mucho que desear. En nuestra oficina, que supuestamente era de alta seguridad, el personal se guardaba las contraseñas de los portátiles que contenían secretos oficiales pegándolas en los propios ordenadores escritas en pósits. La gente no hacía ningún caso de la estricta normativa que prohibía meter material personal de ninguna clase en cualquier sala de la SCIF y todos usábamos DVD regrabables para intercambiar y descargar en el disco duro compartido los medios digitales que consumíamos para entretenernos: música con *copyright*, juegos de ordenador con los códigos de serie crackeados y películas de contrabando.

La disonancia absoluta entre lo que quienes estábamos destinados en las zonas de combate sabíamos que era verdad y lo que el resto de Estados Unidos creía que estaba sucediendo me generaba una honda frustración. Lo permeaba todo. La gente necesitaba más información para poder entender lo que ocurría. Lo veía hasta en mi propia cuenta de Facebook: mis amigos —personas de tendencias abiertamente liberales— publicaban enlaces a artículos de opinión que reflejaban un profundo desconocimiento de la realidad. Parecían creer que el simple hecho de tener un presidente demócrata en lugar de uno republicano podía solucionar algo. Los demócratas liberales y votantes de Obama pensaban que, de repente, nuestra intervención en Irak estaba yendo como la seda, al menos desde que el hombre por el que habían apostado había accedido a la presidencia.

Lo cierto era que el plan de retirada de tropas que estaba siguiendo la Administración Obama había sido diseñado por el equipo de George W. Bush, y el equipo de Obama más o menos lo había bendecido con su sello. Podríamos haberlo puesto en marcha antes. Teníamos la capacidad logística, las posibilidades y el impulso para hacerlo, aunque no la voluntad política. Permanecíamos en el país por razones que parecían una cuestión de imagen más que de estrategia. Todo se desmoronaría tanto si nos quedábamos como si nos marchábamos de allí.

Parte de mi trabajo consistía en elaborar informes de evaluación a largo plazo sobre lo que ocurriría si seguíamos el plan de retirada de tropas, informes basados en tendencias anteriores y en cómo podría responder la población iraquí. Sin embargo, tenía dos jefes distintos y las prioridades de la capitana Martin, la oficial que me había pedido que redactara esos informes, eran distintas de las del capitán Lim, que me pedía que me centrara en el trabajo relacionado con operaciones, evaluaciones más focalizadas en el día a día. Discutían por la cantidad de tiempo que debía dedicarles a cada uno y, al final, acordaron que los dos podrían solicitar que hiciera horas extra para ellos.

Las jornadas de quince horas se convirtieron en habituales para mí. Acabé quedándome sin días libres, trabajando toda la semana seguida. Colgué cerca de mi mesa un póster de aire *kitsch* en el que expresaba mi falta de motivación. A la gente de mi oficina le encantó. «IRAK ES COMO UNA CINTA DE CORRER», decía encima de un mapa que mostraba la totalidad de Irak como el área de operaciones de nuestra brigada. «TIENES QUE CORRER LO MÁS RÁPIDO POSIBLE, HACIENDO EL MÁXIMO ESFUERZO POSIBLE, PARA NO LLEGAR A NINGUNA PARTE».

A mediados de diciembre, durante mi tiempo libre, le envié un mensaje a mi amigo Louis.

«¿Cómo va tu salud mental?», me preguntó.

«Me parece que no levanta cabeza», contesté.

Esa noche llegué al trabajo con cuarenta y cinco minutos de retraso. Se me había ido el santo al cielo con los videojuegos y navegando por internet. El especialista Smith (no es su verdadero nombre), que tenía el mismo rango que yo pero estaba a cargo del turno de noche, se quedó con ganas de echarme un buen rapapolvo por llegar tarde. Unos días después, en la misma semana, volvió a suceder. Esta vez, Smith estaba preparado: le había pedido a Adkins, el sargento primero y el oficial de mayor rango de nuestra sección de inteligencia, un permiso especial para amonestarme y me informó de que tenía que presentarme a trabajar temprano, a las nueve y cuarto cada noche, con el uniforme, en las dependencias de Smith, para que él mismo pudiera acompañarme a mi turno. Era un castigo orientado a la infantilización, y no fue el único: Smith también me castigó quitándome mi día libre.

Yo estaba superada por los acontecimientos. Me sentía como si estuviera al borde de… bueno, de cualquier cosa. Lo único que hacía era trabajar o pensar en el trabajo. Y aquello no era suficiente. Querían tratarme como si fuera una criatura. En ese momento perdí la cabeza. En un arrebato de furia volqué la mesa que tenía al lado. Smith intentó retenerme, lo que solo hizo que me sintiera más agobiada todavía; entonces entró otro soldado y me redujeron entre los dos.

El arrebato de ira desapareció con la misma rapidez con que había estallado. Acabé el turno sin que hubiera más incidentes, pero el daño estaba hecho: la Administradora, que ya me odiaba a muerte, había sido una de las personas que había oído el forcejeo y había acudido a ver qué pasaba. Aquello fue para ella como un regalo de Navidad anticipado, una oportunidad para chivarse de mí. Denunció lo ocurrido al sargento Adkins, pero este consideraba mi trabajo muy útil y mi rendimiento era lo bastante satisfactorio como para que no quisiera tomar medidas disciplinarias contra mí. Si lo hubiese hecho, habría perdido el acceso a la información clasificada y le habría resultado mucho menos útil. Necesitaba personal.

Louis había empezado a preocuparse por mí. Me envió un paquete con regalos: un ejemplar en papel de *Software libre para una sociedad libre*, de Richard Stallman, con una dedicatoria personal del autor instándome a «luchar por la libertad»; varios volúmenes de *Sandman*, la épica novela gráfica de Neil Gaiman; un libro titulado *The Relaxation Response* y otros sobre cómo lidiar con el trastorno por estrés postraumático.

La Nochebuena de 2009 me tocaba trabajar, como cualquier otra noche. Faltaba un mes para que me dieran un permiso y ya estaba contando los días. Parte de mi trabajo consistía en estudiar la viabilidad de las carreteras antes de que se diera luz verde a las operaciones, un procedimiento rutinario que realizábamos de noche con el fin de garantizar que una carretera concreta era lo bastante segura como para que nuestras tropas de infantería se desplazasen por ella. Tenía que calcular las probabilidades de que hubiese artefactos explosivos improvisados, minas terrestres o emboscadas.

Formaba parte del grupo de trabajo especializado en artefactos explosivos improvisados. Esa noche me opuse tajantemente a que nuestros hombres tomaran la que llamábamos ruta Aeros, un itinerario por el que no pasaban nuestros movimientos habituales. Desde el primer momento fue evidente que se trataba de una vía peligrosa. Teníamos una muy buena razón para no utilizarla casi nunca: pasaba muy cerca de un inmenso arsenal de armas, información que había averiguado a partir del seguimiento que estaba realizando de un grupo clasificado como amenaza. Sin embargo, yo no tenía ninguna autoridad. Esa era la ruta que quería tomar el personal táctico del Batallón de la Brigada de Fuerzas Especiales, así que eso fue lo que hicieron.

Hay un vehículo militar especializado llamado Buffalo que comprueba y despeja las carreteras antes de que los destacamentos de infantería pasen por ellas. El que enviamos esa noche fue atacado con un explosivo. Es probable que lo colocaran rápidamente, en cuanto el grupo que lo había fabricado —seguramente el que yo había estado investigando— se dio cuenta de que, por alguna estúpida razón, estábamos avanzando muy despacio por una carretera a la que ellos tenían un acceso tan fácil.

El vehículo sufrió desperfectos, pero un coche lleno de civiles que se había detenido en el arcén para dejarnos pasar se llevó la peor parte de la explosión. Su posición evitó daños más serios a los soldados, pero un civil iraquí que había en el interior murió en el acto y otros cuatro resultaron heridos de gravedad.

La reacción en el seno de mi unidad me revolvió el estómago. En lugar de mostrar su aflicción por la azarosa muerte de un civil, mis compañeros soldados estaban eufóricos:

«¡Gracias a Dios que ninguno de los NUESTROS ha muerto! ¡Y además nuestro vehículo ha salido prácticamente indemne!». Acerca de los muertos y heridos iraquíes, que no tenían nada que ver con aquella batalla, no hubo ninguna referencia en absoluto, ni siquiera como daños colaterales. Consideraban que habían hecho de escudos humanos para nosotros. «Menos mal que esos civiles estaban ahí en medio —dijeron, solo que utilizando con toda naturalidad un insulto para referirse a los iraquíes—. Deberíamos rodear siempre con ellos nuestros convoyes».

No me importaba que fuese una forma de expresar su alivio teñida de humor negro; me quedé horrorizada. No podía dejar de pensar en la creencia casi universal entre los soldados de que esas vidas humanas, comparadas con las nuestras, eran del todo prescindibles. Veía morir a civiles en mi monitor todos los días, a todas horas. A veces morían a consecuencia de un error en su identificación, pero las investigaciones de *The Washington Post* también han confirmado que algunas unidades utilizaban una técnica llamada «colocación de cebos», consistente en dejar en el suelo algo tan inocuo como un cable o tan evidente como un rifle parecido a un Kaláshnikov. En las miras de los francotiradores estadounidenses, cualquier iraquí que los recogiese del suelo estaría sujetando un arma.

Los grupos extremistas suníes, como Al Qaeda y el Estado Islámico de Irak (que más tarde se refundaría en el Dáesh), también mataban a muchas, muchísimas personas que iban desarmadas y que no estaban afiliadas a nada. Los ataques iban dirigidos a nosotros, los estadounidenses, pero no éramos nosotros los que acabábamos muertos. Nosotros teníamos muros dobles de hormigón prefabricado que podían desplazarse a modo de barricadas; teníamos barreras Hesco. Estábamos fortificados. Los ataques con artefactos explosivos improvisados a bordo de vehículos eran los más frecuentes:

los grupos extremistas llenaban un coche de gran tamaño con explosivos y lo estrellaban contra un objetivo con el fin de matar al mayor número de personas posible. Se producían ataques simultáneos coordinados por toda la ciudad. Se trata de la clase de incidente que acapara las portadas de los periódicos cuando sucede en Occidente, pero cuando ocurría en Bagdad, cuando las víctimas eran iraquíes, solo era un mero contratiempo. Se respiraba muerte por todas partes y todo aquel que hubiese escogido un bando era responsable.

Sin embargo, no conseguía quitarme de la cabeza aquellos muertos y heridos en particular. Había sido mi propia unidad, yo había participado activamente en los hechos y todos habíamos celebrado el desenlace. Cualquier unidad tenía historias como aquella. Por mucho que se empeñen en ocultarlo empleando un lenguaje aséptico, cada una de las acciones significativas que dejábamos cuidadosamente catalogadas en la jerga adecuada para los canales oficiales constituía una tragedia. Cualquier recuento de heridos y de víctimas mortales era siempre mucho más complejo y tenía mucho mayor alcance de lo que dejaban traslucir los acrónimos y eufemismos tan meticulosamente codificados.

El día de Navidad me desperté con un cabreo monumental por lo ocurrido en la ruta Aeros. Me parecía increíble que alguien hubiese dado el visto bueno a esa carretera pese a todas las advertencias. Toda aquella violencia se podría haber evitado. Me sentía absolutamente impotente.

No celebré la Navidad; me perdí la comida porque estaba informando al personal sobre el incidente de la ruta Aeros. En casa no había nadie a quien llamar para felicitar la señalada fecha. Mi tía estaba fuera, Dylan ya casi nunca respondía a mis llamadas y no tenía nada que decirles ni a mi padre ni a mi madre.

A finales de diciembre, unos días después de Navidad, escribí al periodista del *Blade* con quien había estado saliendo en la época de Washington. Me pasaba la mitad de la carta quejándome, pero en la otra mitad era como si me dedicase a enseñarle información jugosa, aunque, por supuesto, aquella carta, como todo lo que escribía, tenía que pasar por un censor antes de llegar a él. «Todo apunta (o al menos esa es mi percepción) a que mi cadena de mando está decidida a joderme a base de bien —escribí—. Tienen tendencia a poner muchas expectativas sobre mí y me hacen trabajar como una mula, pero cuando se trata de hablar del futuro de mi carrera, de repente se vuelven todos sordos». Le conté que quería tantear mis opciones en la comunidad de inteligencia de la esfera del gobierno, pero mis supervisores directos no me dejaban.

En la carta le hablaba de que mi trabajo tenía ciertos aspectos positivos en el aspecto intelectual. «Mis colegas son personas muy inteligentes e interesantes, pero la mayoría de ellas trabajan en la sala de al lado con el tema del espionaje supersecreto y todas esas cosas relacionadas con el soporte criptográfico». Además, añadía, estaba impresionada «por la cantidad y el alcance de algunos de los repositorios de documentos con los que trabajo. Es absolutamente asombrosa la cantidad de datos cronológicos que hemos ido recopilando a lo largo de los últimos seis años o así. Hay cientos de miles, cuando no millones de informes que, en su conjunto, reúnen la que debe ser una de las recopilaciones sobre el ámbito local más importantes de nuestra historia. Comprende los distintos tipos de datos en un solo historial completo. Desde lo cuantificable, como las fechas y las horas exactas, hasta lo no cuantificable, como emociones y vidas rutinarias; desde informes sobre incidentes banales de poca relevancia, como el hallazgo de un arsenal de armas, a otros terribles y brutales sobre ataques violentos, muertes y misiones nocturnas con un trágico desenlace. Y aun así está todo marcado con esos sellos ridículos y a menudo innecesarios de "información clasificada". No se trata de informes de inteligencia con datos recogidos por fuentes de información que son personas, ni tampoco por nuestro preocupantemente extenso y complejo sistema de vigilancia de las comunicaciones. Se trata de simples datos cronológicos. Ojalá fuesen de dominio público. A ver, eso no haría que las guerras acabasen antes, pero tal vez disponer de una enumeración minuciosa de lo que implica realmente una contrainsurgencia, con todos los detalles, podría hacer que no nos lo volviésemos a plantear como opción la próxima vez, dentro de veinte años, ¿no? Da que pensar».

Terminaba preguntándole sobre su vida y disculpándome por haberle soltado aquel rollo; llevaba veinticuatro horas seguidas en pie, continuaba diciéndole, y allí no tenía a nadie con quien desahogarme. Firmé la carta con un «¡Feliz Navidad!» y dibujé mi caricatura con una carita sonriente. Los censores dieron el visto bueno a todo el contenido. El periodista destinatario de mi carta no captó lo que había querido darle a entender; al fin y al cabo, él escribía sobre temas relacionados con la justicia social en la comunidad gay y no sobre asuntos relativos a movilizaciones militares y al aparato de seguridad nacional.

Pasé la Nochevieja sola otra vez. Me senté fuera, frente a un fuego encendido, cerca del centro de IT, donde se canalizaba toda nuestra conexión a internet. En Irak se ven las estrellas con total claridad, brillantes, como en Oklahoma. Fui encadenando un cigarrillo tras otro y decidí que aquella iba a ser mi década. Era el año 2010, tenía veintidós años y había resuelto hacer algo con mi vida por fin. Ya no quería seguir inmóvil, atrapada. No quería padecer disforia el resto de mi vida. Quería averiguar si estaba lista para transicionar. Quería empezar a hacer que pasasen las cosas en las que creía. Aunque parezca cursi, miré arriba, al cielo tachonado de estrellas, y concluí que quería tratar de cambiar el mundo en lugar de sentirme apabullada por todas las cosas horribles que veía en él.

Al cabo de una semana decidí que iba a pasar a la acción. Iba a enseñarle al mundo lo que veían mis ojos. Ya me había descargado en un DVD regrabable los cuatrocientos mil informes SIGACT, así como los informes HUMINT y CIED, que más tarde se conocerían con el nombre de «los diarios de guerra de Irak», como copia de seguridad para mi trabajo. (Siempre intentaba hacer copias de seguridad de los datos relevantes por si la conexión era lenta o se producía alguna avería en los ordenadores). Nunca tuve que esconder lo que hacía: los discos estaban etiquetados y se guardaban a la vista de todo el mundo.

Ahora estaba lista para divulgar y compartir aquellas bases de datos. Añadí los archivos de Afganistán. El 8 de enero comencé el proceso de trasladar el contenido de los DVD regrabables que tenía guardados en el trabajo a mi portátil personal. Los transferí a mi MacBook Pro y luego a la tarjeta SD que tenía intención de llevarme conmigo cuando regresase a casa de permiso. Todos grabábamos a diario tantas cosas en DVD —que luego sacábamos de la SCIF, para uso personal o para emplearlos en la instrucción— que nadie levantó una ceja siquiera.

Faltaba muy poco para mi permiso y mi decisión de divulgar aquella información era firme. Sin embargo, era imposible que pudiese hacer aquello en papel —no me iba a poner a hacer cola en una copistería—, así que, imaginando el momento en que un periodista abriría el primer archivo, redacté un texto y lo guardé con la etiqueta «Léeme». Quería dejar clara la utilidad técnica e histórica de los archivos. Gracias a mi formación, era una experta en el arte de redactar resúmenes, dar instrucciones y recomendar cautela. Aquella era justo la clase de evaluación, análisis e informe para cuya redacción me había formado el ejército.

> Documentos de relevancia cronológica de los informes de actividades significativas, o SIGACT, de las dos guerras de Irak y Afganistán, entre 0001 enero de 2004 y 2359 31 diciembre de 2009, extraídos de documentos CSV del Departamento de Defensa y la base de datos del CDNE. Toda la información relativa a la identificación de las fuentes ya ha sido eliminada. Les recomiendo esperar un periodo de entre 90 y 180 días para decidir la mejor manera de divulgar una cantidad tan extensa de datos y con el fin de proteger a la fuente. Se trata, posiblemente, de una de las series de documentos más trascendentales de nuestro tiempo para conseguir disipar la niebla de la guerra y revelar la verdadera naturaleza de los conflictos armados asimétricos del siglo XXI. Que pase un buen día.

La decisión de llevarme esos archivos a Estados Unidos y subirlos a internet fue simplemente una más. Tomaba decisiones a vida o muerte todos los días. Siempre había tenido en mis manos la responsabilidad de intervenir en las vidas ajenas. En cierto sentido, fue como en cualquier otra disyuntiva en la que tenía que sopesar los costes y los beneficios y determinar cuál era la mejor manera de salvar vidas.

Pasarían semanas antes de que pudiera hacer entrega de los archivos y las cosas solo fueron a peor. Internet era, como siempre, el lugar al que acudía en busca de consuelo, donde podía hablar libremente de mi sufrimiento. Envié un mensaje a Louis, por la noche, muy tarde para él, y no obtuve respuesta. Así que recurrí a Facebook: «[Manning] se siente muy sola», fue la actualización de mi estado. A la mañana siguiente, Louis vio el mensaje. No perdí el tiempo hablando de tonterías. «Me he perdido», le escribí.

Él pensó que estaba de broma. «¿En Irak? Vaya, pues eso no es nada bueno :-(¡Creía que eras tú quien tenía que encontrar a la gente!».

«Lo digo en sentido figurado —respondí—. No sé quién soy, dónde estoy ni lo que quiero... Me siento agotada. Y sola, muy sola... Y desesperada».

Louis intentó consolarme recordándome que me quedaba «¿cuánto, un año y nueve meses?» para licenciarme, que cuando estuviese de vuelta en Estados Unidos tendría gente con quien hablar y «un montón de tiempo para procesarlo todo». Me recordó que tenía un tío que había sido médico en Irak, así que sabía de qué iba el tema.

Eso me daba igual, le dije. Todavía quedaba muy lejos. «Me estoy ahogando —escribí—. Tengo una cuenta bancaria y un número de la seguridad social, nada más... He visto demasiadas cosas, sé demasiadas cosas. No consigo quitármelo de la cabeza, ni siquiera para respirar. Nadie tiene el tiempo suficiente como para comprenderlo y yo no encuentro tiempo para tomar una bocanada de aire fresco». Le dije que había perdido la fe en la humanidad, que me sentía como «un peón en este juego, como todos los demás».

Me dijo que no perdiera la fe en toda la humanidad «basándome en una zona en guerra» y me sugirió que tal vez si expresaba en voz alta lo que sentía, eso me ayudaría. Me sugirió incluso que escribiera un blog anónimo, como terapia. «Nada es del todo anónimo nunca», le respondí, cosa que resultó ser aún más cierta de lo que yo misma sabía entonces.

Aún sufría por lo de Dylan, se lo conté a Louis y me quedé desconsolada cuando me dijo que las cosas mejorarían en cuanto dejase el ejército, que viviendo en un sitio estable me resultaría más fácil encontrar una pareja buena «que te respete». Pero yo no quería esperanza. Quería hundirme aún más en mi profunda sensación de alienación y precariedad emocional. «Estoy muy muy perdida —le contesté—. La gente quiere ayudarme, pero no sabe cómo. Y quienes lo intentan e intervienen me empujan todavía más al borde del abismo. No consigo encontrar la estabilidad. Ahora mismo estoy a punto de estrellarme y me dan miedo las consecuencias... Ya ni siquiera sé lo que quiero. No tengo intención de suicidarme, pero, desde luego, estoy planteándome plantarme y negarme a hacer lo que me digan los demás, me planteo decir exactamente lo que pienso».

Le resumí lo atrapada que me sentía. «Estoy hasta las narices de todo: diferencias de carácter que entorpecen nuestro trabajo a nivel micro; tener que vivir según una política que me impide hablar de mis problemas y, en la práctica, siendo objeto de castigo por no decir nada a nivel micro; mantener información importante lejos de la esfera pública a nivel macro; sentirme traicionada por el Congreso, el público y el presidente respecto a una libertad por la que se supone que estoy luchando a nivel macro; ser del todo incapaz de saber quién soy y estar psicológicamente compartimentada para poder sobrevivir en el ámbito personal. La presión aumenta cada vez más y me rodea las veinticuatro horas del día».

«Imagino que, si de verdad se te llega a hacer completamente insoportable, tienes una salida: conseguir que te den de baja deliberadamente», escribió Louis antes de sugerirme que buscase «organizaciones que ayudan a personas en tu situación».

«Son una mierda —le respondí—. No sirven de nada y hacer que te den de baja o te expulsen del ejército es perjudicial. Sobre todo teniendo en cuenta la forma en que lo haría, porque no me iría sin hacer ruido. No importa cuánto empeño pongan en silenciarlo. Estoy en contacto con periodistas».

Louis entendió a qué me refería y apuntó que ser una fuente de información tal vez incluso me ayudaría a que me admitiesen en determinadas universidades, o a conseguir trabajo en algunos puestos. No hice caso de sus comentarios idealistas: aún me quedaban muchos meses de servicio en Irak y tendría que enfrentarme a un consejo disciplinario. Eso, pensaba yo entonces, era lo peor que podía pasarme.

Tan solo unos días más tarde, en el aeropuerto de Bagdad, cuando me iba de permiso a Estados Unidos, abrí una ventana de chat. Esta vez, al enviarle un mensaje a Louis, estaba de mucho mejor humor. Le conté que mi comandante quería ayudarme a entrar en West Point para hacer carrera como oficial. Tal vez, añadí, podría incluso utilizar el «No preguntes, no digas» en mi provecho, como Dan Choi, el soldado que había salido en la MSNBC para protestar por la norma y que luego, tras abandonar el ejército, se había convertido en un famoso activista en pro de los derechos de los gais en las fuerzas armadas. «Básicamente le han dado la posibilidad de cursar estudios universitarios gratis, un trabajo fácil durante el infausto despliegue de una unidad —mi unidad, en 2007— y un montón de publicidad en todo el país. Menudo cabrón. ¿Y quieres saber qué fue lo que hizo EN REALIDAD?», escribí.

«Bueno, tal vez no a través de una línea de comunicación no segura (?)», me contestó Louis.

«Estar metido todo el día en un búnker firmando papeles. Oye, que yo también hago eso. Solo que dentro de un edificio de metal y madera contrachapada. Si nos alcanza un proyectil, a mí me hará picadillo con la metralla de la madera. Todo el mundo sabe lo que hizo él en esta unidad, pero qué listo fue, desde luego. Aunque no tan brillante como yo. Yo voy a por la presidencia. ¿Acabar con el "No preguntes, no digas"? A la mierda eso. Yo quiero vivir en la casa más guay de Washington».

Y luego volví a lo que realmente tenía en la cabeza.

«Creo que nos va a ir bien, a Dylan y a mí. Creo que nos va a ir bien =)».

10

Potomac, Maryland
Enero de 2010

Mi permiso empezaba el 23 de enero. Fui a Potomac, a casa de mi tía Debbie, pero en cuanto pude me marché a Boston a ver a Dylan. Había estado soñando con aquel momento, pero tuve la impresión de que en su caso no había sido así. Se mostró frío y distante. No quería hacer ningún plan concreto sobre nuestra relación. Intenté preguntarle qué opinaba sobre mi intención de divulgar los SIGACT recurriendo a símiles e hipótesis sobre qué haría él si estuviera en posesión de documentación secreta que creyese que debía ser de dominio público. Estaba perplejo, yo no hablaba abiertamente. Cuando intenté explicarle el contexto, me hizo demasiadas preguntas. Había cosas que no podía decirle. Me entró miedo y le pedí que se olvidara del asunto. Tras unos días muy poco placenteros en Boston con Dylan, volví a casa de mi tía. Me sentía más sola que nunca y con la mente dividida con respecto a qué hacer.

Sin embargo, después de la ventisca, después de ir a la librería Barnes & Noble y tras el largo viaje de regreso a Irak el 11 de febrero, finalmente sentí cierto alivio. El mero hecho de subir los SIGACT —meses antes de que se publicasen— me parecía algo útil que había descargado en parte mi conciencia. Me pesaba el deber para con mis semejantes, el deber de hacer lo que hice, de conseguir que el mundo tuviese una percepción más clara y comprendiese lo que yo sabía que estaba sucediendo en Irak y Afganistán todos los días, que supiese cuál era el verdadero número de muertos. Esperaba con ansia que la WLO (WikiLeaks Organization) encontrase los SIGACT.

Pero yo no era solo una analista de inteligencia que había subido información a un buzón clandestino. Tenía mi otra vida online. Y desde principios de enero, una de las salas de chat IRC en las que participaba había incluido X-chat, una sala abierta llena de gente que estaba casi segura de que tenían alguna relación con WikiLeaks. Yo seguía la sala en parte porque me sentía sola, pero sobre todo por interés y curiosidad. A finales de noviembre de 2009, WikiLeaks había difundido un total de 570.000 mensajes de buscapersonas enviados el 11 de septiembre de 2001, tanto de funcionarios del gobierno como de ciudadanos estadounidenses normales y corrientes. Lo único que la WLO dijo públicamente sobre su origen fue lo siguiente: «Está claro que la información procede de una organización que ha estado interceptando y registrando las telecomunicaciones nacionales estadounidenses desde antes del 11 de septiembre». Yo quería averiguar más información sobre cómo y por qué habían conseguido los mensajes. Estuve navegando un buen rato por el sitio web y encontré documentos sobre el tráfico de armas entre dos países que afectaban a mi trabajo diario. De hecho, aquello me resultaba muy útil para mi trabajo, así que integré la información en el resultado de mis pesquisas.

Tenía la sensación de que el grupo de IRC era como un verdadero colectivo en aquella época, una especie de libre afiliación, no una cosa formal. En la sala de chat se hablaba sobre todo de temas técnicos, de cómo resolver problemas o trabajar en el propio aparato práctico. (La herramienta con la que había subido los SIGACT era una página web basada en Java-Script, con servidores proxy que atravesaban múltiples juris-dicciones, de manera que cualquier información subida a través de ella tendría varios niveles de protección legal, todos en conflicto entre ellos). En ciertos aspectos, era como cualquier otra sala de chat para gente con un perfil técnico y especializada en seguridad de redes, solo que yo sabía que en aquella sala de chat en concreto había una bomba de relojería: una filtración potencialmente explosiva y capaz de alterar el rumbo de la historia, filtración de información en la que nadie parecía haberse fijado todavía. ¿Estarían comprobando sus formularios de envío? ¿Habría habido algún contratiempo?

Ese invierno, en la sala de chat solo se hablaba del rescate a Islandia, que se suponía que debía resolver la quiebra financiera de las entidades bancarias del país. Por aquel entonces, Wiki-Leaks parecía operar fuera de Islandia, país que aún se hallaba inmerso en plena crisis financiera y que había sido uno de los más afectados del mundo por la debacle. El Gobierno islandés había negociado un complicado rescate para sus bancos, lo que había provocado la ira de sus ciudadanos. Reino Unido tenía intención de aplicar la «legislación antiterrorista» para dar a sus acreedores la potestad de congelar los activos islandeses en caso de impago.

A finales de 2009, uno de mis jefes envió un correo electrónico general a todos los analistas y oficiales sugiriendo que echásemos un vistazo al portal Net-Centric Diplomacy del Departamento de Estado, que contenía una auténtica mina de información en forma de cantidades ingentes de cables diplomáticos. Mi jefe opinaba que el contenido de los cables podía resultarnos útil para nuestra labor como analistas. Leí absolutamente todos los relacionados con Irak y luego empecé a curiosear en el resto de la base de datos, que estaba repleta de material fascinante. Intrigada por las discusiones que estaban teniendo lugar en la sala de chat sobre el rescate a Islandia, me dio por buscar en el portal del Departamento de Estado cables que pudieran estar relacionados con el tema, y el día de San Valentín encontré uno, llamado 10REYKJAVIK13. Era breve, de solo dos páginas de extensión, pero su contenido parecía indicar que Islandia se sentía presionada por Reino Unido y Países Bajos, otro estado acreedor, y pedía ayuda a Estados Unidos. Sin embargo, según aquel cable diplomático, Estados Unidos no parecía ver ninguna ventaja estratégica en inmiscuirse en ese conflicto entre países.

Decidí subir el cable. Iban a joder a lo grande al pueblo islandés, y lo peor era que este ni siquiera sabía lo que estaba pasando. Me preocupaba, sin embargo, que el formulario de envío de la página no funcionase bien; después de todo, nadie había mencionado los archivos SIGACT que ya había subido. Aun así, pensé que merecía la pena intentarlo. Transferí el cable a mi ordenador personal y lo subí a internet. Esta vez el mensaje era un archivo de texto, de modo que sería legible inmediatamente. Al cabo de unas horas lo publicaron. Mi globo sonda sirvió para demostrar que, efectivamente, Wiki-Leaks tenía que haber recibido los SIGACT. La publicación del cable también dio el salto a los informativos de forma inmediata, lo cual me produjo una sensación muy satisfactoria.

Pese a todo, el cable no fue la información más importante que acabé subiendo ese mes. El 21 de febrero envié el vídeo que luego se conocería con el nombre de «Asesinato colateral», en el que aparecían unas granuladas imágenes aéreas de julio de 2007 del ataque de un helicóptero Apache que tuvo unas consecuencias devastadoras. El vídeo mostraba la muerte de civiles inocentes y de dos periodistas de la agencia Reuters en el barrio de Nuevo Bagdad.

Había visto el vídeo por primera vez en diciembre. Un colega de mi sección lo había encontrado en el disco compartido, en un archivo JAG. Al principio pensé que era otro más de esos vídeos de pornografía bélica, otro vídeo explosivo, para pasárnoslo unos a otros y decir: «Mira cómo eliminamos a esos cabrones». A la gente que participa activamente en el combate le encanta ver vídeos de pornografía bélica, de cosas que explotan, sobre todo. YouTube está lleno de esta clase de imágenes, pero no eran nada comparadas con las que teníamos en nuestro disco compartido en Irak. Las reproducían en bucle en Windows Media Player, como si fueran largometrajes con un montón de acción y sin trama ninguna, o como un videojuego con unos gráficos impresionantes. Estaban allí, al alcance de todos; era puro entretenimiento, y el personal se aburría. Pero aquel vídeo era diferente. Otros analistas discutían si el incidente había infringido las reglas de enfrentamiento. De hecho, en el archivo JAG las imágenes estaban etiquetadas como material de instrucción sobre cómo defender a soldados acusados de violar las reglas de enfrentamiento: situaciones complicadas en las que tenían que fingir que las líneas habían sido claras. En lugar de participar en el debate, decidí buscar más información sobre el contexto, haciendo búsquedas en Google incluyendo las coordenadas cronológicas y geográficas.

El vídeo muestra un incidente en el que resultaron muertas once personas, dos de las cuales eran periodistas de Reuters. Dos helicópteros estadounidenses se aproximan a un grupo de iraquíes. Se oye a los soldados estadounidenses decir que el grupo les está disparando, a pesar de que las imágenes lo contradicen. Lo que han confundido con un lanzacohetes es en realidad el objetivo de la cámara de un fotógrafo de Reuters que, asomándose por la esquina de un edificio, fotografía la escena. El primer helicóptero abre fuego contra lo que los soldados perciben como una amenaza. Alcanzan a los iraquíes, nueve de los cuales morirán. «¡Sí! ¡Mira cómo la palman esos cabrones!», exclama alguien. Un hombre, malherido, intenta alejarse arrastrándose por el suelo. Uno de los soldados dice:

«Ahora lo único que tienes que hacer es coger un arma». (En otras palabras, darle al soldado un motivo para dispararle). Cuando una furgoneta llena de iraquíes —simples buenos samaritanos que se acercan con la intención de ayudar— se detiene e intenta poner a salvo al herido, el helicóptero estadounidense abre fuego, esta vez con proyectiles AP, capaces de penetrar el blindaje enemigo. Disparan repetidas veces al parabrisas de la furgoneta y dos niños que van en la parte de atrás resultan heridos. «Bueno, es culpa suya por llevar a los niños al campo de batalla», dice más tarde uno de los soldados, cuando una unidad terrestre acude a evaluar los daños. «Exacto», responde alguien. Más adelante, la unidad parece disfrutar viendo cómo un vehículo pasa por encima de los cadáveres que yacen en el suelo.

Descubrí que la agencia Reuters se había acogido a la Ley de Libertad de Información para pedir el vídeo completo; la agencia de noticias había visualizado de forma privada un fragmento de tres minutos de duración, pero quería conocer más detalles sobre la muerte de sus periodistas, Namir Noor-Eldeen y Saeed Chmagh. En la primera declaración del ejército se afirmaba que los soldados estadounidenses habían matado a nueve insurgentes y a dos civiles (los periodistas), simplemente. Luego aseguraron que había habido un enfrentamiento sobre el terreno (un «tiroteo») y que los soldados habían repelido el ataque. En virtud de la Ley de Libertad de Información, el Mando Central de Estados unidos (CENTCOM) le comunicó a Reuters que no podía darle una previsión de cuándo les sería posible responder a su solicitud y que para entonces tal vez el vídeo ya no existiese. Esta respuesta me resultó inquietante: no querían que Reuters viese lo que había ocurrido en realidad. También me inquietó la sed de sangre de los soldados estadounidenses, su deshumanizante reacción, especialmente en relación con los niños y con el hombre malherido que trataba de ponerse a salvo arrastrándose por el suelo.

Me recordaba a la cruel indiferencia del niño que tortura a unas hormigas con una lupa.

Descubrí además que un periodista del *Washington Post*, David Finkel, había escrito sobre ese incidente en particular en su libro *Los buenos soldados*. Estaba claro que él sí había visto el vídeo. Tuve la impresión de que su relación de los hechos, sobre todo desde la perspectiva de los soldados, no captaba realmente la brutalidad de lo ocurrido. Los soldados, en el fragmento que leí en Google Books, parecían justificarlo calificándolo de represalia. Varios días antes, el este de Bagdad había sufrido una emboscada en la que los miembros de la milicia sadrista hicieron estallar varias bombas. (Muqtada al-Sadr era un clérigo y nacionalista iraquí chií que se erigió en 2003 como líder de un movimiento político con una potente ala militar. Provenía de una influyente y célebre familia; su suegro había apoyado abiertamente la revolución en Irán y fue asesinado por Sadam Husein en 1980). Todo el mundo estaba en alerta máxima y aún había escaramuzas la noche del incidente del Apache. El ejército explicó en privado al editor de Reuters, que le exigía respuestas, que los hombres tenían «edad para ser militares» y que, como parecían llevar armas en la mano, estaba justificado que sus hombres hubiesen abierto fuego contra ellos. (Las fotografías tomadas con posterioridad al incidente mostraban que se habían recogido un lanzacohetes RPG y varios AK-47 del lugar de los hechos).

Lo que veía y leía me producía mucho desasosiego, pero lo más chocante sobre el vídeo, en el que personas inocentes pierden la vida simplemente por estar en el lugar equivocado, es que el contenido era del todo legal conforme a la Convención de Ginebra y según nuestras reglas de enfrentamiento. La investigación interna del ejército determinó en sus conclusiones que los soldados habían obrado de forma correcta, teniendo en cuenta las circunstancias. Por eso los asesores legales lo usaban como ejemplo en sus clases de formación.

No tardé en darme cuenta de que aquello no eran imágenes «guais» de un helicóptero Apache matando gente; se trataba de un incidente mucho más complejo incluso de lo que los militares creían. Era, con toda probabilidad, uno de los pocos momentos que captaban, en aquel breve marco temporal, en su totalidad lo que implica un conflicto armado. En ese vídeo se constata el poder que confiere la superioridad aérea. Se ve la confusión que se crea cuando no se logra identificar a los vehículos y a las personas, el perjuicio y el caos que se genera cuando la gente no sabe lo que pasa, pero se siente forzada a actuar. Se ve el margen para el error que se introduce cuando varias unidades aéreas y terrestres intentan coordinarse, a través de distintas jurisdicciones, y les resulta difícil comunicarse. Los hombres, la cámara, la furgoneta… nada de eso era exactamente lo que los soldados creyeron que era. Los errores en la identificación de objetivos conforman uno de los aspectos más difíciles, complejos y de mayor alcance de la guerra.

Sin embargo, cuando se presenta al público estadounidense, la guerra parece un producto acabado: limpio y editado, canalizado a través de periodistas involucrados que tienen que gestionar su propia relación con el ejército, también complicada. O aparece en fogonazos breves en la CNN, simplificada como en los rótulos de los informativos. En ese cuento de hadas sobre la guerra solo hay «ataques de precisión». Las camionetas —llenas hasta los topes de «malos», porque en esa ficción siempre está claro quiénes son los malos— estallan limpiamente por los aires tras el impacto de la punta de un misil de crucero.

Las imágenes del incidente con el Apache mostraban justo lo que me había estado quitando el sueño, lo incomprensible de todo aquel despropósito. Contenía los elementos de la guerra asimétrica al completo, los mismos sobre los que quería hacer hincapié con la divulgación de los SIGACT. No tenía ningún plan ideológico global, pero sí un objetivo claro: quería proyectar un velo de complejidad sobre la versión aséptica y adaptada de la guerra que se estaba propagando como un incendio forestal por todo Estados Unidos, donde cualquier cuestionamiento de un relato claro de los hechos se percibía como un acto de deslealtad.

La primera vez que guardé el vídeo tenía la intención de encontrar la manera de hacerlo llegar a la oficina de Reuters, en Londres, cuando me reasignasen un nuevo destino más adelante, en verano. Sin embargo, después de que WikiLeaks publicase el cable sobre Reikiavik, entendí que había otra forma de dar a Reuters las respuestas que buscaba, y más rápida. Pasada una semana adjunté el vídeo del helicóptero Apache al formulario de envío de WLO. Incluí el informe de investigación interna del ejército para proporcionar el contexto adecuado sobre lo que mostraban las imágenes, cuáles eran las reglas de enfrentamiento en aquel momento y cómo lo había gestionado el estamento militar. Quería que el mundo comprendiese que lo que había sucedido no estaba nada claro.

Dije en el chat que se preparasen para recibir algo importante. Alguien que escribía con el nombre de Oficina me respondió; más tarde, esa misma persona cambió su nombre en el chat por el de Preasociación. Al final empezamos a hablar en otro cliente encriptado de chat, Jabber, y guardé a esa persona en mis contactos con el nombre de Nathaniel Frank, un guiño al autor de un libro que había leído el año anterior (*Unfriendly Fire: How the Gay Ban Undermines the Military and Weakens America*).

Nunca supe con certeza quién era la persona real que se ocultaba detrás de Nathaniel Frank. Con el tiempo, y por el papel que desempeñaba en la sala de chat, llegué a la conclusión de que debía de ser una personalidad relevante dentro del grupo. Pensé que quizá se trataba de Julian Assange, o tal vez de Daniel Schmitt (ahora conocido como Daniel Domscheit-Berg), otro personaje fundamental en la organización de WikiLeaks. O tal vez era alguien que los representaba. A día de hoy, no puedo afirmar con absoluta seguridad quién era; para eso sirve tener un apodo online, por supuesto. En el mundo hacker no nos enseñamos los carnés de identidad. (Yo utilizaba un generador de nombres al azar para obtener mis nombres en clave: DawgNetwork).

Al principio, mis conversaciones con Nathaniel Frank eran sobre temas generales. Compartíamos los mismos intereses —política, tecnologías de la información— y yo no tenía a nadie en el trabajo con quien hablar de eso a fondo. No tardamos en conversar casi a diario, a veces durante cerca de una hora seguida, sobre una variedad de temas, no solo de lo que fuese que WikiLeaks estuviese preparándose para publicar. Me sentía más libre para ser yo misma gracias al manto de anonimato que procuraba el chat encriptado, y eso para mí era un salvavidas en aquel entonces. Era una vía de escape de la presión y la ansiedad que me producía el despliegue. En la sala de chat, además, mis intereses no me hacían parecer una persona extraña, sino interesante. Cuando miro atrás, me doy cuenta de que eso era mucho más importante para mí que para Nathaniel Frank, y que nuestra cercanía era artificial, puramente circunstancial. Pero yo estaba desesperada por encontrar una válvula de escape y algo que se asemejase a la confianza y la amistad.

El vídeo del incidente del Apache que subí contenía las imágenes sin tratar y tenía un total de treinta y ocho minutos de duración. Tal como descubrí más tarde a partir de la información publicada en *The New Yorker*, el debate entre Assange y otros voluntarios de WikiLeaks sobre cómo manejar las imágenes fue muy intenso. En cierto modo, ese debate y la tarea de sacar el vídeo a la luz pública fue lo que impulsó a WikiLeaks a pasar de ser un simple grupo de gente con afinidades a convertirse en una verdadera organización. Hubo discusiones y una lucha de personalidades y sobre las prioridades. El vídeo introdujo cierta dosis de presión sobre el colectivo y expuso —o creó— facciones. Algunas personas, incluido Assange, tenían más interés en causar sensación que en presentar una situación compleja con todos sus matices.

En aquella época, una parlamentaria islandesa llamada Birgitta Jónsdóttir participaba en WikiLeaks. (Más adelante rompería los lazos con el grupo a causa de sus recelos con respecto a la figura de Assange). En la sala de chat, alguien —que supuse que podía ser ella, pero no lo sabía con certeza— sugirió convertir aquello en parte de un reportaje informativo. Los periodistas de la RUV, una cadena de televisión islandesa, viajarían a Bagdad al cabo de una semana de la publicación de los vídeos. Los periodistas descubrieron, hablando con la gente del lugar, que los niños de la furgoneta habían sobrevivido, pero sus padres habían muerto. Era una sensación extraña estar al acecho en las salas de chat junto a mis canales de trabajo y saber que el equipo de televisión sobre cuya llegada a Bagdad estaba leyendo en el informe oficial de la oficina de prensa del trabajo era el mismo sobre el que estaba leyendo en el canal de IRC. Y era más extraño todavía saber el motivo exacto por el que habían ido hasta allí.

El vídeo tardó dos meses en ser editado, básicamente por los periodistas, hasta quedar reducido a unos terribles y concisos dieciocho minutos de duración; el grupo le puso el memorable título de «Asesinato colateral», cosa que ayudó a que se hiciese viral. (El vídeo completo estaba disponible en una página web que había abierto WikiLeaks). La versión reducida contenía algunos toques editoriales, como una cita de George Orwell —«El lenguaje político [...] está diseñado para hacer que las mentiras parezcan verdades y el asesinato, algo respetable, y para dar apariencia de solidez a algo que no es más que puro aire»— y una introducción que aclaraba quiénes eran las víctimas mortales y los heridos (niños, entre otros) que estaba a punto de ver el espectador. La versión editada reducía el intervalo entre los comentarios más crueles de los soldados, haciendo que parecieran aún más crueles tal vez. Las imágenes no muestran que los hombres que caminaban con los periodistas de Reuters llevaran AK-47 y un lanzacohetes RPG. Pero lo más escalofriante del vídeo era lo rápidamente patente que se hacía para el espectador que aquella era la verdad y que los alegres titulares sobre el escaso número de civiles muertos no eran más que propaganda.

WikiLeaks estaba despertando mucha curiosidad y Assange empezaba a posicionarse como su líder dejando de ser un simple camarada entre iguales. Durante la edición del vídeo, un reportero de la revista *New Yorker* que estaba escribiendo un perfil sobre Assange trabajó integrado en el colectivo. Para la publicación de «Asesinato colateral», Assange organizó una rueda de prensa, que se celebraría en el National Press Club de Washington D. C., a la que acudió con corbata. Se había erigido en sinónimo de WikiLeaks, y esa visibilidad iba acompañada de cierta dosis de poder, lo que permitió a la facción más nihilista y más trol (Assange el primero, pero también Daniel Domscheit-Berg) dominar el debate interno. La facción más seria, la que tenía una mentalidad más responsable —los periodistas más próximos a la tecnología, los miembros con conexiones con la política— se apartó a un lado.

Yo estaba inquieta por ver cómo reaccionaría la ciudadanía estadounidense a las imágenes del Apache. ¿Verían lo mismo que había visto yo? ¿Entenderían que destapaba la olla a presión que supone el entorno de guerra y la forma en que este modula el comportamiento de las personas que a duras penas sobreviven en él? Resultó que muchas de las personas que vieron el vídeo se quedaron tan conmocionadas como yo, si no más, y esa respuesta me dio aliento.

Sin embargo, el vídeo no solo enfureció al Departamento de Defensa y al CENTCOM, sino que ambas instituciones emitieron comunicados diciendo que no podían confirmar la autenticidad del vídeo, una maniobra claramente diseñada para menoscabar la credibilidad de las imágenes. Hasta la capitana Martin, una de mis supervisoras, dijo que no creía que fuesen auténticas. Eso me generó no poca frustración. Le envié un correo electrónico con un enlace al vídeo de nuestro disco compartido y un enlace a lo que había publicado WikiLeaks, para que pudiese cotejar las imágenes con sus propios ojos.

Ese invierno y esa primavera seguí llevándome una decepción tras otra. Empecé a ceder a mi costumbre de trolear las secciones de comentarios de los periódicos. En enero, en el debate sobre el Estado de la Unión, el presidente Obama anunció su intención de colaborar con el Congreso para poner fin a la ley del «No preguntes, no digas». Sin embargo, a mí no me parecía que su revocación fuese a ir lo bastante deprisa ni lo bastante lejos, así que en la sección de comentarios de los artículos que cubrían la noticia defendí una postura un poco más agresiva. Utilizaba cuentas de usuario invitado y Tor, un buscador para navegar anónimamente que había instalado previamente en mi ordenador para hacer un seguimiento de forma segura de las webs de las redes sociales de los grupos de milicias que operaban dentro de la zona central de Irak. Luego empecé a hacer comentarios sobre lo que veía como artículos desinformados acerca de la guerra en la que estaba combatiendo. Detestaba tener que leer a gente como Thomas Friedman soltando sus peroratas arrogantes y simplistas sobre cómo el patriotismo y el «imperio de la ley» habían «superado las disputas sectarias», cuando era evidente para cualquiera que estuviera sobre el terreno que las disputas sectarias se estaban volviendo cada vez más complicadas. Creí que tal vez mis comentarios harían que una pequeña parte de la gente pensase con más detenimiento sobre el asunto. «Los medios están pasando por esto de puntillas», escribí. Por supuesto, nunca me identifiqué como soldado, y mucho menos como analista de inteligencia.

Quería que el mundo entendiese la Cosa, la sensación de que desde que había llegado allí estaba viendo la realidad de Matrix. La Cosa era un caos comprensible, casi organizado pese a su entropía. Veía la Cosa cuando leía las noticias y veía la Cosa con mayor claridad todavía cuando analizaba los algoritmos que se suponía que debían mejorar mi capacidad para hacer análisis predictivos para el ejército. Era como si las tragedias y las batallas fuesen un patrón presente en la naturaleza, estremecedoras y, aun así, completamente predecibles, como las mareas, el grado de inclinación del sol o el desarrollo de las plantas. Pero el caos provenía de nosotros, los agentes de la destrucción.

Una noche de principios de marzo, un oficial del Centro de Operaciones Tácticas me envió un sobre con fotos y documentos explicándome que la policía federal iraquí (IFP, según sus siglas en inglés) había detenido a quince personas por imprimir «textos antiiraquíes». Me pedía que averiguara quiénes eran «los malos» y descubriera la relevancia que tenían las detenciones para la IFP. Hice una búsqueda. Ninguno de los detenidos tenía vínculos con milicias o grupos terroristas, así que no podía ser eso. A una oficial de otro equipo le habían enviado sin querer fotos de las detenciones, fotos que luego me pasó a mí. Los textos en cuestión eran una especie de crítica académica publicada en forma de fanzine sobre la figura de Nuri al-Maliki, en aquel entonces el primer ministro iraquí, y el impacto que la corrupción de su gabinete de ministros tenía en la población general. Nuestra intérprete, una mujer turca, estaba de acuerdo conmigo en que, en líneas generales, parecía un documento inofensivo. Le dije al oficial que me había asignado la tarea que se apreciaban discrepancias entre lo que había descrito la IFP y lo ocurrido sobre el terreno. Se trataba de un asunto puramente político, de material de oposición relativamente inocuo. La respuesta del oficial me sorprendió: me dijo que lo «dejara correr». Que aquella no era la clase de información que necesitaban. Luego me dijo que quería que averiguara dónde se imprimía el material. Al oírlo, di por sentado que su prioridad era mantener una buena relación con la IFP, pero pensé que, si seguía esa orden, yo estaría ayudando a la policía iraquí a encontrar a más oponentes políticos de Maliki y a detenerlos. Por el mero hecho de expresar sus opiniones políticas los pondrían bajo la custodia de una unidad especial y, muy probablemente, serían torturados. Sufrirían un encarcelamiento prolongado en el mejor de los casos. Sus familias tal vez no volverían a verlos nunca más.

El oficial me dijo que regresara al trabajo sin más, como si proteger la libertad de las personas inocentes no formase parte de mi deber, como si no fuese esa la razón por la que estábamos allí, al menos en teoría.

Sentí una intensa furia y él también se puso furioso. Nuestro lenguaje corporal cambió; ya no éramos un soldado raso frente a su superior. Repetí lo evidente: se utilizaba a la policía como instrumento para silenciar a los disidentes, con nuestro beneplácito. Montó en cólera al ver mi reacción, mi agresividad. Aquel oficial me odió a muerte a partir de ese día. Pero ¿qué hacíamos en Irak mientras decíamos que estábamos allí para proteger a la población local? Nuestra misión manifiesta no significaba una mierda si era así como nos comportábamos. Me trasladaron al turno de día para que aquel superior no tuviera que lidiar conmigo, aunque la razón oficial que me dieron fue que así podrían supervisarme mejor. No podía soportar la idea de permitir que tomaran represalias contra la gente simplemente por publicar una crítica de las élites que gobernaban el país. Decidí que divulgaría la información a través de WikiLeaks antes de las elecciones iraquíes del 7 de marzo con la esperanza de que tuviese suficiente repercusión mediática como para que la IFP no pudiese seguir persiguiendo a la oposición política. Copié las fotos y el informe en un DVD regrabable y lo subí todo a un servidor remoto que funcionaba como buzón clandestino, gestionado por WikiLeaks, en lugar de subir la información a través del formulario de envío habitual. Le dije a Nathaniel Frank directamente en el chat lo que iba a encontrar en el buzón. Me contestó que no había suficiente información ni detalles específicos como para que la prensa internacional se interesara por el asunto. Intenté proporcionarle más datos, pero WikiLeaks decidió que no valía la pena publicar aquello.

No dejaba de darle vueltas a la suerte que correrían las personas que habían publicado los textos críticos con Maliki. ¿Serían entregadas a las autoridades estadounidenses para acabar en el centro de detención de Guantánamo? Sabía que no era probable, pero por mi cabeza desfilaban las peores conjeturas posibles. Tenía Guantánamo muy presente, así que empecé a rastrear la información que guardábamos sobre el centro disciplinario en el servidor. No tardé en dar con los informes de evaluación de detenidos (DAB, según sus siglas en inglés), breves memorandos con resúmenes sobre cada persona que estaba o había estado bajo custodia en el centro de Guantánamo.

Siempre había pensado que Guantánamo suscitaba cuestiones interesantes relacionadas con la ética y la moral, y leer aquellos informes ratificó lo que pensaba. Sí, entendía que Estados Unidos tenía que interrogar a cualquiera que pudiese intentar hacer daño al país o a sus aliados, pero cuanto más leía, más parecía que las personas detenidas allí eran simples soldados de a pie con escasa información útil, en el mejor de los casos. Si los hubiésemos detenido en el teatro de operaciones de una guerra, ya haría tiempo que habrían sido puestos en libertad. Guantánamo había sido un foco de enorme tensión durante la Administración Bush y, al comienzo de su mandato, el presidente Obama declaró su intención de cerrar las instalaciones, aduciendo que pensaba que mantener abierto el centro de detención socavaba nuestra «autoridad moral» en el mundo. Tras leer los informes, yo estaba de acuerdo con su valoración.

Me di cuenta de que aquellos DAB no eran informes analíticos detallados. No contenían los nombres de las fuentes ni citaban los informes de los interrogatorios. Databan de hacía varios años y la información que resumían no era clasificada. En otras palabras, sabía que mantenerlos en secreto no tenía mucha importancia para la inteligencia o la seguridad nacional, pero pensé que publicarlos podría ayudar a la ciudadanía a comprender lo que ocurría en Guantánamo, al igual que el hecho de leerlos me había ayudado a mí.

El 7 de marzo, el día de las elecciones iraquíes, le pedí a Nathaniel Frank su opinión al respecto. ¿Merecía la pena publicar aquellos informes? Me dijo que probablemente no serviría para cambiar gran cosa en el ámbito político, pero que tal vez les serían útiles a los detenidos para su defensa legal y que parecían importantes para documentar la historia general de las detenciones de Guantánamo. Me pareció que lo que decía tenía sentido. Me descargué los DAB mediante un programa llamado Wget (una herramienta tremendamente común que más adelante el gobierno intentaría describir como nefasta y de uso muy restringido). A continuación, los copié en mi portátil personal. Una vez más, subí los archivos al buzón clandestino; ahora me habían asignado un directorio dentro del buzón solo para mí etiquetado como «x». Le dije a Nathaniel Frank que estaba allí y decidí subir también un informe interno del Mando de Investigación Criminal: el análisis de la amenaza potencial que constituía WikiLeaks. WLO lo publicó. Le conté a Nathaniel Frank que un portavoz del ejército había confirmado la autenticidad del documento en *The New York Times*. «Es graciosísimo», le escribí.

A finales de marzo, buscando en el directorio de CENT-COM información que necesitaba para mi trabajo, descubrí un vídeo de 2009 de un ataque aéreo en Garani, Afganistán. Más de un centenar de civiles afganos, en su mayoría mujeres y niños, habían muerto accidentalmente y los medios de todo el mundo se habían hecho eco del ataque. Sin embargo, ver algo así con tus propios ojos era muy distinto a leerlo en un periódico, y el Gobierno de Estados Unidos lo sabía bien, sobre todo a raíz de las escalofriantes imágenes de Abu Ghraib, que se habían convertido, en la práctica, en una herramienta de reclutamiento para Al Qaeda.

Helaba la sangre ver la muerte con tal magnitud y las conclusiones del informe que acompañaba el vídeo me resultaron aún más perturbadoras que las del vídeo de «Asesinato colateral». Lo subí al buzón clandestino. El vídeo no llegó a publicarse, ni por parte del Gobierno estadounidense ni por parte de WikiLeaks, y el informe que leí sigue siendo información clasificada del más alto nivel. Pero las imágenes que vi eran terribles e indelebles: secuencias muy gráficas de mujeres, niños y ancianos sufriendo la muerte más dolorosa que existe, a consecuencia del impacto de munición con fósforo blanco contra una estructura altamente inflamable.

Aquello fue lo último que subí. Al poco, por fin, se hicieron públicos los SIGACT, el primer material que envié a WikiLeaks, y eso lo cambió todo.

11

Irak
Marzo de 2010

Hay una tradición militar que consiste en que, cuando muere un soldado, toda su unidad forma una fila. Se pasa lista y el nombre del soldado caído se repite, una y otra vez, en medio de un silencio que solo se ve interrumpido por un llanto contenido. Es casi insoportable. El día que fui testigo de dicha tradición por primera vez llevaba nueve meses en Irak y creía haber experimentado todas las variantes posibles del terror psicológico. Me equivocaba por completo. Nunca olvidaré lo que sucedió el 18 de marzo de 2010. Aún voy a terapia para hablar de lo que vi en Irak, y esa fue una de las peores cosas que presencié.

Esa noche, justo cuando cambió el turno de guardia en la torre de vigilancia, desde el interior de los bloques de pisos que había al otro lado de la base militar alguien arrojó una granada a la base con un lanzacohetes. El proyectil no alcanzó su objetivo, pero le dio al especialista Robert Rieckhoff, el soldado que acababa de empezar su guardia en la torre. Murió en el acto. Rieckhoff y todas sus ilusiones, sus recuerdos y sus planes se esfumaron, así, sin más.

La base entera se puso en alerta. Entré a trabajar unos tres minutos y medio después de la muerte del soldado y al cabo de veinticinco ya estaba examinando fotos del lugar y de su cadáver cubierto de sangre, y leyendo las declaraciones escritas de los testigos presenciales. No había tiempo para asimilar lo sucedido ni para llorar la pérdida de una vida humana. Teníamos que ponernos a trabajar de inmediato. A lo largo de las siguientes tres horas me dediqué a tratar de identificar el edificio desde el que había salido el proyectil. Mientras tanto, el 15.º regimiento de Artillería de Campaña, 2.º batallón, entró en todas y cada una de las casas de aquel vecindario, derribando puertas, para encontrar al responsable.

El Acuerdo sobre el Estatuto de las Fuerzas (SOFA, según sus siglas en inglés), la promesa formal de Estados Unidos al Gobierno de Irak sobre el trato de nuestras tropas al país y sus ciudadanos, era papel mojado en ese momento. Pusimos todo el barrio patas arriba, no tanto para hallar al atacante como para castigar a la población. Estábamos poseídos por la furia, pues no había tiempo para la tristeza. Echar abajo las puertas podía haber sido una forma racional de buscar al culpable, pero destrozar habitaciones y dejar inservibles los objetos personales de la gente era el modo de asegurarnos de que el barrio sufriría durante el tiempo que habría durado el último turno de guardia de Rieckhoff. A lo largo de doce horas traspasamos todos los límites de la sed de justicia y nos entregamos al castigo colectivo. La noción del castigo colectivo es una de las primeras cosas que se aprenden en el ejército: si una persona de entre treinta mete la pata, las treinta se ponen a hacer flexiones. La lección de que los actos de un individuo afectan al grupo se inculca de tal manera a los soldados, tan profundamente, que estos ni siquiera se dan cuenta de que la han interiorizado. Asegurarse de que un individuo no cometa un error, de que no se quede atrás o resulte muerto se convierte en una responsabilidad colectiva, y eso también significa que aprendemos a considerar que infligir un castigo colectivo a los demás es algo normal. Si alguien nos atacaba, toda la comunidad se podía ir a la puta mierda. Cuando la ira es tan grande y poderosa, dicho castigo parece necesario. En esos momentos todo se gestiona con la parte reptiliana del cerebro que procesa el estrés y los sucesos traumáticos, y lo único que quiere el ser humano es venganza, absoluta e indiscriminada. «Formo parte de un "nosotros" y eso que hay ahí fuera es un "ellos"», piensa un soldado. Aquella noche yo no tenía una tarea, sino una misión: desquitarme con «ellos» por mi ira, mi dolor y mi frustración.

En Irak sentía esta clase de ira cuatro o cinco veces por semana. No conocía a Rieckhoff personalmente, solo lo había visto una o dos veces. Sin embargo, al igual que los demás, estaba ciega de furia. Él era uno de los nuestros. La furia, sin embargo, no conseguía enmascarar el hecho de que todos teníamos miedo.

Trabajamos veinticuatro horas seguidas y lo único que logramos fue reducir la lista de sospechosos a tres personas. Recopilamos la información disponible sobre aquellos individuos utilizando todas las herramientas a nuestro alcance. Hoy sigo sin tener ni idea de cuál de los tres lo hizo, o si realmente lo hizo alguno de los tres. La idea de que tal vez yo habría podido impedirlo, la posibilidad de que el proyectil lo lanzase alguien cuyos pasos yo ya estaba vigilando, aún me revuelve las entrañas.

Capturamos y detuvimos a aquellos hombres y se los entregamos al Gobierno iraquí. No hacíamos un seguimiento de la gente una vez que los «apartábamos» del «campo de batalla», por emplear la terminología acuñada. Solo había que matarlos o capturarlos y el problema quedaba resuelto. En aquel entonces no me importaba si esa era la forma correcta de proceder o no. Con suficiente dolor, adrenalina y miedo en el cuerpo, todos podemos convertirnos en personas amorales e incluso en malas personas.

Hacia la primavera, el calor se volvió insoportable, con temperaturas que a veces llegaban a alcanzar los treinta y ocho grados. Se acercaba el final de nuestro despliegue hasta habíamos empezado una cuenta atrás de los días que faltaban en una pizarra gigante, pero todo el mundo estaba aún muy tenso. Llevábamos allí demasiado tiempo, viviendo situaciones límite demasiado a menudo. Cada vez eran más frecuentes las peleas por relaciones que no iban bien, por infidelidades, por trabajo, con el estrés de la guerra planeando por encima de todo. Hacia el mes de abril empezamos a llevar a la gente a una habitación separada, les quitábamos las armas y dejábamos que lo arreglasen a puñetazos, literalmente, sin la presencia de un oficial.

El odio que me tenía la Administradora se había cronificado. Me llamaba «maricón» con regularidad, me ponía en evidencia delante de los oficiales e intentaba volver a la gente contra mí. Mientras estaba de permiso, alguien había grapado una hoja de papel de veintidós por veintiocho centímetros en mi cubículo con un texto que decía «RETRASADOS: TODOS CONOCEMOS A ALGUNO». Mientras, la Administradora había pegado otra hoja similar en el suyo con el título «LISTA DE OBJETIVOS DE LA OFICINA», con una lista de objetivos que incluía «gilipollas» y «nenazas». Empecé a catalogar los insultos, no solo contra mí y no solo los homófobos. En una reunión con tres compañeros, estos dieron a entender que el presidente Obama no podía ser un buen líder por ser de la raza que era y por su supuesto origen no estadounidense. Alguien añadió que, cada vez más, el país estaba gobernado por «negros y extranjeros» y los tres estuvieron de acuerdo en que eso era un problema.

Una mujer joven de origen asiático que se había incorporado a nuestra unidad justo antes del despliegue era objeto de burlas e insultos con mayor frecuencia aún que yo. En cuanto llegó, la gente empezó a meterse con ella. Ponían la excusa de que era novata e inexperta, pero nunca he visto a nadie en un entorno laboral ser tratado con un racismo y un sexismo tan obvios.

Siento una simpatía instantánea por quienquiera que sea víctima de acoso, humillaciones o cualquier tipo de tormento solo por ser diferente. Llevo toda la vida lidiando con esa clase de trato vejatorio. Presenté una queja informal: a finales de febrero acudí a la Oficina para la Igualdad de Oportunidades en el Empleo del equipo de combate de la 2.ª brigada para intentar acabar con el *bullying* de forma discreta. Sin embargo, en lugar de mejorar, las cosas fueron a peor: los acosadores —que habían sido reprendidos directamente por un oficial— empezaron a mostrarse amables, derrochando sarcasmo y haciendo teatro, con la mujer y conmigo, alabando nuestro trabajo en tono socarrón. Se trataba evidentemente de una especie de represalia: pensaban que era la soldado quien había presentado la queja y la situación empeoró para ella.

La soldado acudió a un sargento y, entre lágrimas, le dijo que se sentía humillada e impotente, castigada por algo que ni siquiera había hecho. El sargento me pidió que aclarase que había sido yo quien había acudido a la oficina. Redacté un memorando formal que recogía una conversación que había oído sin querer: los acosadores comentando un plan para escribir sobre «la conducta y la actitud poco militar» de la soldado. Creían de manera explícita que la actitud estaba relacionada con su autoestima, cada vez más baja, y hablaban de querer destrozar su carrera como venganza. También decían que «determinados individuos» eran demasiado sensibles, que tenían «la piel muy fina», pero entonces uno de ellos desestimó con sorna el uso de «tener la piel muy fina» por ser una frase que alguien demasiado susceptible podría considerar ofensiva. Al final decidí no presentar mi queja, pues no había habido más represalias.

En el trabajo, yo tenía la cabeza en otro sitio y la gente empezó a darse cuenta. Más adelante, en mi expediente oficial figuraban comentarios sobre la cara inexpresiva que ponía a veces esa primavera cuando me hacían una pregunta. En lugar de ver en eso indicios de una crisis de salud mental, mis superiores lo percibían como una «muestra de falta de respeto e interés». A mí me invadía la inquietud de que mis filtraciones no estuviesen teniendo el impacto que quería, que todo aquello no hubiese servido para nada, que no le hubiese abierto los ojos a nadie. Que no fuese a haber una reacción de protesta lo bastante potente como para buscar culpables.

Mandé a mis amigos un enlace al vídeo de «Asesinato colateral» y le pregunté a Dylan en un canal de mensajería instantánea si la gente hablaba de él. Envié una solicitud de amistad en Facebook a Ethan McCord, uno de los soldados que aparecían en las imágenes, un hombre que actuó de forma honorable rescatando a los niños después del violento episodio. McCord había comparecido ante los medios para decir que el incidente —y el posterior encubrimiento de lo ocurrido, cosa aún más importante— le había causado una profunda decepción. «Después de lo vivido en Irak, pienso que no deberíamos ni siquiera estar presentes en esos países, librando guerras. Esta es una guerra de agresión, de ocupación. Para mí, no tiene nada de justificable —declaró a la revista *The Nation* ese verano—. Y esto no lo afirma alguien sentado en su sofá diciendo "es mi opinión" o "estoy convencido de esto". Lo afirma alguien que estuvo allí». A McCord lo enviaron de vuelta a casa antes de tiempo. Los ataques con artefactos explosivos improvisados le habían dejado una lesión en la parte inferior de la columna y un traumatismo cerebral, pero en lugar de firmarle una baja médica, el ejército aseguró que lo habían dado de baja por un trastorno de la personalidad preexistente. Esto significaba que no podría recibir las prestaciones por incapacidad de los veteranos. Me identificaba mucho con él y quería formalizar de algún modo esa conexión, aunque fuese solo en Facebook. McCord confirmó mi solicitud, pero como la de un simple contacto más. Él no tenía ni idea de que yo lo había arriesgado todo para obtener las pruebas de lo que él había vivido y hacer que saliesen a la luz.

No veía la hora de que terminase mi despliegue, como tampoco veía cuál iba a ser mi futuro a partir de entonces, pero lo que sí sabía era que no quería seguir llevando la misma vida. Quería que todo, absolutamente todo en mi vida fuese distinto. Empezó a darme rabia la gente que volvía a su casa cada día después de la oficina, gente capaz de desconectar del trabajo, gente que no estaba en Irak. Mi cabeza no dejaba de darle vueltas a una idea: me moría de ganas de irme de allí para poder dormir durante varios días. Lo único que deseaba era que, de algún modo, todo saliese bien; que, de algún modo, lograse ser feliz, e ignoraba por completo cómo podía llegar a conseguirlo.

La publicación de las filtraciones rompió una especie de dique en mi interior. Quería poner fin a la era de los secretos en mi vida. En abril, a los pocos días de la publicación de «Asesinato colateral», envié un correo electrónico al sargento primero Adkins en el que adjuntaba la selfi que me había hecho en febrero en el centro comercial de Tysons Corner, en la que aparecía con una peluca rubia y los labios pintados. Nombré el archivo como «Breanna.jpg». «Este es el problema que tengo —escribí—. Hace mucho tiempo que convivo con las señales. Me ha causado problemas con mi familia. Creía que una carrera en el ejército eliminaría el problema para siempre. No se trata de llamar la atención y he intentado con mucho, muchísimo empeño librarme de él poniéndome en situaciones en las que eso fuera imposible, pero no desaparece. Me atormenta cada vez más a medida que van pasando los años. Ahora las consecuencias ya son terribles, ha llegado un momento en que el problema en sí me está causando un tremendo sufrimiento». Le dije que toda mi vida me parecía «una pesadilla que no se acaba nunca». Quise borrar el mensaje después de enviarlo —me arrepentí inmediatamente—, pero ya era demasiado tarde.

En la unidad, mis superiores, tanto de la sección de inteligencia como de la de operaciones, hicieron caso omiso de la foto y del mensaje de correo. Yo era demasiado útil para la unidad. En lugar de proporcionarme el tratamiento que necesitaba o facilitarme una baja por incumplimiento de la política del ejército, la comandancia me envió a hablar con un sacerdote. Una vez más, era alguien a quien no podía dirigirme con total sinceridad.

Aún seguía pensando en Dylan, como siempre. Él jugaba conmigo —«Pensando en ti, cariño», escribió en mi muro de Facebook en marzo, una declaración pública de afecto—, pero raramente respondía a mis llamadas o mensajes de chat. Subí un post a Facebook reconociendo el estrés agotador que me había causado el hecho de tenerme «pendiente con esta ambigüedad durante meses y meses». Yo lo intentaba sin parar, exponiéndome en carne viva con toda mi vulnerabilidad. Sin embargo, él había pasado página. A finales de abril decidió dejármelo claro de una vez por todas. «Lo nuestro se ha acabado —me escribió en un mensaje—. Es definitivo. Hemos terminado».

Me quedé destrozada. «Cuando hay un final irreversible, al menos encuentras algo de paz en este mundo de mierda —escribí en Facebook después de la ruptura final—. ¿Qué tengo esperándome en casa? Está claro que la respuesta es "nada"».

No aguantaba más: necesitaba confesar. Alguien tenía que escucharme. Escribí un mensaje en Facebook a Jonathan

Odell, un novelista cuya prosa admiraba —había escrito sobre el hecho de ser gay en una ciudad conservadora del sur— y le pregunté si podía hablar con él en confianza. Le dije que había participado en «algunos sucesos de gran repercusión pública, aunque como persona anónima por el momento». Odell leyó mi página de Facebook, repleta de información sobre mi desengaño amoroso con Dylan y la alienación que sentía en el trabajo, y un artículo que le envié, una entrevista anónima que Lucas me había hecho para el *Washington Blade* sobre la vida conforme a la ley del «No preguntes, no digas». Odell me escribió diciéndome que creía que entendía lo que estaba contándole. «Lo de Facebook es solo la punta del iceberg», le contesté. Pero nuestra conversación no fue a ninguna parte.

Los mensajes de Louis continuaron siendo una fuente regular de apoyo emocional, pero otras personas de mi vida se volvieron más distantes. Intenté llamar a la gente que había conocido en Boston. Nadie me contestó. En el este de Bagdad cada vez hacía más calor. Era como si el mundo estuviese hirviendo.

«No soy una pieza de una maquinaria», escribí en mi muro de Facebook. Quería que se me reconociera mi humanidad, que se recordara. En aquel entonces, con tanta testosterona en mi organismo, nunca lloraba, solo me enfadaba. Una tarde ya no pude más, así que me metí en un almacén donde corría a esconderme a veces para dar puñetazos a las cosas, para tirarlo todo al suelo, para desahogarme en privado. «QUIERO IRME A CASA», intenté garabatear con mi navaja Gerber en la única silla tapizada con vinilo que había en el almacén. Llegué a escribir «Quiero» antes de darme cuenta de que, más que furiosa, estaba agotada. Me hice un ovillo en el suelo junto a la silla, en posición fetal. Al cabo de una hora, alguien se dio cuenta de mi ausencia. Adkins vino a hablar conmigo. Me escuchó mientras le contaba el sufrimiento que sentía. Se mostró comprensivo, pero yo ya estaba en un punto en el que las actitudes comprensivas no me importaban nada. Me envió de vuelta al trabajo.

Adkins redactó un informe sobre mí a finales de abril. Yo le había dicho que perdía la noción del tiempo y que tenía la sensación disociada de verme a mí misma en una pantalla. Escribió que me callaba en la mitad de una frase en plena conversación y me quedaba con la mirada perdida, en blanco, cuando me hablaban.

La Administradora y yo al final la tuvimos. En ese punto ya llevaba un año hostigándome para que hiciera lo que ella quería, recordándome, cada vez que me llamaba «maricón», que tenía poder sobre mí. Y entonces me cogió el teléfono y descubrió que era trans. Un material nuevo y jugoso para ella. «¿Por qué no te castras tú mismo?», me soltó. Exploté. Era como si hubiese encontrado una llaga abierta y me hubiese metido el dedo presionando con empeño. Hice amago de darle un puñetazo. Ella era más corpulenta que yo, en cambio, yo era más rápida y más fuerte. Me bloqueó con el cuerpo, pero le di con todas mis fuerzas y le hice daño de verdad. Darle aquel golpe —y poder desahogarme— me sentó muy bien. Hasta que alguien nos separó y el mazazo cayó sobre mí, y no sobre ella. Un buen mazazo, además.

Como castigo, me degradaron temporalmente de soldado especialista a soldado raso de nuevo y me sacaron de la SCIF a principios de mayo. Adkins ordenó que me retiraran el cerrojo de mi arma. El psiquiatra de la base Hammer me diagnosticó un «problema ocupacional y un trastorno adaptativo con un cuadro de perturbación emocional y de conducta» y recomendó que me diesen de baja. Me asignaron un puesto provisional en el almacén de suministros. Era la peor tarea para alguien en mi situación. Me sentía inútil y me moría de aburrimiento sin nada en que pensar más que en mi propio sufrimiento y mi soledad. Por las noches, en la oscuridad, tratando de conciliar el sueño sin conseguirlo, me carcomía la preocupación por las represalias del gobierno cuando descubriera las filtraciones, por qué pasaría si se abría una investigación, hasta qué punto entrarían en detalles técnicos. Yo sabía que los investigadores podrían determinar que el origen de las filtraciones estaba en nuestra oficina, en el este de Bagdad. Empecé a pensar que luego emprenderían una caza de brujas, que el asunto salpicaría a mis colegas, señalados por simple asociación, y que sus vidas privadas serían sometidas a un intenso escrutinio. Yo no quería cargar con ese peso sobre mi conciencia.

Tuve una idea. Adrian Lamo, un hacker muy conocido cuyo nombre figuraba en la lista de personas que prestaban apoyo económico a WikiLeaks, era un activista queer: era bi y tenía un ex que era transgénero, alguien que había transicionado de hombre a mujer, y otro ex que era agente de contrainteligencia. En un momento dado, el gobierno lo había sometido a arresto domiciliario por haber hackeado el periódico *The New York Times*; desde entonces se especulaba con que había llegado a un trato con el FBI para colaborar con ellos como confidente.

Las cuestiones de identidad que teníamos en común me proporcionaron una vía para abordarlo y hablar de lo que ocurría. Yo estaba al tanto de sus más que probables vínculos con el FBI, sabía con seguridad que nuestras comunicaciones encriptadas iban a ser monitorizadas y que cualquier cosa de la que hablásemos quedaría registrada y grabada para siempre. Había llegado la hora de que alguien me escuchara. El 21 de mayo empezamos a chatear.

Dos días después de que empezásemos a hablar, Lamo se puso en contacto con los federales a través de un amigo y ellos le fueron proporcionando preguntas para mí. Desde entonces, una investigación de la revista *Forbes* ha revelado que trabajaba para algo llamado Project Vigilant, un contratista semisecreto del gobierno que vigila los movimientos de los proveedores de servicios de internet y facilita al gobierno la información que obtiene. Según ese relato, Lamo primero le habló a su jefe de mí, y el supervisor de Lamo le dijo a *Forbes* que lo había presionado para que me denunciara a instancias de la comunidad de inteligencia. Se trata de una afirmación cuya veracidad no he podido verificar todavía y tengo mis dudas acerca de que fuera así como sucedió realmente. (La comunidad hacker odiaba a Lamo por lo que hizo. Su vida tuvo un trágico final. Tenía un historial de adicciones y murió de forma repentina en 2018).

No había pasado ni siquiera una semana desde que empecé a hablar con Lamo cuando me convocaron para que acudiera a una sala de reuniones. Dos agentes de la División de Investigación Criminal del Ejército me aguardaban allí para interrogarme y llevarme con ellos, acompañados de un grupo de civiles del Departamento de Estado y del FBI.

Yo ya estaba lista. Había recibido el aviso con seis horas de antelación. Dio la casualidad de que tenía muy cerca a alguien de la sección de operaciones de vuelo que mencionó de pasada la llegada de un vuelo vip procedente de la embajada. La última vez que había sucedido eso se trataba del Departamento de Investigación Criminal, que acudió a la base por un caso de agresión sexual; supuse que la llegada del vuelo significaba que estaban a punto de someter a alguien a un consejo de guerra. Sabía que lo más probable era que los federales viniesen por mí. Sobre todo, recuerdo tener un hambre voraz y que me puse a fumar un cigarrillo tras otro cuando se acercaba el avión, pensando en lo que pasaría a continuación. Aquello era el final; iba a volver a casa marcada por el oprobio, pero iba a volver a casa.

Eran inconfundibles. Unos tipos vestidos con traje —que incluso llevaban Glocks y M9— llaman mucho la atención en una base militar. Lucían zapatos recién lustrados en medio del desierto polvoriento; recuerdo mirar esos zapatos y pensar: «Estáis perdiendo el tiempo». Me dieron una renuncia para que la firmara y solicité un abogado, pero no me esposaron en ningún momento. Nos fuimos todos al comedor a tomar algo, una comida que me pareció normal, incluso relajada, con una conversación distendida sobre las trivialidades habituales. Sería la última vez que comería en Irak y mi última comida fuera de la cárcel durante años.

12

Base aérea de Ali Al Salem, Kuwait
Mayo de 2010

En realidad, la primera vez que me pusieron unas esposas fue en el vuelo del Aeropuerto Internacional de Bagdad a Kuwait. Esa fue mi primera cárcel, supongo. Sin embargo, las esposas flexibles de plástico eran más bien una medida puramente cosmética. Todo el procedimiento en sí parecía un elemento más de la brusca burocracia militar, un episodio decepcionante que no auguraba para nada la que se convertiría en la etapa más angustiosa de mi vida. Los guardias —soldados a los que conocía de hablar con ellos en torno a la hoguera del patio de la base Hammer— hacían bromas delante de mí para aliviar la tensión. Nos decíamos unos a otros frases de películas, de esas comedias de los noventa que usan los compañeros para romper el hielo o para evitar momentos incómodos en casi cualquier situación.

Aquello chicos ni siquiera sabían por qué me habían detenido. La investigación se había llevado en secreto; incluso mi delito estaba clasificado, y les habían ordenado que no me preguntaran nada. Yo tampoco les hice ninguna pregunta. No había pegado ojo en muchas horas y apenas había comido.

Mis necesidades fisiológicas inmediatas eran más imperiosas que ponerme a pensar en el futuro. Tenía que ir al baño. Y fumarme un cigarro. El mono por la falta de nicotina me había dado muy fuerte y muy rápido.

La base aérea de Ali Al Salem, el lugar donde aterrizamos en Kuwait, es un complejo de enormes dimensiones que se utiliza como zona de espera temporal para los soldados que entran y salen de Irak y Afganistán. La base está llena de locales comerciales, por ejemplo, un McDonald's, diseñados para que los soldados estadounidenses se sientan como en casa. Al llegar, los soldados me llevaron a un área separada, donde vino a verme un sacerdote. «¿Necesitas ayuda espiritual?», me preguntó. No se me ocurría nada que pudiese apetecerme menos en ese momento. Lo que de verdad quería era una hamburguesa con queso, que alguien me trajo. Tuvieron el detalle de preguntarme qué guarnición me apetecía, pero nadie me ofreció un cigarrillo.

Ir al baño estando bajo arresto resultó ser una operación un tanto delicada. La dignidad es importante en una institución como el ejército; hasta un soldado detenido lleva el uniforme igual que los demás. No me hicieron desfilar ante nadie ni me sometieron a ninguna clase de escarnio, sino que parecían decididos a minimizar en lo posible mi exposición pública, ya fuera por mi propia intimidad o por preservar el secreto militar, no lo sé. Sin embargo, los baños son zonas comunes, lo que suponía un reto. Al final, los guardias decidieron que podía entrar sin las esposas, eso sí, con un escolta. Me conocían y sabían que podía ser muy pelma, pero no había ningún riesgo de que intentase fugarme.

Esa noche me dejaron dormir un par de horas, en una tienda, con mis dos escoltas. Aquella cabezada no fue nada cómoda, pero la necesitaba desesperadamente. A la mañana siguiente tomamos el autobús que me llevaría a la siguiente parada, Camp Arifjan.

En primavera, la temperatura en Kuwait era de 48 grados. Tenía la sensación de caminar por el lodo directamente hacia el infierno, despacio. Mis escoltas me dejaron en manos de los sargentos de Marina (la policía militar de la Armada estadounidense) en el centro de detención de Theater Field, un lugar con un nombre muy dramático, pero que solo son dos vallas de alambrada alrededor de un conjunto de tiendas. Después de tres horas de trámites —un reconocimiento médico, otro sacerdote al que quitarme de encima, un examen superficial de mi salud mental, unos formularios burocráticos indeterminados—, quedé oficialmente bajo custodia de la Armada, que era la que dirigía el complejo. Me retiraron las insignias de velcro que indicaban mi rango. Durante el proceso, ni siquiera se me ocurrió mencionar mi disforia de género, que tanto se me había agudizado hacía apenas unos días. Me hallaba en un nebuloso estado de disociación, había desconectado y volvía a someterme a las reglas militares más básicas: simplemente seguir órdenes.

Al principio, la Armada me trató como a un preso común de la cárcel general. Me confinaron en una tienda junto a otros dos detenidos. No íbamos esposados y teníamos acceso a la ducha y a la televisión. Leíamos novelas baratas, jugábamos a las cartas y a juegos de mesa y veíamos cintas de VHS. Nos quejábamos de la comida y hablábamos de todo menos de lo que nos había reunido a los tres en aquella tienda. Yo existía únicamente en el presente perpetuo, sintiendo tan solo necesidad de comer, dormir, disponer de un sitio fresco y fumarme un cigarrillo que aún no me había dado nadie. No tenía ninguna conexión con el futuro, ninguna capacidad de imaginar siquiera lo que este me deparaba.

Eso cambió en cuanto hablé por teléfono con el abogado militar que me habían asignado. La llamada no resultó demasiado clarificadora: me dijo que no disponía de información detallada, que no podía hablar mucho rato conmigo y que, con el fin de protegerme, yo tampoco debería hablar más de la cuenta con él por teléfono. Sin embargo, también hizo alusión a mi acceso a las armas y a material clasificado; mencionó la palabra «cárcel». Empecé a contemplar las posibles consecuencias más allá de la expulsión con deshonor del ejército. A pesar de tanta incertidumbre, seguí con mi vida en una especie de animación en suspenso.

Casi una semana después, varios sargentos de Marina acudieron a mi tienda y me dijeron que recogiese mis cosas. Di por sentado que algún alto mando había cambiado de opinión respecto a la amenaza que yo representaba. Los oficiales me dieron un recipiente de plástico en el que guardar mis escasas pertenencias. Me lo confiscaron y me condujeron a la zona de las celdas de aislamiento.

Aquello no se parecía a ninguna celda carcelaria que hubiese imaginado jamás: dentro de la tienda había una jaula enorme, como si fuera para un animal de gran tamaño.

Los oficiales me metieron en la jaula y se fueron tras cerrar la puerta a su espalda. «¿Por qué? —les pregunté—. ¿Qué ha pasado? ¿Qué es lo que ha cambiado?». «No podemos decírtelo», contestaron. ¿Cuánto tiempo iba a estar allí dentro? No hubo respuesta. Dos horas más tarde, cuando alguien entró en la tienda, concebí la fugaz esperanza de que me trasladarían de nuevo a la tienda anterior, con los otros presos. Lo que hicieron en cambio fue llevarse los cordones de mis botas. Llevarse mi cinturón.

Nunca me había sentido tan al borde de la asfixia como encerrada en aquella jaula de acero. Se suponía que la tienda estaba diseñada para repeler el calor del sol, pero el efecto era claustrofóbico. Había dos aparatos de aire acondicionado, ninguno de los cuales funcionaba bien. Era la época más calurosa del año, en la zona más calurosa del mundo, e iba a permanecer recluida allí dentro durante cincuenta y nueve días.

Ya no estaba ausente, ni en una nube de aturdimiento. Me bullía la sangre de puro terror catastrofista y soledad animal.

Al mismo tiempo, mi sentido de la realidad se fue debilitando. No podía ver, recordar ni imaginar nada más allá de la jaula. Mi mundo se había visto reducido a unas fauces metálicas de dos metros y medio por dos metros y medio que se cerraban a mi alrededor. La policía militar me traía comida tres veces al día. La aparición del desayuno —a base de bollos con huevo y salchichas y tortitas con un paquetito de plástico con sirope— era la única forma que tenía de saber qué hora era. Me quedaba mirando la botella de agua que me habían dado; era de una empresa embotelladora kuwaití, Rawdatain, y la etiqueta estaba en árabe. Me la quedaba mirando durante tanto rato que al final hasta le encontré la gracia: no me llegaba más que eso del exterior y ni siquiera podía leer lo que decía. Contaba el número de objetos de mi celda y volvía contarlos. Contaba el número de agujeros de la celda metálica. En la jaula se leía HECHO EN FORT WAYNE, INDIANA. A mi alcance solo tenía esa etiqueta que poder mirar, que poder leer, en lo que pensar. La soledad en la que me hallaba era profunda y compleja, y creaba una sensación de aislamiento cada vez más intensa. Allí no había internet para ofrecerme una vía de escape a un mundo fuera de mis propias circunstancias, ni personas anónimas al otro lado de la pantalla y del teclado que pudieran brindarme algún contacto humano. Estaba atrapada como un animal y al final me veía reducida a comprobar que lo único que me importaba eran mis necesidades más puramente animales.

Aquello no se parecía a nada de lo que había vivido o imaginado. Pensaba que tal vez me habían hecho desaparecer. Pensaba que podían hacerme cualquier cosa y nadie llegaría a enterarse nunca. Los guardias se pasaban por allí un momento y, al marcharse, con toda la tranquilidad del mundo comentaban: «Vas a estar aquí mucho tiempo. A lo mejor te mandan a Cuba, o a Camp Lemonnier, en Yibuti. Allí hacemos cosas malas». Me imaginaba que acabarían conmigo de forma discreta. Pensaba que iba a morir allí dentro y creía que ese era precisamente el objetivo.

En mi cabeza, el encarcelamiento no estaba relacionado con las filtraciones ni con las consecuencias que podían haberse derivado de ellas. En algún momento, las filtraciones dejaron de ser una preocupación diaria; luego las olvidé por completo. La parte de mi cerebro que comprendía los silogismos y las afirmaciones lógicas, la que contemplaba la relación entre el pasado y el futuro, se había atrofiado. Todos los recuerdos que tengo de esos días son traumáticos: recuerdos borrosos en los que me cuesta mucho pensar.

La mayor parte de la jaula la ocupaba una cama individual o «catre», como se le denomina en la Armada. Había un inodoro y un estante, y un espacio muy reducido para poder andar, pero yo me movía lo máximo posible para calmar mi mente. Hacía los ejercicios básicos que había aprendido en la instrucción: flexiones, sentadillas, saltos de tijera, escaladores, abdominales… Me decía el nombre de cada ejercicio, contaba las repeticiones. No había oscuridad en ningún momento. La luz artificial, suministrada por un generador, iluminaba la tienda día y noche. Al principio me costaba dormir, pero el sueño no tardó en convertirse en lo único que deseaba. Al final me dejaron leer lo que fuera que hubiese a mano —Tom Clancy, John Grisham, Danielle Steel—, aunque me resultaba casi imposible concentrarme.

Es difícil saber cuándo empezó el síndrome de Estocolmo. Pese a la crueldad con la que me trataban, los guardias eran mis mejores amigos porque me daban comida. Me daban agua. Hasta me dejaban tomar zumo de naranja a veces. Uno de los guardias era especialmente agresivo. Hacía ademán de darme la bandeja de comida y luego, en cuanto yo alargaba la mano para cogerla, la retiraba. Se meaba de risa. En aquel ambiente de burla constante perdí la perspectiva de las cosas. Imaginaba perversamente que los guardias que no se regocijaban siendo crueles conmigo eran la bondad y la integridad personificadas.

Dos o tres veces al día, los guardias me sacaban de la celda y la ponían patas arriba, destrozándolo todo. Su pretexto era que debían asegurarse de que no hubiese adquirido material de contrabando ni revelado secretos, cuando en realidad la maniobra estaba diseñada para desestabilizarme. Ninguno de ellos me decía nunca lo que estaba pasando en el mundo, pero al cabo de aproximadamente un mes, vinieron a verme un psicólogo y un sacerdote. Yo no tenía ni idea de la clase de acusaciones a las que me enfrentaba ni de las consecuencias de mis acciones y ellos se negaron a responder ninguna de mis preguntas al respecto. Así que, en vez de eso, decidí preguntarles quién iba ganando en el mundial de fútbol y me enteré de las novedades sobre el vertido de petróleo del Deepwater Horizon en la costa de Luisiana que se había producido poco antes de mi arresto. Era una sensación muy rara pasar de estar completamente al tanto de las noticias, cada segundo del día, a no tener prácticamente ninguna información procedente del mundo exterior.

Abandonaba la tienda muy de vez en cuando, con las esposas puestas, para darme una ducha. Aquello era más bien lavarse como los gatos, porque me dejaban los grilletes puestos, así como la ropa interior: humedecía una toalla y me aseaba con ella, pero no podía ponerme bajo la alcachofa de la ducha.

Hacia finales de junio ya ni siquiera me reconocía en el espejo. Como en la instrucción básica, me habían deconstruido, hecho pedazos y reconstituido, esta vez en forma de persona incapaz de funcionar. Un día empecé a balbucear, a gritar y a darme cabezazos contra la pared. Tuvieron que intervenir los médicos. Recuerdo que eso sucedió. No reconozco a la persona de esos recuerdos.

Creía que me dejarían dentro de aquella jaula para siempre. Que nunca vería el cielo cuando quisiera, que no volvería a ver pájaros o a mi familia nunca más. Me pasaba día y noche lamentándome, pensando en las cosas a las que no había sabido dar la importancia que tenían. Había descuidado la relación con mi hermana. Le había dicho cosas que no debía a Dylan, lo había apartado de mi lado. No debería haber dejado mi empleo en Starbucks ni haberme metido en el ejército. Debería haber seguido yendo a la psicóloga en Washington; debería haber transicionado. No había dado a la libertad la importancia que merecía.

Quería que todo aquello terminase porque pensaba que mi vida había acabado. Moriría sin reconocer ni vivir una vida coherente con mi género. En los informativos de todo el mundo aparecería una foto representando a alguien que no era yo. Mi nombre sería un necrónimo universal en toda la prensa. Tenía el corazón hecho pedazos, igual que las demás partes de mí. La convicción de que no podría seguir adelante sin transicionar solo era comparable a la certeza de que nunca saldría de aquella jaula.

Unas semanas después empecé a pensar que ya estaba muerta y que la jaula era mi vida en el más allá. Ya no tenía miedo de que me matasen, pues estaba segura de que lo habían hecho ya. Casi a modo de experimento me fabriqué una soga con las sábanas.

Visto en retrospectiva, habría sido físicamente imposible que funcionase. Era una especie de grito conectado a mi esencia más primaria. Cuando entraron los guardias para su inspección rutinaria, que llevaban a cabo cada quince minutos, se dieron cuenta de lo que había intentado hacer. Me pusieron en régimen de prevención del suicidio y me diagnosticaron depresión, ansiedad y disforia de género. Los oficiales me dijeron que pidiera ayuda si volvía a tener esa clase de pensamientos, algo que resultaba difícil de aceptar como expresión sincera de apoyo y consuelo, teniendo en cuenta que debía seguir permaneciendo bajo arresto en una jaula por un periodo indeterminado de tiempo.

A partir de ahí todo fue a peor. Ya no me dejaban usar ropa, sino que tenía que llevar una bata antisuicidio. Solo me daban comida que se pudiese comer con las manos: perritos calientes, patatas fritas, etcétera. Me servían las patatas en un plato de papel; ya ni siquiera me dejaban tener una bolsa de plástico. No hubo más duchas. A lo largo del siguiente mes no salí de la jaula ni una sola vez. Estaba bajo vigilancia constante. Había una cámara fuera de la jaula para poder tenernos controlados tanto a los guardias como a mí. Los oficiales superiores empezaron incluso a cachear a los oficiales encargados de vigilarme, por si introducían o sacaban algo indebidamente de la celda. Me sujetaban para inmovilizarme mientras registraban la celda, protegidos con guantes de látex. Comprobaban todos los rincones, hasta el último centímetro, y sacaban fotos.

Un psiquiatra me recetó Celexa, pero mi cuerpo reacciona a los antidepresivos del tipo ISRS como si me inyectasen veneno. Los antidepresivos me ayudaban a calmar el cerebro, pero me causaban problemas renales. Me sangraba la nariz. Sufría náuseas que me impedían comer y no podía orinar; cuando lo hacía, orinaba sangre. A pesar de todo, tras consultarlo con mis médicos, decidimos que aquella era la mejor opción.

Con los antidepresivos dejé de sentir aquella resignación ante la muerte. Quería desesperadamente salir de la tienda. A veces conseguía escapar del estado de completa destrucción psicológica en el que me encontraba antes. Protesté por el trato que se me daba. No hubo ningún cambio. Uno de los psicólogos que vino a verme me dijo que, pasara lo que pasara, la ayuda que él podía prestarme era limitada. Luego las cosas adquirieron unos tintes más siniestros y empezó a decirme que, al margen de lo que ocurriera, yo era una buena persona, que él sentía respeto por mí y por quien era. Yo no sabía de lo que me hablaba. Estaba en una puta jaula. Ignoraba lo que habían desencadenado mis actos, lo que había salido en las noticias. Creía que había fracasado, que no había logrado sacar nada a la luz. Recordé el principio del *habeas corpus*, uno de los procedimientos más antiguos del sistema de derecho común inglés, que permite a toda persona denunciar que ha sido detenida ilegalmente y solicitar a un juez que se verifiquen las condiciones de la detención y se exija al gobierno su justificación para detenerla. Traté de conseguir una hoja de papel para solicitarlo, pero los guardias me la denegaron. Tras el intento de suicidio, los bolígrafos también estaban prohibidos.

Tenía la certeza de que llevaba encerrada en aquella jaula meses y meses, tal vez incluso un año. Y entonces comencé a recibir señales vagas de los guardias que indicaban que la situación estaba a punto de cambiar, indicios de que el tiempo que pasaría confinada en la jaula estaba a punto de terminar. Un oficial naval fue más explícito: «O te vas a Guantánamo o te llevan al USS Boxer», un buque que, después de la decisión de Obama de dejar de enviar a detenidos por terrorismo a Guantánamo, había servido de cárcel flotante para al menos un somalí vinculado a Al Qaeda. El oficial me dijo que me habían declarado combatiente ilegal enemigo, la turbia clasificación legal que la Administración Bush había empleado contra los detenidos, también si eran ciudadanos estadounidenses, en la «guerra contra el terror». La clasificación los despojaba de sus derechos a un debido proceso, a contar con la ayuda de un abogado, a solicitar una fianza y a un proceso justo y sin dilaciones. Era una táctica que habían tumbado los tribunales — el oficial me estaba vacilando— y una parte de mí sabía que no era legal, pero aquellos guardias eran la única fuente de información de la que disponía. Me convencí de que me estaba diciendo la verdad, de que el ejército había encontrado una manera de despojarme de mis derechos. Resultaba reconfortante tener una confirmación de algo, aunque fuese de mis peores temores.

A finales de julio, la organización de WikiLeaks había subido a su web setenta y cinco mil registros de lo que luego se conoció como los «diarios de guerra de Afganistán», y *The Guardian*, *The New York Times* y *Der Spiegel* los copublicaron. (Los documentos de Irak serían publicados más tarde.) La opinión pública, que ya empezaba a dar signos de estar volviéndose en contra de la guerra, se vio sacudida aún más por los hechos que revelaban los documentos:

Las repercusiones de la divulgación de los SIGACT afganos fueron inmediatas y profundas. Los documentos demostraban, de manera inequívoca e irrefutable, el desastre que era todavía aquella guerra. Una vez revelada, era imposible ocultar o negar la verdad: aquel horror, aquel conjunto de *vendettas* mezquinas cubiertas con el velo de la corrupción, eso sí era la verdad de la guerra.

Las filtraciones se convirtieron en el punto de partida de un intenso y amplio debate sobre cómo debía participar Estados Unidos en los conflictos internacionales y sobre cuánta información merecía conocer la población acerca de la forma en que el gobierno actuaba en su nombre. Yo había cambiado los términos del debate, había abierto el telón.

Pero mientras sucedía todo eso, yo no sabía absolutamente nada. Seguía encerrada en una jaula.

13

Quantico, Virginia
Julio-agosto de 2010

La publicación de las filtraciones cambió la estrategia del gobierno sobre el trato que debían dispensarme. A los cuatro días de la aparición de los SIGACT de Afganistán en los medios —después de dos meses en una jaula en Camp Arifjan, sin apenas ningún estímulo sensorial salvo un calor insoportable y las intermitencias del aire acondicionado— me trasladaron de celda. Hacia la hora de la cena, sin avisos ni explicaciones de ninguna clase, media docena de sargentos de Marina aparecieron ante mi jaula. Llevaban mi petate, cuyo contenido pasaron a inventariar en silencio delante de mí. A continuación, me sometieron a un exhaustivo reconocimiento médico. Después de tanto tiempo sin establecer ninguna interacción humana significativa, el súbito derroche de actividad me causó una confusión pavorosa. «¿Qué pasa?», le preguntaba a cada una de las personas que iban apareciendo. «No podemos decírtelo», me respondían todas.

Me subieron a uno de los todoterrenos de un convoy que había entrado en la cárcel a través de una poterna de acceso (una vía de salida para vehículos). Me senté en el asiento del centro, encajonada entre dos policías de la Armada, con grilletes en los tobillos y un «cinturón de transporte»: unas esposas fijadas a una cadena colocada alrededor de la cintura. Al caer la tarde nos pusimos en marcha, con todas las luces estroboscópicas encendidas. Cuando apenas llevaba recorridos unos doscientos metros, aquel desfile motorizado de esteroides se detuvo en un helipuerto. Me sacaron del todoterreno y me subieron a un helicóptero de la embajada. Tras un breve trayecto, embutida otra vez entre personal militar fuertemente armado, aterrizamos en la base aérea de Ali Al Salem. Me condujeron a un pequeño hangar y me llevaron a lo que parecía una sala de descanso. Dos hombres custodiaban la puerta fuera, otros dos dentro y otros dos se quedaron a mi lado.

Aún no tenía ni la más remota idea de lo que pasaba ni de por qué estaba en Kuwait. Hacia medianoche, alguien me trajo una botella de Coca-Cola y un bocadillo de albóndigas. Eché una cabezadita, allí mismo, en la mesa de una sala diminuta, en un hangar, en un aeropuerto de Kuwait. Me despertaron de golpe. Los guardias me espabilaron, me pusieron de pie y me arrastraron hasta un todoterreno que nos llevó a un chárter militar 747. Mi escolta de hombres armados y yo teníamos toda la parte superior para nosotros. La tripulación de cabina acudió para ofrecer bebidas, del todo indiferente al hecho de que yo fuera esposada.

Aterrizamos en Alemania, donde otro todoterreno nos depositó en la terminal de un aeropuerto. Estaba vacía y reinaba el silencio, no había apenas personal en los mostradores, las salas de espera se hallaban desiertas. Veía la siguiente terminal. El arco de seguridad lo custodiaban una docena de policías de la fuerza aérea fuertemente armados y vestidos con el uniforme completo de los equipos de élite SWAT, pero no había nadie más al otro lado. Esperamos allí una hora sin decir nada, hasta que me llevaron por la pasarela a la pista, me subieron de nuevo a un todoterreno y me condujeron otra vez al mismo avión. No tenía ni idea de cuál era nuestro destino hasta que aterrizamos en Baltimore.

«¿Algo que declarar?», me preguntó el agente en la antesala vacía de Aduanas. No podía dar crédito a que me hubiese preguntado eso en aquel contexto. «Pues... ¿no?», contesté. Luego fuimos en coche hasta Quantico, la base del cuerpo de marines en el norte de Virginia.

A pesar de las esposas, sentí un gran alivio por estar de vuelta en Estados Unidos. Pensaba que el trato que recibiría en suelo estadounidense tendría que ser absolutamente legal. Pero las reglas cambiaban a todas horas.

El día que llegué a Quantico, un sargento de artillería del cuerpo de marines me informó alegremente de que yo era su primera «celebridad».

«¡Sales cada dos por tres en Fox News!», me dijo, como si yo ya lo supiese. Mientras yo vivía en la jaula, en régimen de incomunicación total, el mundo había estado hablando de mí, de lo que había hecho. Los acontecimientos que yo quería que vieran la luz ya no estaban ocultos: estaban ahí fuera, eran objeto de debate y discusión. Pero en ese momento estaba demasiado superada por las circunstancias como para entenderlo y dejar que me importase. No había flashes triunfantes de reconocimiento para mí. Yo solo intentaba sobrevivir, minuto a minuto, tratando de comprender mis necesidades inmediatas y los riesgos a los que me enfrentaba.

Me pusieron en régimen de aislamiento al instante. Los marines se referían a ello como «segregación administrativa», eufemismo que volvería a oír en cárceles y prisiones, pero todo el mundo, desde los guardias hasta los investigadores de la ONU, lo reconocía como régimen de aislamiento. Empecé a tener la sensación de que siempre había estado incomunicada en una celda de aislamiento y de que iba a permanecer así el resto de mi vida. La soledad forzada en Estados

Unidos me parecía más permanente que en Kuwait. Las cosas eran un poco mejor, en teoría. En territorio continental estadounidense había aire acondicionado e instalaciones sanitarias. Mi celda medía dos metros y medio por dos, y tenía una cama, una fuente de agua y un retrete. Si ladeaba la cabeza en el ángulo adecuado, veía el brillo de una claraboya a través de una pequeña rendija en la puerta de la celda. Permanecía en aquella habitación veintitrés horas al día, un pequeño avance con respecto a las veinticuatro de Kuwait.

Sin embargo, los marines me vigilaban a todas horas. Los guardias venían cada cinco minutos a comprobar oficialmente cómo estaba. «¿Todo bien?», me preguntaban, una cantinela obligatoria. Tenía que responder en voz alta con un sí rotundo, no podía afirmar con la cabeza sin más. Las reglas daban risa, pero se las tomaban muy en serio. Los días de diario, los marines me despertaban a las cinco en punto de la mañana (los fines de semana podía dormir hasta las siete). Tenía prohibido dormir —no podía ni siquiera apoyarme en algo— hasta después del anochecer, a las ocho. Los guardias me ordenaban que me levantase si me veían sentada. Los marines anotaban de forma explícita todo lo que hacía. No podía tener objetos personales en la celda, si necesitaba el cepillo de dientes, las gafas o incluso papel higiénico, debía pedirlo. Un marine me lo daba y yo se lo devolvía en cuanto terminaba de utilizarlo.

Mis centinelas me organizaban la vida imaginando de qué maneras podía representar una amenaza para mí misma y eliminando luego dichas posibilidades. De noche, si no me veían mientras dormía —porque me había tapado la cabeza con una manta o incluso porque les daba la espalda—, los marines me despertaban zarandeándome para ver si seguía con vida. Allí tampoco me permitían vestirme con nada más que una bata acolchada antisuicidio, voluminosa, incómoda, que restringía mi libertad de movimientos, con un bóxer debajo.

Al cabo de unos días pedí unos calzoncillos nuevos. Daba igual cuántas veces los lavasen, yo seguía percibiendo el olor de Irak en ellos.

Los marines me quitaban la bata por las noches y me dejaban solo con el bóxer. Ni siquiera me permitían quedarme las gafas a la hora de dormir. Me traían mantas en un carrito y se las llevaban por la mañana. Durante un tiempo tuve prohibido usar almohada. Al final, decidieron darme un colchón que llevaba una cosida, de forma que no había riesgo de que me asfixiase con ella.

Las cosas siguieron igual a pesar de que unos días después de mi llegada, en agosto, un psiquiatra había declarado que no suponía ningún riesgo para mí misma. Me sacaron del régimen de prevención del suicidio y mi estado quedó rebajado a «prevención de lesiones», y aunque eso significaba que aquellas medidas punitivas y restrictivas eran opcionales, los marines decidieron mantener todas y cada una de ellas. El oficial que dirigía la cárcel había recibido la orden explícita de consultar con la cadena de mando cualquier decisión relacionada con el modo de tratarme, lo cual significaba que el Pentágono siguió muy de cerca mi reclusión durante la fase de instrucción del juicio.

Mi aislamiento era total. Un informe de Naciones Unidas publicado más adelante, tras una investigación de catorce meses, calificaba el trato que había recibido de «cruel, inhumano y degradante, una violación del artículo 16 de la Convención especial contra la Tortura». No podía ver ni hablarle a ningún otro preso, pues la mayoría de ellos ni siquiera estaban recluidos cerca de mí. Sin embargo, de vez en cuando los oía a través de las paredes, los escuchaba charlar, era testigo de interacciones humanas normales. Me podía imaginar que formaba parte de un grupo de personas.

En Quantico estuve sometida a unas reglas muy estrictas. Me permitían ver la televisión, yo sola, fuera de mi celda, las cadenas locales básicas, durante una hora al día. Todas las noches tenía derecho a dos horas y media asignadas a la correspondencia; entonces podía escribir a mis familiares, amistades y simpatizantes. Sin embargo, solo podía comunicarme con determinadas personas, todas en una lista aprobada previamente. Y si quería darme una ducha —de un máximo de quince minutos—, me descontaban ese tiempo de las horas dedicadas a escribir.

Un guardia se ofreció a conseguirme un ejemplar de mi Biblia favorita. No supe ni qué responderle. Al final mi abogado logró que me dieran acceso a libros que no fuesen las novelas baratas que había en la biblioteca de Quantico, y aun entonces debía solicitarlos por el título exacto. Una vez que la cárcel daba su visto bueno, la editorial tenía que enviarlos directamente. Solo se me permitía tener un libro o una revista en la celda. Como todo lo demás, me lo quitaban antes de irme a la cama y me lo devolvían por la mañana.

Tenía prohibido hacer ejercicio en la celda. Si los marines me veían haciendo flexiones o sentadillas, me ordenaban parar de inmediato. Yo me encontraba casi en estado catatónico, embotada por el letargo en que me hallaba sumida; sabía que si quería sobrevivir tenía que moverme, volver a ser dueña de mi cuerpo. Para sortear la norma que prohibía el ejercicio, empecé a bailar, yo sola, con música imaginaria, durante horas. Lo más entretenido en mi celda era el espejo de plástico. Me miraba y ponía caras, me imaginaba cómo me veía otra gente cuando hablaba. O jugaba a decirles «¡cucú!» a los marines. Los guardias pensaban que me había vuelto loca, pero estaba lidiando con la situación.

Conseguí que me permitieran hacer una hora de «ejercicio» al día en una sala distinta, vacía y un poco más grande, donde podía andar. Me paseaba sin parar trazando ochos en el suelo. Si me aburría —y me aburría a menudo— y decía que quería parar, los marines me devolvían gustosamente a mi celda antes de tiempo. Mi cuerpo se volvió más flácido, más fofo. Perdí toda la masa muscular.

Públicamente, el Gobierno justificaba mi aislamiento asegurando que era para protegerme y que no me autoinfligiese ningún daño por efecto de la disforia de género. En realidad, un general del cuerpo de marines tomó esa decisión basándose en razones de «seguridad nacional». Estaba sola, recluida indefinidamente en una celda sin ventanas. Tenía todo el tiempo del mundo para pensar quién era, para definir quién quería ser. No disponía de ninguno de los recursos para hacerlo posible. Mi depresión se agravó. Manejaba como podía la disociación y me cuesta mucho describir las emociones que sentía en aquella época. Soy capaz de recordar detalles de lo que me sucedió, pero no cómo me hacían sentir. La experiencia es un espacio en blanco: ese es el horror y la tortura que conlleva el régimen de incomunicación.

Durante los primeros meses que estuve en Quantico siguieron publicándose filtraciones que dirigieron la atención de los medios internacionales hacia la esencia de los hechos y también hacia mí. Sin embargo, yo estaba demasiado desconectada para darme cuenta, demasiado preocupada por sobrevivir con mis facultades intactas. Ahora sé que, a finales de octubre, un grupo más amplio de cabeceras de prensa —*The New York Times*, *The Guardian*, *Al Jazeera*, *Le Monde*, el Bureau of Investigative Journalism, el proyecto Irak Body Count y *Der Spiegel*— se asociaron entre sí y con WikiLeaks para publicar la siguiente tanda de filtraciones: más de 390.000 documentos, a los que se llamó los «diarios de guerra de Irak».

Algunos miembros de colectivos de la derecha libertaria y de la extrema izquierda —académicos, periodistas e incluso el antiguo *whistleblower* Daniel Ellsberg— me defendían. La derecha nacionalista, por el contrario, me odiaba. Ese otoño, en una firma de libros con motivo de la publicación de su cuento infantil de temática navideña, Mike Huckabee, exgobernador de Arkansas, declaró que deberían ejecutarme. Mike Rogers, miembro de la Cámara de Representantes, se hizo eco del deseo Huckabee de que se me condenara a muerte. Los moderados y los centristas, como era de esperar, defendían el *sta-*

tu quo: había revelado información importante, pero debería haberlo hecho de otra forma; había divulgado demasiados secretos y de una manera impropia. Los medios habían optado, al parecer, por cubrir el caso básicamente desde el punto de vista del gobierno. Estando sometida como estaba al régimen de aislamiento, apenas me enteré de la respuesta a mis revelaciones, y mucho menos de las reacciones contra mí en particular. No habría tenido energías para hacerles caso, de todos modos.

Aun así, para parte de la ciudadanía de izquierdas, el efecto más significativo de la publicación de los documentos fue el decepcionante descubrimiento de que la Administración Obama era, en algunos aspectos concretos, como mínimo tan violenta y celosa de la protección de la información como lo había sido el gabinete de Bush. Mis filtraciones sacaron a la luz los ataques con drones de Obama en el Yemen y las crecientes restricciones para acceder a la información impuestas a la prensa. A muchos les costaba justificar los numerosos pecados del gobierno, y era difícil no incluir mi proceso entre ellos. Por mi parte, no tenía tiempo para darme cuenta ni para que me importara, incluso a pesar de que las noticias hablaban constantemente de mí.

En noviembre de 2010 hubo una tercera ronda de filtraciones: un mes después de que los registros SIGACT de Irak acaparasen los titulares, se hicieron públicos los 250.000 cables diplomáticos del Departamento de Estado estadounidense que había enviado a WikiLeaks meses atrás, con algunos detalles censurados. Era un impactante vistazo a la trastienda, y mostraba la franqueza con la que nuestras autoridades se expresaban en privado acerca de otros países y la manera en que Estados Unidos hacía alarde de su peso en la escena internacional. Los periodistas empezaron inmediatamente a utilizar los cables para verificar los hechos, para tener un conocimiento más profundo de las poderosas instituciones a las que cubrían y para desvelar nuevas verdades. ███████

El gobierno se puso aún más furioso conmigo. La secretaria de Estado, Hillary Clinton, emitió su enérgica condena. Según declaró en una nota oficial de prensa, la publicación «pone muchas vidas en peligro, amenaza nuestra seguridad nacional y socava nuestros esfuerzos por trabajar con otros países para resolver problemas compartidos. [...] Soy consciente de que hay quienes, erróneamente, aplauden a los responsables, así que quiero dejar algo bien claro —añadió—. No hay nada loable en poner en peligro la vida de la gente, ni en poner en riesgo las decisiones pacíficas de las que depende nuestra seguridad común».

Sin embargo, en privado, y según informaciones posteriores, se pasó horas hablando por teléfono con diplomáticos de todo el mundo diciéndoles que, en realidad, no había nadie en peligro a causa de las filtraciones, a pesar del lamentable y constante goteo de noticias. Y los informes internos del gobierno, incluidos uno encargado por la Casa Blanca y otro por el Departamento de Estado, indicaban que ninguna de las informaciones reveladas había perjudicado, desde el punto de vista práctico, nuestra posición en el mundo. Los medios, por su parte, siguieron beneficiándose enormemente de las filtraciones, escribiendo artículos de denuncia cada vez más jugosos; al mismo tiempo, los periodistas más o menos siguieron aceptando la postura gubernamental con respecto a mis actos. Yo era, al mismo tiempo, la fuente más importante que había tenido la prensa desde hacía años y la mayor amenaza para los intereses estadounidenses en el extranjero.

A pesar de que no podía dedicar ni una pizca de mis energías a seguir el revuelo mediático, la tormenta adquirió una intensidad cada vez mayor. El trato que me dispensaba el ejército de Estados Unidos se convirtió en una noticia por sí sola. La Comisión de Derechos Humanos del Parlamento alemán escribió una carta de protesta al presidente Obama. Más de doscientos profesores de universidad —entre ellos Laurence Tribe, antiguo profesor de Derecho Constitucional y amigo de Obama— firmaron una carta escrita por Yochai Benkler, de la facultad de Derecho de Harvard, y Bruce Ackerman, de la facultad de Derecho de Yale, en la que condenaban las condiciones de mi internamiento. «En su globalidad, el trato del que se ha informado ampliamente viola la prohibición de castigos crueles e inusuales recogida en la Octava Enmienda y la garantía de la Quinta Enmienda que impide el castigo sin juicio [...]. El presidente Obama ha sido anteriormente profesor de Derecho Constitucional y entró en el escenario nacional como un líder moral elocuente. Sin embargo, ahora la cuestión es si su conducta como Comandante en Jefe cumple las normas básicas de la decencia». Hasta la revista conservadora de derechas *National Review* escribió que, aunque la forma en que se me había tratado quizá fuese legal, «eso no quiere decir que esté bien».

Algunos funcionarios de alto rango del gobierno estaban escandalizados. A principios de 2011, P. J. Crowley, portavoz del Departamento de Estado y veterano de las fuerzas áreas con más de veintiséis años de servicio, dio una charla en el Center for Future Civic Media del MIT, donde alguien le preguntó por mí. Crowley declaró que si bien creía que yo estaba en el lugar donde me correspondía estar —en la cárcel—, teniendo en cuenta las condiciones punitivas de mi reclusión, el Departamento de Defensa me habían dado un trato extremadamente malo, y lo calificó de «ridículo, contraproducente y estúpido». Cuando un periodista preguntó si eran declaraciones oficiales, él dijo que sí y hasta más tarde no aclaró que había expresado su opinión personal. Tres días después de la charla en el MIT, Crowley dimitió, cediendo a las presiones, e hizo público un comunicado reafirmándose en sus declaraciones. Crowley, al menos, comprendía que el modo en que se me trataba perjudicaba la capacidad de Estados Unidos de mantener la autoridad moral en nuestras negociaciones con actores hostiles. De hecho, por esas mismas fechas, el trato del Gobierno iraní a tres mochileros estadounidenses que habían sido detenidos cerca de la frontera con Irak acaparó los titulares de los periódicos. Nuestro gobierno describió correctamente su cautividad como tortura, pero las condiciones en las que el Departamento de Defensa me mantenía presa eran aún peores.

Esa misma semana, el periodista Jake Tapper le preguntó al presidente Obama en una rueda de prensa por los comentarios de Crowley. «He consultado al Pentágono si las medidas que se han tomado en relación con el encarcelamiento [de

Manning] son apropiadas y si cumplen nuestros estándares básicos —contestó—. Me han asegurado que así es. No puedo entrar en detalles sobre algunas de sus inquietudes, pero parte de ello tiene que ver con la seguridad de Manning también». Se hacía eco de la postura oficial, manifiestamente irracional, que alegaba que el objetivo de mi aislamiento era, de forma inexplicable, protegerme por mi propia seguridad.

No fue la única vez que Obama tuvo que contestar preguntas relacionadas conmigo. Durante un ostentoso acto para recaudar fondos en el hotel Saint Regis de San Francisco, una organización llamada Courage to Resist sembró el público de activistas, quienes se levantaron y cantaron una canción sobre mí como forma de protesta. Obama, en respuesta, dijo que entendía su postura, pero que yo había quebrantado la ley, y estaba claramente furioso por la filtración de los cables diplomáticos. «No puedo llevar a cabo mi labor diplomática en abierto», declaró. Cada vez que el presidente Obama hablaba de mí, hacía que pareciera que ya me habían condenado cuando, en realidad, mi equipo de abogados defensores apenas había recibido pruebas por parte del gobierno, y mucho menos frente a un consejo de guerra.

Una excepción importante a la postura del gobierno, en general hostil conmigo, vino de una figura sorprendente: Robert Gates, el secretario de Defensa. Al principio se había mostrado crítico con la publicación de los «diarios de guerra» aduciendo que habrían podido tener consecuencias «potencialmente graves y peligrosas», pero después de que la retórica contra mí y las filtraciones se pusiera al rojo vivo tras la publicación de los cables del Departamento de Estado, trató de aplacarla en una rueda de prensa. Gates señaló que en el Gobierno de Estados Unidos siempre había habido muchas filtraciones —llegando incluso a citar a John Adams y sus protestas por que todas sus negociaciones con países extranjeros se hubiesen hecho públicas— y dijo que la última vez que la comunidad diplomática había dado la voz de alarma respecto a la posibilidad de que los gobiernos extranjeros no quisieran seguir compartiendo información con Estados Unidos (cuando el Congreso empezó a supervisar de verdad a la CIA, en los años setenta), nada había cambiado en realidad.

«Los gobiernos tratan con Estados Unidos porque eso favorece sus intereses, no porque les caigamos bien, ni porque confíen en nosotros, ni porque piensen que podemos guardar secretos —declaró—. Así que otros países seguirán teniendo trato con nosotros. ¿Esto que ha pasado es embarazoso? Sí. ¿Resulta incómodo? Un poco. Pero ¿cuál es el impacto a largo plazo? Muy limitado». Sus declaraciones fueron admitidas en mi consejo de guerra, aunque él rehusó testificar a mi favor. El hecho de que fuera una figura pública y hablara en nombre del Gobierno de Estados Unidos daba a sus declaraciones un peso especial, y yo me alegré, aunque de poco sirvieron.

Poco después de que me trasladaran a Estados Unidos vino a visitarme mi tía y le dije que mi intención era contratar a un abogado civil, David Coombs, en lugar de confiar únicamente en el equipo de asesores legales militares. (Esto es frecuente en los juicios con una amplia repercusión pública). Coombs, de cuarenta y pocos años en aquel entonces, no era *stricto sensu* un abogado militar, pero había servido como teniente coronel en la reserva. Sabía que él entendería lo que significaba ser un militar y cómo hablarles a los oficiales que decidirían mi destino. Llevaba el pelo oscuro rapado casi al cero y vestía traje y corbata al estilo tradicional, pero comprendía de verdad y se mostraba políticamente solidario con mi postura.

A mí me obsesionaba la preparación de nuestra defensa, no solo porque esperase poder obtener la libertad, sino por un deseo de dejar clara la realidad de los hechos. Me importaba la forma en que la historia describiría mis actos y me aterraba la idea de que la verdad de lo que había ocurrido quedase aplastada por la apisonadora del relato de las relaciones públicas del gobierno. Después de todo, mientras me tenían encerrada en una jaula a treinta y ocho grados de temperatura, ya habían estado alimentando a los medios con historias que me retrataban como traidor, no solo para con otros soldados, sino para con todos y cada uno de los ciudadanos estadounidenses.

En nuestras primeras conversaciones, le pregunté a Coombs cuál podría ser mi condena. Me dijo que el único modo de hacer previsiones sobre una condena era comparando el caso con otros casos similares, pero no había ningún caso como el mío. Él tenía la esperanza de que me impusiesen una condena que pudiese cumplir para luego salir y vivir parte de mi vida, cosa que me parecía tremendamente optimista. Allí estaba, en la cárcel como si fuera una terrorista, enfrentándome a una acusación de traición. Lo tenía todo en contra. Nunca pensé que pudiera hablar con total libertad delante de mi abogado; no me habría sorprendido lo más mínimo descubrir que el gobierno había conseguido una orden para grabar nuestras conversaciones.

Había gastado muy poco dinero mientras estuve en Irak, así que tenía algunos ahorros, que utilicé para darle a Coombs un anticipo por sus servicios. Courage to Resist (CTR), una organización sin fines de lucro fundada por Jeff Paterson, antiguo miembro del cuerpo de marines y veterano de la operación Tormenta del Desierto, también prestó su apoyo económico. Paterson se convirtió de repente en pacifista durante su paso por el ejército y un buen día se tumbó sobre el asfalto de la pista impidiendo el despegue de los aviones, hasta que lo detuvieron y lo sometieron a un consejo de guerra. Su ayuda fue fundamental.

Nunca me consideré pacifista ni objetora de conciencia como Paterson. Me preocupaba la posibilidad de que CTR acabara pensando que mi postura era opuesta a la suya, pero Coombs me ayudó a convencerme de que lo que al final acabamos denominando «la campaña» trascendía mi caso: era una iniciativa política más amplia. Aunque en aquel momento tenía una percepción muy limitada de lo que yo había provocado, mi detención —y la información que salió a la luz con las filtraciones— había ayudado a revitalizar un movimiento antiguerra. Las cosas se complicaron rápidamente: era evidente que todos los grupos que afirmaban apoyarme tenían sus propias prioridades y sus posturas. Mi capacidad para contar mi historia siempre había estado constreñida por los límites de las convenciones sociales; ahora estas no solo la limitaban, sino que también la dirigían.

Pese a estar incomunicada, empecé a comprender que para algunas personas me había convertido en una causa, una causa más importante para ellas que mi destino como ser de carne y hueso. Por una parte, estaba la persona que yo era y que quería llegar a ser y, por otra, la figura del soldado Manning que el mundo se imaginaba y sobre la que leía en la prensa: un referente, un estandarte, un símbolo. Tenía miedo de que mi figura se asociara a posiciones que en realidad no eran las mías.

En 2013, la Oficina Internacional por la Paz me dio un premio por «mi extraordinaria labor a favor de la paz». La coronel Ann Wright acudió a recogerlo en mi nombre. Era una activista antibélica que había sido oficial de alto rango en el ejército; en 2003 dimitió de su puesto en el Departamento de Estado por sus objeciones a la invasión de Irak. Me sentí muy halagada por el premio —por el hecho de que me hubieran dado algún premio, en realidad—, pero lo que dijo Wright en su discurso de aceptación entraba en franca contradicción con mis verdaderas creencias.

Cuando vi la transcripción de dicho discurso, decidí redactar unas declaraciones, que publiqué en *The Guardian*, explicando mi punto de vista: «No tengo tan sumamente claro que mis actos estuvieran dirigidos de forma explícita a defender "la paz" [...]. Pienso que la ciudadanía no puede decidir qué acciones o políticas están justificadas o no si no conoce ni siquiera los detalles más básicos sobre las mismas y sus efectos». En aquella época me consideraba, por encima de cualquier otra cosa, una defensora de la transparencia.

Quemé muchos puentes con esas declaraciones, sobre todo con la comunidad antibelicista más veterana, pero creía que lo que había hecho se entendía mejor como acción directa al servicio de la transparencia que como acción simbólica en favor del trabajo por la paz. Sabía que mis declaraciones o mi postura no iban a gustar a determinados activistas, pero el dogmatismo y la pureza nunca convencen a nadie que no sea ya un fervoroso creyente. Si iba a pasar el resto de mis días en la cárcel, era importante que la gente entendiese los matices de por qué hice lo que hice, así como la larga tradición de acción directa de la que, a mi juicio, formaban parte mis iniciativas.

Además, sinceramente, yo daba por sentado que mi condena sería de prisión permanente sin derecho a libertad condicional. Después de lo que había vivido en Kuwait y Quantico, por lo que a mí respectaba, yo ya estaba muerta. No me había sentido viva desde que me habían puesto bajo custodia. Aun así, todavía luchaba y lucho por el derecho a contar mi propia historia y que se me escuche.

Cumplí los veintitrés en diciembre de 2010, en régimen de aislamiento administrativo en Quantico. Me permitieron confeccionar una lista de deseos para pedir libros y revistas para mi cumpleaños y Navidad. Pedí las revistas más «de frikis» de entre las que estaban permitidas. *Science*, *Nature* y *Scientific*

American me mantuvieron ocupada. Era, y sigo siendo, una lectora voraz de toda clase de libros, sobre toda clase de temas, escritos desde perspectivas dispares, a veces incluso repugnantes. En aquella época me preocupaba en especial asimilar lo que había visto en Irak. Leí *El arte de la guerra*, de Sun Tzu, y *De la guerra*, de Carl von Clausewitz. Me encantaban las novelas juveniles y estaba muy enganchada a una serie de novelas epistolares narradas a través de los mensajes de texto de unos detectives adolescentes. Debí de leer unos ciento cincuenta libros en Quantico.

La máxima prioridad de Coombs era sacarme del régimen de aislamiento. Adujimos que se trataba de un castigo cruel e inusual, categorizado conforme a la normativa y el reglamento del ejército para identificar condiciones problemáticas durante la fase de instrucción de un juicio. Los propios expertos en salud mental de la cárcel habían recomendado que se me retirara del régimen de prevención de lesiones. Mi expediente mostraba que mi conducta era «excelente», hasta tal punto que el personal de salud mental había intuido correctamente que había interiorizado por completo la conciencia de estar sometida a vigilancia en todo momento. Pero la cúpula militar no dio su brazo a torcer.

Procesar con discreción la solicitud para que me retiraran el régimen de aislamiento no ayudaba en nada. A mediados de diciembre, el periodista y abogado Glenn Greenwald escribió en la revista *Salon* sobre las condiciones de mi internamiento. En enero, David Coombs habló con un reportero de *The Washington Post*. Mi confinamiento en solitario se convirtió en una causa: una red de apoyo que se había creado para ayudarme tras mi detención organizó una protesta delante de Quantico. Llevaban mantas destinadas simbólicamente a mí. En cierto modo, sirvió de cierta medida de presión para cambiar mi situación, pero lejos de mejorar mis condiciones, generó represalias. Al día siguiente, en lugar de los dos habituales, acudieron cuatro guardias a sacarme de mi celda para el momento del recreo. Se mostraron hostiles y agresivos. Uno me dijo que girara a la izquierda y cuando lo hice, otro me gritó: «¡No gires a la izquierda!». Me detuve y entonces el primer marine me amonestó por no seguir sus órdenes. Otro me exigió a voces que le contestara: «¡Sí, sargento!», en lugar de solo «¡Sí!». En la sala de recreo, aquel infierno kafkiano prosiguió mientras me retiraban los grilletes. Di un paso atrás en cuanto me los quitaron. Estaba mareada, presa del pánico. El corazón me palpitaba desbocado y tenía miedo de caerme, así que me senté. Los guardias echaron a andar en mi dirección. Me recosté hacia atrás y levanté las manos en el aire. «¡No estoy haciendo nada! ¡Solo estoy intentando obedecer las órdenes!», grité.

Me dejaron caminar una hora, pero después, una vez de vuelta en mi celda, el comandante de la cárcel, el suboficial James Averhart, vino a regañarme. «Soy el comandante en jefe», me dijo. «Pero tiene que seguir los procedimientos de la cárcel de todos modos», respondí sin pensar.

Averhart se fue e inmediatamente ordenó mi ingreso de nuevo en el régimen de prevención del suicidio. Esto bastó para provocarme una crisis que por poco me empuja al suicidio. «¡¿Por qué me hacéis esto?!», gritaba. Me agarraba la cabeza, me tiraba del pelo. «¿Por qué se me castiga así? No he hecho nada malo». Sentía que estaba perdiendo el juicio.

Me quitaron lo poco que me quedaba: eliminaron la hora de recreo para practicar ejercicio. Estaba dentro de una jaula otra vez. Le pregunté a un oficial si había algo que estuviese en mi mano hacer para salir del régimen de prevención del suicidio. Me contestó que no.

En enero de 2011, Coombs aceleró los trámites de mi defensa. Presentamos una queja dirigida específicamente contra dos de los oficiales responsables de decidir qué tratamiento se me aplicaba. Este procedimiento exige que el oficial al mando explique y justifique el trato que recibe un soldado. Las dos partes pueden presentar su causa ante el juez.

Los documentos y los correos electrónicos que tuvo que hacer públicos el ejército revelaban una contradicción en la causa del gobierno. Si bien la versión oficial seguía siendo que el aislamiento era por mi propia salud mental (valoración que se realizó sin la participación de los oficiales expertos en salud mental, cosa que no exigía el reglamento del ejército), los correos electrónicos internos revelaron que el gobierno justificaba mi confinamiento como un asunto de seguridad nacional y no para protegerme a mí.

Esto resultó útil para nuestra siguiente maniobra legal, una moción sobre el artículo 13. Dicha norma del código militar estipula que «el arresto o el confinamiento impuesto [...] [no será] más riguroso que las circunstancias necesarias para garantizar [...] la presencia» en el juicio. Habían pasado muchos meses después de mi primer intento —tibio, fallido— de suicidio en Kuwait. En aquel momento ya no tenía intención de autoinfligirme ningún daño. El gobierno afirmaba, de hecho, que mis intentos de salir del régimen de aislamiento no tenían nada que ver con mis ganas de volver a sentirme un ser humano de nuevo, sino que solo quería gozar de esa libertad para suicidarme. Sin embargo, yo ya me sentía como si estuviera muerta. Suicidarme no habría cambiado nada. Mientras que estar en compañía de otras personas, sí. Sola, lo único que hacía era hundirme más en los profundos recovecos de mi cerebro. Resolvía complejos problemas matemáticos. Leía. Aguardaba.

Nueve meses después de ingresar en el régimen de aislamiento en territorio estadounidense, el sargento primero vino a mi celda y me dijo que recogiera mis cosas. «No tengo nada mío», le recordé. El caso era que el Pentágono había decidido hacer un cambio. Los marines abrieron la puerta y me permitieron estar sin esposas ni grilletes de ninguna clase, una sensación de la que no disfrutaba desde hacía casi un año. Por un momento recordé lo que era pasearse arriba y abajo libre de ataduras, me recordé a mí misma como persona y no como una reclusa. Me aferré a ese recuerdo durante mucho tiempo cuando volvieron a colocarme las esposas en el trayecto ridículamente breve hasta al aeródromo en otro todoterreno blindado de color negro.

14

Fort Leavenworth, Kansas
Abril de 2011

Recorrimos unos quinientos metros en coche hasta un hangar de grandes dimensiones del aeródromo de Quantico. Unos individuos trajeados y de edad madura pululaban por allí sujetando documentos de aspecto importante y con su ralo cabello peinado de lado aleteando al viento. Me llevaron a un avión pequeño, preparado para unas diez personas o así. El avión era una maravilla de tablero contrachapado que en otros tiempos había sido lo último en tecnología militar, el centro de mando volador más sofisticado de los años noventa. Esa vez sí me dijeron adónde nos dirigíamos: a Fort Leavenworth, en Kansas. El subdirector de operaciones del sistema penitenciario castrense se reunió conmigo en el avión y se encargó personalmente de mi custodia.

Me quitaron las esposas y los grilletes durante el vuelo, pero me rodeaban varios agentes de la División de Investigación Criminal del Ejército. Me sirvieron una ración de comida preparada y el jefe de seguridad se puso a hablar conmigo. Me dijo que no habían recibido la orden de trasladarme hasta esa misma mañana y que ni siquiera habían tenido tiempo de llenar el depósito de combustible del avión. Hicimos una breve parada técnica para repostar en Ohio y luego aterrizamos en el aeródromo de Fort Leavenworth, donde un grupo de sargentos acudió a recibirnos en un furgón policial blindado. Por razones que todavía se me escapan, me ordenaron que mantuviera la cabeza agachada y llevaron el vehículo directamente hasta las puertas del establecimiento penitenciario (la Joint Regional Correctional Facility o JRCF, según sus siglas en inglés) donde pasaría los siguientes seis años de mi vida.

El traslado había sido urgente y extraño, pero al menos no había tenido que llevar las esposas en compañía de otras personas. Empecé a mentalizarme para seguir sufriendo; tenía la certeza de que iban a volver a ponerme en aislamiento. Sin embargo, una vez dentro de la prisión, los guardias del centro disciplinario militar me quitaron los grilletes, me indicaron que me duchara, me dieron un uniforme y me acompañaron a una celda normal, donde me hicieron entrega de todo aquello que me habían prohibido en Quantico: pasta de dientes, unas zapatillas para la ducha y toallas.

Después de comer fui a ver a la doctora Galloway, una mujer amable y cordial que sería mi psicóloga hasta el momento en que me pusieran en libertad. Me examinó y dictaminó que ya no exhibía signos de conducta suicida. Dijo que el aislamiento tendría unas consecuencias enormemente dañinas para mí. Tras más de once meses de incomunicación, aquello supuso un triste consuelo para mí, la irónica confirmación de que el trato que había recibido era deliberadamente punitivo y no necesario por razones médicas, como se había afirmado ante los medios.

Más tarde descubrí que el ejército había organizado un impresionante espectáculo mediático en torno a esa evaluación médica: el subsecretario del ejército hizo público un comunicado oficial relacionado con mi cambio de estatus, respondió preguntas sobre lo mucho que iba a mejorar mi situación estando interno en Fort Leavenworth y expresó su preocupación por mi bienestar y por la atención que iba a recibir, prometiendo que mi confinamiento durante la fase de instrucción sería «el mejor que podamos ofrecer».

Varios días después de mi llegada al centro disciplinario, el circo mediático del gobierno empezó a cobrar sentido. Mientras se documentaban antes de la siguiente ronda de filtraciones, los periodistas habían empezado a formular preguntas a las autoridades gubernamentales que indicaban que iban a producirse más filtraciones de forma inminente y revelaban el objeto central de dichos documentos: Guantánamo.

Estaban a punto de publicarse setecientos archivos sobre la cárcel militar de Guantánamo. El mundo iba a descubrir, a partir de los expedientes de algunos detenidos específicos, nuevos detalles sobre los interrogatorios a los que estos debían someterse. La opinión pública iba a saber que muchos de los detenidos eran simples soldados de a pie o no disponían de ninguna información útil. Verían las condiciones inhumanas de Guantánamo y lo endebles que eran las razones del Departamento de Inteligencia del ejército para seguir manteniendo abierto semejante gulag, una cárcel sumamente inútil. En otras palabras, pese a que no podía poner la mano en el fuego por que ambos hechos estuviesen relacionados, el Gobierno de Estados Unidos había recibido el soplo de que aquella información iba a llegar a las rotativas mientras yo estaba aún sometida al mismo régimen de aislamiento en solitario —y habiéndolo extendido, además— que se aplicaba en Guantánamo, y entonces decidieron trasladarme a algún sitio mejor.

En el JRCF descubrí hasta qué punto me había afectado todo lo experimentado el año anterior. El hecho de poder desplazarme libre de ataduras me dejó conmocionada: estaba, tanto física como psicológicamente, tan poco acostumbrada a moverme con libertad que lo vivía con una gran inquietud.

Esperaba que en cualquier momento viniera alguien a colocarme los grilletes y no dejaba de preguntarles a los guardias: «¿De verdad que no tengo que llevar las esposas? ¿Esto está permitido?».

«Pues claro», me respondían, pero a mí me preocupaba igualmente que los soldados que no me habían esposado sufriesen alguna represalia. Temía que aquello fuese una especie de prueba o una trampa, que alguien quisiera acusarme de haber manipulado a mis centinelas para que me dejaran prescindir de las esposas y así poder castigarme luego más aún. Me aterrorizaba salir de mi celda. Hasta ese pequeño gesto de libertad me ponía extremadamente nerviosa. ¿Y si me lo arrebataban justo cuando ya me hubiese acostumbrado a él? Era muy consciente de que cualquier cosa susceptible de percibirse como un error, cualquier acusación de rebeldía, podía servir de excusa para que el gobierno volviese a ponerme en régimen de aislamiento, para que volviese a castigarme con todos los medios necesarios.

Después de pasar tanto tiempo incomunicada, me costaba hacer hasta las cosas más básicas. Recuperar un nivel de habla normal fue un verdadero reto. Ya no recordaba cómo hablar sin gritar y sin intercalar el rango de mi interlocutor en mis respuestas —«Sí, mi sargento, sí»—, tal como me exigían los guardias del cuerpo de marines. Aquello volvía loco a todo el mundo en el centro penitenciario, pero me habían entrenado demasiado bien. Poco a poco fui recuperando el equilibrio. Volví a sacar a flote a mi propio yo y a darle vida, y no por última vez.

Al principio, ninguno de los demás reclusos sabía quién era yo. Simplemente era la última persona en llegar y los otros presos querían trabar amistad conmigo. Sin embargo, cualquier forma de acercamiento social me resultaba terriblemente incómoda. «Lo siento, pero no sé si puedo hablar contigo», les decía y volvía a sumirme en el silencio. Me sentaba atrás, al fondo de todo, mientras veían la televisión, o recuperaba los hábitos tranquilizadores que había adquirido en aislamiento: pasearme arriba y abajo por la celda, una y otra vez, una y otra vez. Al final, al cabo de una semana o así de incomunicación autoimpuesta, uno de los guardias me dijo que tenía permiso para socializar con los demás, y no solo eso: probablemente debía hacerlo. Aún tardé tres meses más en poder sentirme un poco relajada en compañía de otras personas, en dejar de estar con los nervios a flor de piel.

Las toneladas de correspondencia que recibía me distinguían del resto de los presos. La afluencia de postales y cartas era apabullante. Las leía todas. La mayoría eran amables y sus autores expresaban por qué mis actos les habían afectado de una forma específica. La gente me escribía contándome la historia de su vida, con todo lujo de detalles.

No podía contestar a ninguna de aquellas personas. Mi abogado había dejado muy claro que cualquier cosa que pusiese por escrito podía ser utilizada como declaración en mi consejo de guerra y el personal penitenciario había recibido de uno u otro capitoste del gobierno la instrucción de registrar todas mis interacciones y conversaciones, incluida la correspondencia. Con esa finalidad, todos los días uno de los soldados era el encargado de desempeñar el papel del que yo denominaba «poli del portapapeles». Dicha figura me seguía a todas partes y anotaba todo lo que decía. Si yo intentaba ver lo que acababa de apuntar, el soldado apartaba el portapapeles con actitud defensiva.

Fort Leavenworth se convirtió en mi universo; mis familiares, mis amistades y cualquier otra persona del mundo exterior —exceptuando a mi abogado— quedaron diluidos en un mar de recuerdos distantes. Me preocupaba que las conversaciones que tuviese, por íntimas o triviales que fueran, terminaran utilizándose en mi contra en el juicio.

Los guardias de la prisión eran unos críos. Eran soldados de diecisiete o dieciocho años que, sin haber olido siquiera un despliegue en el exterior, habían recibido una insignia para que pudieran hacer uso de su autoridad. Eran la generación posterior a los sucesos de Abu Ghraib y recibían instrucción especializada en operaciones de detención. No había nada que les motivase más que hacer cumplir las reglas, que hacer gala de su autoridad. Las puertas se cerraban cada noche puntualmente a las diez y cinco, y se apagaban las luces.

Para cuando llegué al JRCF, hacía tiempo que había superado la depresión; ahora solo me dedicaba a dejar pasar el tiempo. El desayuno era a las cinco y diez, y si no estabas en la cola a esa hora, te quedabas sin desayunar. Yo me volvía todas las mañanas después del papeo a dormir hasta las nueve o las diez. Para matar las horas, que tan largas se nos hacían, veíamos mucha televisión, sobre todo los deportes.

El ejercicio —ahora que ya no lo tenía prohibido— se convirtió en una válvula de escape, una forma de tener un subidón. A veces salía a correr y tardaba diez kilómetros en alcanzar el estado de euforia. Sin embargo, mi verdadera adicción era un programa de cardio HIIT que podíamos reproducir en el aparato de DVD. Al principio, entrenábamos unos cuantos en grupo, pero al cabo de un tiempo yo era la única que continuaba. Hacía ejercicio todos los días, dando saltos y sudando yo sola, olvidándome durante unos minutos preciosos de mí misma, de cuanto me rodeaba, del futuro aterrador. Mi forma física era aún mejor que en Irak. Me gustaba sentirme fuerte y alerta otra vez. Procuraba restar importancia al hecho de que mi cuerpo se estuviese volviendo cada vez más y más masculino.

En Quantico no conseguía concentrarme en nada el tiempo suficiente como para que un pensamiento echara raíces emocionales, pero en Fort Leavenworth, una vez que me acostumbré a una rutina, todo aquello que había estado ahuyentando hasta entonces volvió a invadir mi cabeza con más fuerza si cabe. Pensaba sobre el género a todas horas, sobre el aspecto físico y el afecto. Sobre qué era el género o qué podía ser para mí, básicamente. Me replanteé muy seriamente mi propio vocabulario conceptual en torno al género y la identidad.

Sin embargo, no podía llevar un diario para dar rienda suelta a mis sentimientos ni dejar por escrito mis pensamientos; me registraban el móvil y cualquier cosa que escribía se fotocopiaba como prueba legal. No podía usar internet. Mi entorno me limitaba y me producía frustración. La esperanza perdida de poder transicionar era una carga constante. Tenía menos oportunidades que nunca para reafirmar mi género, pero no había restricción externa capaz de poner límites a mi pensamiento —cada vez más lúcido y más claro— ni al consuelo que hallaba en mi propia imaginación.

Mi proceso judicial avanzaba despacio. El gobierno retrasaba mi consejo de guerra una y otra vez porque, a pesar de acusarme de veintidós cargos de distinta gravedad, aún no había terminado de preparar el procedimiento penal. Todavía seguían las diligencias de investigación, que implicaban una compleja coordinación entre las instituciones militares y civiles. La mayor parte de las imputaciones estaban relacionadas con el hecho en sí de haber revelado secretos oficiales, del que admití ser responsable, pero la acusación más controvertida era la de «colaboración con el enemigo». Se aplicaba un supuesto legal de una forma que no tenía precedentes, básicamente acusándome del equivalente a traición por ser una fuente.

Lo seguía todo tan de cerca como mi abogado: los pormenores de las normas probatorias militares, la constitución del consejo de guerra, las estrategias y enfoques que íbamos a adoptar, las peticiones que teníamos intención de presentar y el orden de las diligencias para presentarlas. Era algo que podía controlar, a diferencia del relato que se había divulgado sobre mí en la prensa. Me convertí, en la práctica, en la ayudante de mi abogado en mi propia causa. David Coombs era la única persona que trabajaba en el caso a jornada completa, frente al colosal equipo legal de la acusación. Yo pasaba horas en la sección de Derecho de la biblioteca de la cárcel, documentándome y redactando algunas partes de las peticiones. David imprimió todas y cada una de las hojas de la documentación aportada durante la fase de *discovery* (en la que cada una de las partes puede obtener información de la otra) y me las trajo en cajas de cartón. Tenía permiso para examinarlas de dos en dos, y las saboreaba del mismo modo en que algunos presos se ponían locos de contentos al recibir paquetes de su familia.

La estrategia del gobierno consistía en inundarnos de un exceso de información para que las pruebas sólidas más valiosas y que más necesitábamos quedasen sepultadas bajo montañas y montañas de papeleo burocrático del todo irrelevante. Sin embargo, si había algo que me sobraba, precisamente era tiempo, y no le pasaba la minuta a nadie por él. Prepararme para el consejo de guerra se convirtió en el motor de mi vida. Era un puzle de lógica, no un laberinto existencial. Un combate táctico, con reglas que acatar y de las que valerse también. No quería tener que lidiar con mis emociones, pero aquello era un trabajo en el que sí podía concentrarme.

Entonces mi caso ostentaba el dudoso honor de ser el que más documentación, por volumen, generaba de todos los procedimientos militares conforme al sistema del consejo de guerra estadounidense. Había once mil páginas de informes de investigación, elaborados con las entrevistas que el gobierno había realizado a cuatrocientos testigos potenciales. En el ordenador de la sección de Derecho de la biblioteca creé un archivo de trabajo con resúmenes para David, así él sabría a quién podía llamar a declarar el gobierno y qué diría esa gente antes de que la acusación nos enviase su lista de testigos.

Me llevaba los expedientes conmigo hasta cuando iba a ver la televisión para relajarme. Al principio me concentraba sobre todo en los detalles específicos de los hechos de mi caso, pero con el tiempo empecé a desarrollar un sentido más amplio del funcionamiento de los sistemas jurídicos federal, estatal y militar. No fue ninguna sorpresa descubrir que a menudo la ley no tiene mucho que ver —e incluso está reñida— con las nociones preconcebidas que solemos tener de la justicia. Sin embargo, la logística y la maquinaria burocrática del sistema me fascinaban. La admisibilidad o inadmisibilidad de pruebas importantes ante el tribunal, por ejemplo, me dejaba perpleja. Acabé por entender que la cuestión de la culpa importaba menos que la capacidad de una parte de demostrar algo con alguna maniobra jurídica particularmente creativa.

Y en mi caso, el gobierno estaba echando mano de todas las herramientas jurídicas a su alcance para ganar terreno. Yo los había avergonzado ante el mundo, había sacado a la luz verdades embarazosas, les había complicado la vida a muchos oficiales y había revelado lo deficientes que eran los procedimientos de seguridad del ejército. Era evidente que el gobierno se veía en la necesidad de darme el escarmiento más duro posible y amenazaba con acusarme de delitos que podían comportar una pena equivalente a la cadena perpetua.

Poco después de llegar a Quantico había empezado a ver cómo hablaban de mí en los informativos televisivos, y una vez que llegué al JRCF me quedaron claras las múltiples implicaciones del hecho de ser un personaje público. Le dije a David que necesitábamos contratar a una agencia de relaciones públicas. El mío no iba a ser un consejo de guerra normal y corriente. Intuía que se libraba una guerra sobre el significado y la trascendencia de Estados Unidos, tanto en el propio país como en el extranjero. El papel de David consistía en luchar en el campo de batalla del tribunal, pero publicó nuestras peticiones de la defensa en su blog personal, lo cual era un modo de garantizar una transparencia relativa en torno a la forma en que avanzaba el caso, o, mejor dicho, en que no avanzaba.

Ya fuese por la inercia, ya por las dificultades de tener que coordinar distintas agencias gubernamentales, ya porque eso favorecía los intereses del gobierno, lo cierto es que la fase de entrega de documentación y pruebas entre las partes se prolongó eternamente. Las pruebas clave del gobierno no nos llegaron hasta el ultimísimo minuto. A mi equipo ni siquiera se le invitó a participar hasta 2012, cuando yo ya llevaba casi dos años en la cárcel. Una vez que empezó la fase de intercambio de documentación, el gobierno trató de presionarme para que me declarara culpable y asumiera la responsabilidad no solo de mis filtraciones, sino también de cosas que no había hecho.

Una tarde me sacaron de la cárcel y me llevaron a un lugar seguro, en otro sitio, para que asistiera a lo que resultó ser una agresiva charla promocional sobre la prisión permanente sin libertad condicional. David me esperaba allí, junto con el equipo jurídico del gobierno. Los abogados de la acusación proyectaron una presentación de PowerPoint muy sofisticada y empezaron a desgranarnos su argumentación, con todas las pruebas recabadas contra mí, además de su teoría sobre el caso. Era evidente que les estaba costando encontrar pruebas que demostrasen que mis actos habían causado un perjuicio grave. Hicieron una cuidadosa selección de lo que tenían con el fin de tratar de convencerme de que me declarara culpable de todos los cargos que se me imputaban en lugar de ejercer mi derecho a un juicio. El mayor Ashden Fein dirigía el equipo de la Fiscalía que defendía los argumentos del gobierno, pero sus intentos de convencerme no surtieron efecto.

Además, aceptar el trato que me ofrecían habría significado sentar un precedente, lo que le habría permitido al gobierno emplear las mismas armas y herramientas que usaba contra mí para perseguir a cualquiera, por ejemplo, a alguien que fuera simplemente la fuente de un medio periodístico. Eso me pesaba mucho, pero también me pesaba el terror puro y duro de imaginarme el resto de mi vida en la cárcel, con una condena de prisión permanente. Lo peor era que una condena por «ayudar al enemigo» podía significar una cadena perpetua sin derecho a libertad condicional. Tenía mucho que perder y me sentía incapaz —habida cuenta de que era el resto de mi vida lo que estaba en juego— de decidir qué camino seguir. Mi equipo y la Fiscalía habían pasado más de un año discutiendo las distintas condiciones, y Coombs y yo dábamos vueltas una y otra vez a si debía o no aceptar el trato.

El gobierno no tenía intención de ceder ante dos cosas que yo jamás habría aceptado: una pena mínima de cuarenta años y una condena por «ayudar al enemigo». Además, me pedían que cooperase incondicionalmente. Yo no me sentía cómoda con nada que no fuese una condena inferior a los veintidós años y, si bien estaba dispuesta a declararme culpable de algunos de los cargos, me negaba rotundamente a admitir algo de lo que no era responsable. Había obrado del modo en que lo había hecho porque quería que la ciudadanía estadounidense supiera lo que se estaba haciendo en su nombre. La verdad no era negociable.

El gobierno había construido su acusación sobre una base formada a partir de datos recabados por los peritos informáticos, datos procedentes de una de las mayores y más complejas investigaciones que se habían llevado a cabo en la historia. Sin embargo, dichos datos eran incompletos, incorrectos en ocasiones, y para poder aceptar sus condiciones, habría tenido que cometer perjurio.

La cronología de la Fiscalía estaba basada en lo que sus investigadores habían encontrado en mi MacBook. Algunas de sus teorías circunstanciales eran acertadas respecto al momento en que había enviado la filtración y a qué era lo que había enviado, aunque no tenían ninguna prueba física que lo respaldara. En cambio, el gobierno se había equivocado de medio a medio en un elemento decisivo. Afirmaba, erróneamente, que había subido a internet un vídeo de un ataque aéreo en Garani, Afganistán, en noviembre de 2009. De hecho, el gobierno sostiene ahora que un administrador de sistemas del laboratorio nacional Brookhaven del Departamento de Energía intentó, en diciembre de aquel año, desbloquear un archivo que contenía el vídeo, y que lo despidieron por llevar a cabo «actividades informáticas indebidas».

Entendía por qué el gobierno quería cargarme eso a mí. No encajaba en su acusación —y mucho menos en el relato que habían creado presentándome como la mayor amenaza para la seguridad nacional en la historia del ejército estadounidense— la posibilidad de que otra persona con acceso a material clasificado hubiese filtrado meses antes, sin que nadie se diera cuenta, la misma información que yo había encontrado en la carpeta JAG. Nuestro equipo de informática forense, con quienes colaboraba, logró demostrar cuándo había subido yo el vídeo de Garani: en 2010, y no en 2009, como sostenía el gobierno. Siguieron adelante con esa acusación de todos modos.

Seguimos peleando, ya desde la audiencia preliminar previa a la ratificación de los cargos, para determinar si tenía que someterme a un consejo de guerra completo o no. Coombs sostenía que el oficial encargado de la investigación, el teniente coronel Paul Almanza, tenía que recusarse porque trabajaba como fiscal para el Departamento de Justicia, que estaba preparando su acusación contra WikiLeaks (y contra Julian Assange) tras mis revelaciones. La solicitud de recusación fue denegada —el investigador adujo que no participaba en dicha acusación—, lo que transmitía el mensaje de que todo estaba manipulado en nuestra contra de forma injusta y puede que hasta ilícita.

Además, llamaba la atención que de los cuarenta y ocho testigos —expertos en seguridad digital, oficiales militares, psicólogos e incluso el secretario de Estado— a los que Coombs quería llamar a declarar para la vista preliminar, solo se les permitiera declarar a doce, diez de los cuales eran al mismo tiempo testigos de la acusación. Coombs también insinuó que parte de la razón por la que el gobierno tenía tanto interés en que me declarase culpable era que querían que participara como testigo en otra causa de conspiración más importante.

La opinión pública no me había oído hablar desde mi encarcelamiento. Yo solo era un símbolo, una especie de intérprete de cine mudo sobre el que la gente proyectaba su amor y su odio, su ideología política y su miedo. En noviembre de 2012 presté declaración en una vista preliminar en Fort Meade, en Maryland. La prensa parecía asombrada por cómo era yo en realidad: me mostré desenvuelta, cauta y elocuente en el estrado. Creo que eso no se lo esperaba nadie. En todas las noticias se me había visto con el traje de faena militar, con gafas y esbozando una tímida sonrisa. Alguien coló una grabadora en la sala del tribunal e hizo público mi testimonio; internet respondió con fuerza.

El gobierno también se llevó una sorpresa al descubrir que había decidido subir al estrado. La mayoría de los abogados suelen preferir que sus clientes no lo hagan porque pueden dar una mala impresión, cometer un error involuntario o quedar expuestos y vulnerables a los ataques.

La jueza militar, la coronel Denise Lind, me pidió que explicara por qué tenía intención de declararme culpable (de algunos de los cargos) si consideraba que lo que había motivado mis actos era el interés general. La cuestión era harto complicada: necesitaba declararme culpable de los delitos específicos que describían lo que había hecho realmente sin admitir una conducta ilícita más amplia en la que no había incurrido. «Su

Señoría, independientemente de mi opinión o mi valoración sobre tales documentos, eso no me corresponde a mí: no tengo autoridad para tomar esas decisiones».

Parte del procedimiento preliminar tenía que ver con si el gobierno me había tratado de forma indebida durante mi reclusión, en especial durante los nueve meses que pasé en Quantico; nosotros sosteníamos que, por el hecho de que me hubiesen impuesto un castigo tan sumamente duro sin una condena previa, mi caso debía ser desestimado. La acusación restó gravedad a las condiciones en que estuve internada —e incluso llegó a mentir sobre ellas—, afirmando, por ejemplo, que me habían permitido hacer llamadas telefónicas cuando no era así. El gobierno también reveló que debido a mi identidad de género y sexual había vivido peor el castigo. Firmaba con el nombre de Breanna Manning alguna de las cartas que enviaba desde la cárcel y el sargento primero del cuerpo de marines Craig Blenis declaró que eso, junto con mi admisión ante el sargento Adkins de que sufría disforia de género, había hecho que saltaran las alarmas ante la posibilidad de que me autoinfligiese algún tipo de daño. Dicha alarma, según dijo, justificaba la «protección» mediante el aislamiento. Cuando Coombs le preguntó por qué mis problemas de género les habían dado pie a pensar que podía autolesionarme, Blenis contestó: «Eso no es normal, señor».

A la gente, sobre todo a los que acababan de llegar a Fort Leavenworth, le gustaba preguntarme por lo que había hecho. Yo eludía las preguntas con mi frase habitual: «Nunca hablo de mi caso. Es muy enrevesado y complejo». Había personas a las que les caía bien simplemente por lo que había hecho. Al fin y al cabo, era el ejército el que las había metido en la cárcel y su línea de pensamiento venía a decir algo así como: «Le has dado una patada en todos los huevos al ejército; eso no lo había hecho nadie en la puta vida, y es una pasada». Mucha otra gente me odiaba exactamente por la misma razón.

Hice algunas amistades, incluso tuve una breve relación tan intensa que lloré cuando esa persona fue condenada y la trasladaron de cárcel. También me creé varios enemigos, como un tipo encantador y amoral que había pasado un montón de años en prisión antes de que anularan su injusta condena. El gobierno había decidido volver a juzgarlo en consejo de guerra y estaba de nuevo en prisión preventiva, como recluso veterano. La experiencia lo había convertido en un hombre arrogante: ponía a prueba los límites de las normas a todas horas, se metía en multitud de peleas y provocaba a los guardias de manera deliberada. Una de sus especialidades era gritar a pleno pulmón para cabrearlos. Conmigo funcionaba, aunque no con ellos. Yo le gritaba que se callara de una vez. «¡Solo quiero un poco de silencio y tranquilidad, joder!». Nos pasábamos así todo el rato delante de los guardias, cosa que a él le encantaba —le daba una sensación de poder sobre ellos y sobre mí— y que yo detestaba. No quería más manchas en mi expediente, y menos estando aún a la espera de juicio. Un día que se dedicó a pincharme por enésima vez, ya no pude soportarlo más. Si dejaba que me fastidiase de aquella manera, cualquiera pensaría que podía meterse conmigo. Lo agarré de la camisa y le pegué cuatro puñetazos, uno detrás de otro, lo más rápido y fuerte que pude. No lo hice por rabia ni por ira: lo hice para asegurarme de que todo el mundo supiese que más les valía andarse con cuidado conmigo. Los guardias lo vieron. Volvieron a ponerme en aislamiento.

Para entonces yo ya sabía con exactitud cuánto tiempo tardaría en perder la cabeza estando incomunicada: nueve días. Pasado ese tiempo, el aburrimiento sería tan profundo que cualquier simple ruido supondría un estímulo inmediato y apabullante. Antes de los nueve días podría distraerme dando voces, soltándoles monólogos absurdos a los guardias, paseándome arriba y abajo y bailando al son de la música que sonaba en mi cabeza.

En esa ocasión solo estuve aislada tres días. Me paseé arriba y abajo y me puse a dar los saltos de tijera que habíamos aprendido en la instrucción básica. Hice flexiones y abdominales cuando los guardias no me miraban. Esa vez sí pude tener libros y los textos leídos en aislamiento se me quedaban grabados en la cabeza más que ningún otro. Reflexionaba sobre los artículos que me habían gustado de *The New Yorker* y *The Atlantic*, revistas que podía recibir en Fort Leavenworth, y todo eso hacía que me sintiese más o menos satisfecha.

Sin embargo, no sería la última vez que iba a estar en una celda de aislamiento. A principios de 2013, el gobierno me sacó del régimen de internamiento general y me colocó en una celda de observación. No había hecho nada malo, así que me pregunté qué narices pasaba. Resultó que Aaron Swartz, el activista a favor del código abierto, se había suicidado. Creo que el gobierno sabía que él y yo teníamos amigos comunes y le preocupaba que pudiese imitarlo y suicidarme yo también. Es posible además que imaginasen alguna conexión legalmente significativa entre nosotros, pues se pusieron en contacto con muchos de mis conocidos de la época de Boston para hacerles preguntas sobre mí.

En realidad, yo nunca había hablado con Aaron, pero teníamos muchos conocidos e ideas —y salas de chat— en común. Igual que a mí, el Gobierno estadounidense lo había puesto en su punto de mira y lo había procesado por intentar hacer que la información cerrada —como la que se guardaba en costosas bases de datos académicas, por ejemplo, JSTOR— fuese gratuita y accesible para todo el mundo, infringiendo las leyes en materia de derechos de autor. Aaron había mostrado mucha preocupación por mi caso. De hecho, cuando empezó a circular la noticia del trato al que me habían sometido en Quantico, acogiéndose a la Ley de Libertad de Acceso a la Información (FOIA, según sus siglas en inglés), Aaron presentó una serie de solicitudes para obtener más datos sobre esas condiciones. Apenas unos días después de presentar una interesándose por mi caso, el gobierno federal lo detuvo por primera vez por su activismo a favor del libre intercambio de archivos.

Durante la larga fase de instrucción de mi caso, mientras negociábamos, el gobierno nos instó a que estipuláramos que determinadas pruebas eran verdad, para acelerar lo que sin duda iba a ser un juicio lento y con abundantes hechos que debían ser probados. Yo quería que aceptásemos estipular únicamente las declaraciones de los testigos previstos; en otras palabras, lo que acordamos que era probable que fuesen a declarar oficialmente los testigos sobre algunas partes del procedimiento, como si se había respetado la cadena de custodia o no o cuándo se había presentado un documento en concreto. El gobierno pretendía que corroborásemos en qué momento había subido yo a internet ciertos documentos, por ejemplo. Sin embargo, buena parte de los datos factuales que habían recabado eran erróneos y habían llegado a conclusiones basadas en conjeturas más que en pruebas periciales, de manera que yo quería que eso constase oficialmente por escrito. Quería que la opinión pública escuchase el desfile de testigos que iban a cuestionar la versión oficial del gobierno y a contradecir esos supuestos hechos.

La negociación fue compleja. Yo creía que habíamos llegado a un acuerdo —y no un trato oficial— con la Fiscalía: el acuerdo consistía en declararme culpable «con excepciones y sustituciones». En otras palabras, una declaración mixta, de culpabilidad ante algunos cargos, pero no ante otros.

Para que se redujera mi condena, tendría que declararme culpable de la acusación de «ayudar al enemigo». Así se desestimarían algunas de las imputaciones ante las que no pensaba ceder. Me enfrentaría a un juicio por incumplimiento de una orden lícita, revelación de información clasificada y robo de propiedad gubernamental. Esto permitiría que la causa se centrase en las consecuencias de mis actos y no en el tira y afloja sobre lo que había sucedido realmente y lo que no. También solicitamos que el consejo de guerra lo presidiese un juez militar en lugar de un tribunal castrense formado por varios miembros; nos parecía más factible que viese el caso desde nuestro punto de vista una sola persona que un tribunal.

Sin embargo, después de tantas negociaciones, no hubo acuerdo. El ejército quería darme un castigo ejemplar y encerrarme en la cárcel el resto de mi vida. Yo no conseguiría nada parecido a un trato a menos que aceptase el que ya me habían ofrecido, el que implicaba declararme culpable de cosas que, sencillamente, no habían sucedido. El compromiso moral y el precedente que sentaría un trato de esa clase no compensaba el número de años en que se reduciría mi condena.

15

Fort Meade, Maryland
Verano de 2011

Me habían acorralado. Al optar por procesarme por divulgación no autorizada de información conforme a una opaca ley federal redactada en términos vagos e imprecisos, el gobierno impedía a Coombs y al equipo de letrados que me asignó el ejército presentar una verdadera defensa en mi nombre. No podía aducir que lo que había hecho era moralmente correcto.

El acoso del gabinete de Obama a las fuentes de información de los periodistas fue más intenso que el de cualquier otro gobierno anterior. Debido al redactado del estatuto federal, a partir de ese momento solo disponíamos de tres opciones: sostener que estaba mentalmente incapacitada cuando tomé la decisión, sostener que no tomé la decisión en absoluto o presentar pruebas atenuantes. Nos prohibieron afirmar que no se había infligido ningún daño a Estados Unidos.

La única estrategia legal que tenía sentido para nosotros eran los atenuantes, lo que significaba demostrar que yo era una buena persona que se había visto en circunstancias excepcionales y que el gobierno había ignorado de forma sistemática las señales de que se me estaba llevando al límite, restando importancia a mis problemas y ocultando todas mis dificultades porque necesitaban desesperadamente contar conmigo y con mis competencias técnicas. Y podíamos defender que las consecuencias de las filtraciones no habían sido ni mucho menos tan graves como aseguraba el gobierno, y que ninguna había causado perjuicios ni lesiones demostrables a nadie.

Yo odiaba verme obligada a recurrir a las circunstancias atenuantes. Tenía la sensación de que era como claudicar, como admitir que había cometido traición, cuando creía que lo que había hecho era cumplir con mi deber ético y democrático. Yo quería pagarles con la misma moneda y demostrar cuánta propaganda estaba circulando sobre mí. Coombs me pidió cautela y me recordó una y otra vez que la carga de la prueba recaía sobre el gobierno a la hora de demostrar que mis actos habían causado algún daño.

Mi equipo legal hizo todo cuanto estaba en su mano, incluso exponer el argumento de que la identidad de género me había empujado a una situación límite. Esta estrategia aún pesa sobre mi conciencia. El ordenamiento legal me obligó a declarar efectiva y públicamente quién era. Me da mucha rabia que mi género tuviese que salir a relucir en el tribunal y, aunque es cierto que estaba apabullada por el hecho de llevar mi identidad de género en secreto, simplemente no considero que hubiera una relación causal entre esa cuestión y mi decisión de hacer lo que hice. Me preocupaba que la argumentación que nos obligaron a presentar proporcionase munición a quienes pretenden patologizar a las personas trans, a quienes quieren dar a entender que ser trans es en sí una enfermedad o una aberración. Lo cierto era que, pese a las distintas formas de presión que sin duda contribuyeron de algún modo, actué como lo hice por lo que vi en Irak y por los valores que defiendo.

Los abogados insistieron en que no me quedaba otra opción. No podía declararme no culpable de todos los cargos porque, en efecto, había revelado información considerada, aunque fuese de forma arbitraria, «clasificada». No podía declarar incapacitación, el equivalente militar de la enajenación mental, cuyos términos son aún más rigurosos que en la justicia civil, ya muy rigurosa de por sí. La depresión, el estrés y la ansiedad tampoco servirían: casi todos los miembros de las fuerzas armadas tienen que lidiar con eso. De hecho, se supone que debes ser perfectamente funcional en esas condiciones. En el examen psiquiátrico posterior a mi detención me habían diagnosticado síndrome de Asperger moderado, así como la posibilidad de que hubiese sufrido el síndrome alcohólico fetal. Barajamos ambas posibilidades para poder aducir incapacitación, pero pensamos que ninguno de los dos diagnósticos daba de sí para esgrimir ese atenuante. Hablar del estrés causado por mi identidad de género serviría de ayuda hasta cierto punto, pero no conseguiría los resultados que nos habíamos propuesto; no parecía argumento suficiente sobre el que sostener la defensa en sí. Además, nos preocupaba que, debido a la transfobia omnipresente, revelar mi género se volviese en nuestra contra.

Tampoco estaba preparada para hablar de mi género ante la prensa, ni siquiera ante la mayoría de las personas que formaban parte de mi vida; solo había hablado de eso online, en salas de chat o en mensajes instantáneos. Estaba desesperada por transicionar, pero nunca había imaginado tener que hacerlo a la vista del mundo entero. Antes de que me detuvieran me había planteado probar una transición discreta cuando abandonase el ejército. Salir del armario sin darle demasiada importancia, sin hacer ruido, y luego seguir adelante con mi vida como mujer. Me arrebataron de las manos esa opción.

Sin haber podido contarle siquiera a mi familia mis problemas con el género, un periodista llamado Steve Fishman publicó en la revista *New York* un reportaje sobre mi vida que se ha citado muy a menudo. Mi género se hizo público. (Puede que Fishman se pusiese en contacto con mis representantes, pero no lo recuerdo y, desde luego, no recuerdo haber tenido la oportunidad de responder sobre la cuestión específica de mi identidad trans). Fue así como mi familia se enteró de que era trans. Se había especulado sobre ello en internet, pero no de un modo tan visible. Me habían delatado; fue devastador. Para quienes ya estaban predispuestos a colgarme la etiqueta de desequilibrada, aquello solo era otra prueba más.

Toqué fondo cuando salió la noticia. Mi familia y amistades ya habían tenido que enfrentarse al sentimiento de pérdida cuando me encarcelaron. Ahora, al menos algunos de ellos, lloraban a la persona que imaginaban que era yo. Y lo peor fue que me habían arrebatado mi derecho a reivindicarme: había perdido para siempre la oportunidad de identificarme ante el mundo conforme a mis propios términos.

Para cuando fuimos a juicio al fin, ya llevaba en la cárcel más de tres años. Durante ese tiempo vi a montones de personas detenidas entrar y salir de Fort Leavenworth. El derecho a tener un juicio rápido es… complicado. Habíamos recibido varios avisos falsos, con fechas de juicio para las que nos preparábamos y que, al final, se posponían una y otra vez. En cada ocasión, el gobierno alegó que necesitaba más tiempo y la coronel Denise Lind, la jueza que presidía el proceso, le concedió la prórroga. Sin embargo, en junio la jueza dijo basta.

La cárcel de Howard County, en Maryland, un centro de internamiento de cemento y escasa altura, estaba cerca de Fort Meade, donde tuvieron lugar todas las vistas y sesiones de mi consejo de guerra; permanecí allí durante el juicio.

Oficialmente, en Howard County no me sometieron al régimen de aislamiento, pero parecía que lo hubiesen hecho: estaba sola, separada del resto de los internos, como si fuera una pieza expuesta en un museo. Cada vez que tenía que salir del edificio para ir a ver a un abogado, me custodiaba un equipo SWAT fuertemente armado en un convoy de tres todoterrenos.

Cuando empezó el juicio, la sala del tribunal estaba llena de periodistas, de activistas maduros con barbas pobladas y camisetas *tie dye*, de grupos como Veteranos por la Paz, Veteranos de Irak contra la Guerra y Occupy Wall Street, además de la Red de Apoyo a Chelsea Manning, una organización sin ánimo de lucro que ayudaba a recaudar fondos para mi defensa legal y para las apelaciones posteriores. Muchos de los activistas presentes eran mayores, de la generación del *baby boom*, con un largo compromiso con el pacifismo surgido en torno a Vietnam. Se congregaban a las puertas de Fort Meade, en grupos de quince o veinte personas, con pancartas con consignas como «YO APOYO A MANNING», y los coches que pasaban a veces les pitaban en señal de apoyo. Yo agradecía el caluroso respaldo, pero en la sala expresaban su desobediencia civil de forma muy escandalosa, a veces interrumpiendo y retrasando el proceso. Veía cómo la jueza Lind se irritaba cada vez más y me preocupaba que la volviesen en mi contra. En ese momento estaba muy centrada en intentar ganar el consejo de guerra; para mí, eso no era una aparatosa acción simbólica, sino que se trataba de mi vida.

Le dije a mi padre que no acudiese a las sesiones. No haría más que causarme problemas y disgustos. Mi hermana, mi tía, mis primas y mi madre vinieron todas al juicio. Un caso basado en las pruebas periciales no es algo trepidante, exactamente, y no creía que me hiciera falta apoyo emocional en la sala del tribunal; necesitaba ser capaz de concentrarme. Además, sabía que iban a sufrir el acoso de los medios.

La coronel Lind era una mujer menuda de cincuenta y tantos años que bebía Coca-Cola Light a todas horas y examinaba los papeles de su mesa con unas gafas bifocales. Lind era centrista por naturaleza y sus simpatías caían del lado del gobierno. Lo dejó claro desde el principio del proceso, cuando denegó nuestra solicitud de desestimar el cargo de ayuda al enemigo, y lo dejó más claro aún en la vista oral previa al consejo de guerra, cuando me descontó tan solo ciento doce días de la condena que se me aplicase finalmente si se me declaraba culpable, a modo de compensación por el injusto trato que había recibido durante la fase de instrucción, mucho menos tiempo de los nueve meses que había pasado en régimen de aislamiento en Quantico y los cincuenta y nueve días en Kuwait. Tenía la sensación, por las preguntas que formulaba desde el estrado y por la forma en que dirigía el proceso, de que Lind había llegado allí con una decisión tomada.

Después de todas las negociaciones previas al juicio, me enfrentaba a un total de veintidós cargos, la mayor parte por burlar las medidas de seguridad y guardar material clasificado de forma indebida, así como por robo y por revelación no autorizada de información en virtud de la Ley de Espionaje. En el mes de febrero me había declarado culpable de diez de esas imputaciones. Se trataba de los cargos menores relacionados con los aspectos técnicos de mis delitos. Estaba dispuesta a admitir que había quebrantado la ley cuando filtré los documentos: coincidíamos con el gobierno en la esencia de lo ocurrido. Sin embargo, eso no era suficiente para la Fiscalía. Querían decir que había actuado con mala intención. Esa intención dolosa agravaría los cargos, y las consecuencias, en gran medida.

No estaba dispuesta a decir que había hecho algo —cometer un acto de traición— que no había hecho. Así pues, íbamos a luchar por el resultado de las otras doce imputaciones, entre ellas, la que me acusaba de ayudar deliberadamente a un enemigo (como Al Qaeda) revelando la información que tenía. Si me condenaban por eso, la pena podía ser la prisión permanente. La sentencia también sentaría un peligroso precedente, el de que cualquiera que divulgase online información relacionada con la seguridad nacional con el fin de que la opinión pública tuviese acceso a ella estaba cometiendo un acto de traición.

El jefe del equipo fiscal que actuaba en nombre del gobierno, el mayor Ashden Fein, era, por decirlo claramente, partidario de la disciplina más férrea. Era un texano de treinta y cuatro años y hacía seis que se había graduado en Derecho y doce en la academia de West Point. Tenía el pelo rubio y entreverado de canas, con un corte de pelo de estilo militar, y era un hombre de anchas espaldas. Como mostraban las condecoraciones de su uniforme, tenía más experiencia en los despliegues en el exterior que la mayoría de los abogados militares, pues había servido en Irak. Fein se mostró extremadamente agresivo en las negociaciones previas. Había estudiado bajo la tutela de mi abogado David Coombs en la escuela de derecho militar de la Universidad de Virginia y era un letrado con tendencia a hacer discursos grandilocuentes acompañados de teatrales aspavientos. Conjuraba todo el peso de su inmensa presencia escénica a la menor oportunidad.

Una noche, una o varias personas del equipo de la fiscalía entraron en la sala de vistas y accedieron a la máquina de estenotipia de los taquígrafos del tribunal. Me pareció tremendamente irónico que alguien que formaba parte del equipo que me procesaba por los delitos que se me imputaban se dedicara a acceder de forma indebida a la herramienta de trabajo de un empleado del gobierno. Cuando alertamos al tribunal, la jueza reprendió a la Fiscalía.

Fein utilizó el sistema de clasificación de la información como arma contra mí. Solicitó que solo se hiciera pública una cantidad de información lo más limitada posible, llegando a censurar extensos párrafos incluso de información ya publicada. Mi derecho a un juicio público y justo quedó pulverizado por la propia estructura de mi consejo de guerra. De hecho, en realidad había dos consejos de guerra: por un lado, las vistas que presenciaba el mundo entero y, por el otro, las vistas secretas o clasificadas, completamente a puerta cerrada. No permitían exponer de forma completa las causas que me habían llevado a tomar mi decisión, sino que además casi todo lo que parecía favorecer mis intereses solo aparecía en las pruebas clasificadas. Veinticuatro de los testigos a los que llamó a declarar la Fiscalía ofrecieron su testimonio, al menos en parte, en esas condiciones de secretismo. La jueza Lind proclamó lo siguiente: «El interés primordial de proteger la información relativa a la seguridad nacional de su divulgación pública es superior a cualquier peligro de error judicial». En otras palabras, justo lo que me había ayudado a decidir que merecía la pena filtrar la información —el uso arbitrario, autocomplaciente y en ocasiones manipulador del sistema de clasificación de la información— iba a ser utilizado como arma contra mí.

La capacidad de control que dicha arma otorgaba al gobierno rayaba en lo kafkiano. Por ejemplo, los cables diplomáticos que yo había filtrado y que cualquier usuario de internet podía encontrar mediante una simple búsqueda en Google seguían siendo información clasificada. Y cada vez que surgía un tema que el gobierno había considerado clasificado, se vaciaba la sala del tribunal y se barría el edificio entero para detectar la presencia de micrófonos. Todo el mundo tenía que apagar y entregar sus teléfonos móviles. Luego podíamos volver a entrar. Los periodistas, que ya estaban decepcionados porque se los privaba del contenido de las partes clasificadas, empezaron a exasperarse casi tanto como yo con todo el teatro que la Fiscalía le echaba al juicio. La mayor parte de las pruebas de las fases iniciales no trataban tanto del contenido de mi trabajo como analista —buena parte del cual es información clasificada, y con razón— como de las afirmaciones sobre los perjuicios que supuestamente había causado a los intereses estadounidenses en el exterior, lo cual no era información clasificada. Pero también había que vaciar la sala del tribunal para hablar de eso.

Las únicas personas que llegaron a oír —y probablemente las únicas que lo oirán jamás— el relato completo sobre el tiempo que pasé destinada en Irak y sobre mi trabajo allí son mis abogados y los psicólogos y psiquiatras del gobierno que me examinaron después de mi detención. Ante la prensa, el gobierno restó importancia a la facilidad con que accedí a la información clasificada, seguramente porque eso habría dejado en muy mal lugar al ejército; la mayor parte de la gente que no conocía bien la vida militar o los servicios clandestinos parecía dar por sentado que un soldado raso no podía saber demasiado, cuando, de hecho, los analistas de rango inferior —cuyo trabajo consiste en filtrar la información y preparar informes de asesoramiento—, en cierto modo, poseen unos conocimientos más especializados que otras personas de rango superior, quienes tienen que operar en el terreno de los titulares de prensa, las conclusiones y el pensamiento en términos globales. El gobierno sostenía que lo que hice fue volcar información sin ton ni son, aunque en realidad hice una filtración selectiva. Vi y pude llegar a mucha información que no hice pública y que nunca haré pública. Una relación real de la clase de información clasificada que manejaba —relación que no puedo divulgar todavía porque volvería de nuevo a la cárcel si lo hiciera— serviría para dar un contexto crucial. Lo que vi me ayudó a tomar la decisión de difundir los documentos.

El 5 de junio de 2013, el tercer día de mi juicio, se publicó una de las noticias bomba de este siglo. Edward Snowden, un contratista del gobierno que trabajaba para la empresa de consultoría Booz Allen Hamilton, había enviado documentos clasificados de la Agencia de Seguridad Nacional a las redacciones de *The Guardian* y *The Washington Post*. Las filtraciones de Snowden demostraban que el Gobierno de Estados Unidos estaba llevando a cabo una operación de vigilancia de ámbito global en colaboración con gobiernos de todo el mundo. Lo más alarmante para los lectores de los periódicos de Estados Unidos fue la revelación de que, a través de un programa ultrasecreto llamado PRISM, el gobierno espiaba a ciudadanos estadounidenses y las empresas tecnológicas y de telecomunicaciones le dejaban campar prácticamente a sus anchas. En sus comunicaciones internas, la Agencia de Seguridad Nacional estableció como objetivos «Captarlo todo», «Averiguarlo todo» y «Explotarlo todo».

Mi reacción ante la noticia fue complicada. En general, yo apoyo a Ed, pero la noticia se publicó en un momento poco oportuno para mí: dejó sin oxígeno a mi defensa. Casi todos los periodistas recogieron sus bártulos y se marcharon, y no los culpo. Fuera les esperaba aquella noticia importantísima, una auténtica bomba informativa que tenían que cubrir, y aunque la opinión pública se había ido poniendo de mi parte desde mi detención, de repente podían decir que yo era el filtrador «malo», el que estaba en la cárcel, el que no podía conceder una entrevista, el que supuestamente tenía problemas personales. Ed era el héroe. Me habían detenido antes de que pudiera dar a conocer mi relato, mi versión de la historia, antes de que se divulgase, y ahora mi segunda oportunidad de conseguirlo había sido catapultada de las primeras planas de los periódicos.

La jueza hizo una declaración oficial sobre las filtraciones de Snowden. Anunció que la cobertura de sus filtraciones no afectaría en ningún modo a su capacidad para juzgar el caso. Tengo el convencimiento de que eso no es cierto. El gobierno no podía procesar a Snowden, pues había huido a Rusia, así que yo me convertí en el chivo expiatorio cautivo. Mi consejo de guerra le brindaba la oportunidad de enviar un mensaje a los responsables de divulgar filtraciones en un momento decisivo.

El gobierno fue el primero en presentar su acusación y escogió un método muy interesante para atacarme: destacaron mi brillante historial como analista y lo especializada que había sido mi instrucción y luego le dieron la vuelta preguntándose cómo pude traicionar toda la confianza que se había depositado en mí. Su acusación restaba importancia a mi sexualidad y a mi disforia de género, sospecho que en parte porque hablar de sexualidad y de género habría subrayado hasta qué punto las restricciones de la ley del «No preguntes, no digas» —que había sido abolida a finales de 2010, apenas meses después de mi arresto— podían tener unas enormes implicaciones negativas.

Nada me habría gustado más que subir al estrado a declarar, a explicar lo que había hecho y por qué. Quería utilizar esa plataforma. Sin embargo, eso habría supuesto salirme de las normas: la Fiscalía había presentado una solicitud prohibiéndome que explicara cuál había sido mi intención, basándose en que la intención no era relevante para el consejo de guerra y que, por tanto, debería permanecer al margen del material probatorio.

Quise rebatir eso, tratar de dar mi versión. Necesitaba que la gente escuchara mi voz, y si la jueza me hacía callar, el mundo sería testigo de ello. David me recomendó enérgicamente que no lo hiciera. Si insistía en testificar, me someterían a un interrogatorio brutal. Además, añadió, no había nada que pudiera decir que no estuviese ya en las pruebas que teníamos previsto presentar y casi todo lo que quería decir sería expresado por otros testigos. El testimonio de un testigo que corrobora los hechos siempre tiene más fuerza que el del acusado, que es quien se juega el pellejo. Al final, cedí.

Durante el juicio, mis únicas válvulas de escape emocional eran el ejercicio y la comida. David me traía pizzas y hamburguesas. Eran cosas muy ricas que a aquellas alturas hacía años que no probaba. Me sabían a libertad. Leía todos los periódicos, a pesar de que en la cárcel los recibíamos con un día de retraso. También me interesaba ver cómo Early Bird —un agregador del Departamento de Defensa ya extinto que recopilaba las noticias más relevantes para las comunidades del ejército y la seguridad nacional— narraba el desarrollo del juicio.

El gobierno hizo cuanto pudo por ejercer un estricto control de la información sobre el juicio: las transcripciones no se hicieron públicas y no se permitían grabaciones de ninguna clase. *The Guardian* publicaba un exhaustivo blog en directo, a cargo de Ed Pilkington y Alexa O'Brien. David había conseguido que el tribunal le permitiese publicar, con algunos fragmentos censurados, las solicitudes de la defensa en su blog personal, que también hacía las veces de fuente para los periodistas.

Pero lo que más me preocupaba era cómo iban a presentar el caso los medios más importantes, los que en realidad modulaban la reacción de la opinión pública, como los canales privados de noticias, *The New York Times* o *The Washington Post*. ¿Adoptarían la línea oficial del ejército y darían por sentado que se habían producido daños significativos como consecuencia de las filtraciones? ¿Cubrirían el juicio —testigo tras testigo, perito tras perito— presentando como pruebas fehacientes datos hipotéticos sobre lo que el gobierno temía que ocurriera en lugar de informar sobre lo que había ocurrido en realidad?

Mi equipo de letrados trabajó con mucho ahínco para crear lazos con la prensa. El medio que más me gustaba de todos era *The New York Times*. Su cobertura me parecía la más imparcial. Admiraba particularmente el trabajo de Charlie Savage, un periodista especializado en temas de seguridad nacional al que habían asignado el juicio. Charlie había ganado un premio Pulitzer por su cobertura informativa sobre el uso del poder ejecutivo por parte del gobierno de Bush y había informado de forma agresiva sobre la manera en que la Administración Obama había cronificado y convertido en permanentes muchos de los métodos de vigilancia y detención de la era posterior al 11 de septiembre. (Más tarde escribió el libro *Power Wars* sobre el tema). No se quedaba sin más con lo que decía el gobierno, sino que iba un paso más allá y seguía investigando para describir la verdad.

El proceso avanzaba a paso de tortuga, en parte porque el mayor Fein tenía que consultar con un séquito de abogados que representaban a distintas agencias antes de dar su respuesta a cualquiera de las preguntas de la jueza. El amplio equipo de asesores de la Fiscalía ocupaba aproximadamente la mitad de la sala del tribunal. Después de cada pregunta, todos corrían a apretujarse en un rincón y discutían su respuesta durante dos o tres minutos. La lentitud era exasperante.

Muchos de mis antiguos colegas declararon en el juicio. Ver a las personas junto a las que había servido me hizo sentir como si no hubiese pasado el tiempo desde mi estancia en Irak. Otros colegas se negaron a colaborar con la investigación. Consultaron con sus abogados y declinaron hacer declaraciones. Quienes sí comparecieron como testigos fueron sinceros y me defendieron, una demostración de la lealtad y la profesionalidad que caracterizan nuestro campo. Algunos de ellos fueron a visitarme a la cárcel al término de su declaración. No podíamos hablar del caso en sí, pero me preguntaron cómo estaba y nos pusimos a charlar de la vida en general.

La Administradora fue la gran excepción. En el estrado empezaba una y otra vez a hablar de los hechos y luego siempre se volvía todo muy raro. Se contradecía ella misma y contradecía las declaraciones de otros testigos. En el interrogatorio, Coombs hizo trizas su testimonio sin ningún problema, empujándola a hacerse un lío con los detalles.

Uno de los incidentes que describió había sucedido en una sala donde, de forma muy oportuna, solo estábamos ella y yo, así que no había nadie más que pudiese contradecir su versión de los hechos. Me preguntó qué significaba la bandera para mí y yo le contesté con un argumento escéptico que tenía cierta base constitucional: «No siento lealtad hacia una bandera, es solo un símbolo. No es por eso por lo que me alisté. Lo que me importa es proteger a mis compañeros». Era leal a las personas, no a la propaganda.

Esa parte de su historia era verdad, pero después aseguró que solo fue el principio de una diatriba antiamericana y desleal, que había seguido diciendo que odiaba la bandera y que empecé a hablar de cuánto odiaba la bandera a todas horas. Declaró que sospechaba que yo era una espía y que había informado de sus sospechas en numerosas ocasiones.

Además de ser una extravagancia, su declaración resultaba fácil de desacreditar. En su turno para interrogar a los testigos, Coombs les fue preguntando si me habían oído hacer declaraciones antiamericanas o si alguien les había expresado su inquietud al respecto, y todas las respuestas fueron un no rotundo.

Lo más embarazoso para la Administradora, así como para la Fiscalía, era que su declaración inicial en la fase de instrucción había sido de carácter factual. Hasta que no llegó a los titulares informativos el alcance completo de la investigación (con la acusación de «ayudar al enemigo») no mencionó las acusaciones de deslealtad. El gobierno se aferró a su historia, ya que convenía a sus intereses, y la convirtió en la testigo estrella de mi supuesta falta de lealtad, cosa que resultaría ser un error táctico.

Yochai Benkler, abogado y especialista en redes digitales de Harvard, subió al estrado y explicó que, en una era de medios descentralizados, los grupos activistas online estaban desempeñando el nuevo papel de hacer llegar la información a la opinión pública. Este tipo de declaraciones no favorecía los intereses del gobierno, naturalmente. Mientras que este podía confiar en los periódicos y en el intercambio de favores, era «muy difícil suprimir la información una vez que se ha publicado [en la web] [...], de manera que para poder evitar esta divulgación indiscriminada de la información es necesario fomentar el miedo, por así decirlo, o restringir las libertades de los posibles autores de las filtraciones». También señaló que antes de conocerse mis filtraciones, el Pentágono consideraba a WikiLeaks, en la práctica, un medio informativo, y que los periódicos y las revistas más prestigiosos del mundo —*The New Times*, *The Guardian*, *Der Spiegel*— habían publicado los «diarios de guerra».

Fein trató de hacer que pareciera que yo había estado recabando información explícitamente para WikiLeaks desde que aterricé en Irak. Señaló una lista de sus «Filtraciones más buscadas» del año 2009 e intentó afirmar que yo ya había empezado a buscar el vídeo de Garani en noviembre, solo dos semanas después de mi llegada a Irak. Sin embargo, esta vez el tiro volvió a salirle por la culata: para empezar, teníamos pruebas de que yo no había subido el vídeo de Garani hasta la primavera de 2010. En segundo lugar, el vídeo ni siquiera figuraba en la lista de los más buscados. Y, en tercer lugar, la inmensa mayoría de las cosas que yo había hecho públicas tampoco lo estaban. (Coombs dijo que la situación era como si me hubiese presentado a una boda con un regalo que no querían ni la novia ni el novio).

De hecho, nos quedamos muy sorprendidos de lo bien que fue el consejo de guerra. Aparte de la Administradora, el gobierno no consiguió que ninguno de los testigos hablase de mí en términos peyorativos. Las pruebas periciales corroboraban mi versión de los hechos tal como yo la había contado y no encajaban con el relato conspiranoico de la Fiscalía. Sin embargo, incluso las cosas que en términos fácticos jugaban en nuestro favor a veces se volvían contra nosotros. La acusación estaba centrada especialmente en las filtraciones relacionadas con Guantánamo y puso mucho empeño en sostener que los grupos terroristas podían ver los informes de evaluación de detenidos y sacar de ellos conclusiones y datos relevantes sobre nuestra estrategia. No tanto, dijo el coronel Morris Davis, que había sido fiscal del centro de internamiento estadounidense de 2005 a 2007. En su opinión, los datos que contenían esos informes no eran lo bastante detallados o específicos como para que los terroristas pudieran utilizarlos. Dijo que era como leer unos «cromos de béisbol». «Más allá de que su divulgación pública resulte embarazosa para el país, no veo cómo podría obtener el enemigo ningún conocimiento valioso a partir de la lectura de los informes de los detenidos. Si lo que quieres es conseguir algún tipo de ventaja táctica estratégica, el informe de evaluación de detenidos no es el lugar al que acudir», declaró. Cassius Hall, que trabajaba para el Mando de Inteligencia y Seguridad del Ejército de Estados Unidos, dijo que más del sesenta por ciento del contenido de los SIGACT ya era de dominio público. La Fiscalía simplemente no podía demostrar que mis filtraciones hubiesen puesto en riesgo algo más que la pomposa imagen que Estados Unidos tenía de sí mismos. Aun así, el relato de la Fiscalía parecía estar prevaleciendo.

Después de un mes y ochenta testimonios, la Fiscalía terminó de hacer sus alegaciones. A continuación, Coombs lideró mi defensa. Nos mostramos de acuerdo con los investigadores del gobierno sobre los aspectos factuales del caso y sobre el significado de las pruebas periciales. Habían llevado a cabo una investigación muy exhaustiva y no poníamos en duda sus hallazgos. Dicho acuerdo se convirtió en la parte más sólida de nuestra defensa. A partir de entonces pudimos centrarnos en refutar la acusación de intención dolosa que me atribuía el gobierno y que, a diferencia del resto del caso, no contaba con ninguna prueba concreta que la respaldase. Tenían una conclusión, pero nada que lo demostrase; todo eran especulaciones y, como resultado, los propios investigadores del gobierno se convirtieron en nuestros testigos más sólidos. Recurrimos a ellos para demostrar que la Fiscalía estaba extrapolando y llevando su imputación mucho más lejos de lo que las pruebas periciales señalaban en realidad. En los alegatos finales, a últimos de julio, el mayor Fein habló durante la mayor parte del día. Se refirió a mí como «traidor», un calificativo que sigo rechazando. «Estas no son las palabras de un humanista», dijo en referencia a mi descripción de los SIGACT como «bellos y siniestros». (En Irak llevaba una chapa de identificación en la que definía mi religión como «humanista»). «Estas son las palabras de un anarquista». (Una caracterización del todo inofensiva, e incluso, si me apuras, un motivo de orgullo). Me acusó de buscar «notoriedad» con mis acciones. Coombs, en su alegato, demostró la arbitrariedad con la que el gobierno clasificaba y desclasificaba información y la despreocupación con la que manejaba la información clasificada que estaba bajo su tutela. Denunció la frecuencia con la que caía la red, obligándonos a todos a grabar copias de seguridad en CD, y lo habitual que era que viésemos películas o la televisión o nos bajásemos nuestro propio software en los ordenadores oficiales. Expuso con detalle cómo el ejército había creado el caldo de cultivo necesario para que yo fuese alarmándome cada vez más sobre lo que estaban haciendo tanto el propio ejército como el Departamento de Estado, así como por la increíble falta de seguridad de nuestra red.

En su argumentación de clausura, Coombs mostró el ahora tristemente famoso vídeo del ataque del helicóptero, en 2007, en el que resultaron muertos dos periodistas de Reuters.

Se refirió a mí como a un soldado «joven e inocente pero con buenas intenciones, que colocaba la vida humana y [...] las creencias humanistas en el centro de sus decisiones y cuya máxima inquietud era: "Tal vez yo puedo aportar mi granito de arena y hacer que cambien las cosas"».

«Culpable —leyó la jueza Lind—. Culpable, culpable». Siguió desplazándose por la hoja en que figuraban todos los cargos y repitiendo esa palabra en diecisiete de los veintidós delitos de los que se me acusaba, seis de los cuales violaban la Ley de Espionaje. La severidad de mi condena y el hecho de que hubiese pasado varios años en prisión antes de ser condenada por revelación no autorizada de información clasificada, violando la Ley de Espionaje, no tenían precedentes. Al fin y al cabo, había revelado información a la ciudadanía y eso no era espiar. Ahora se había sentado un precedente, se había creado un temor.

Me libré de pasar el resto de mi vida en la cárcel únicamente porque la jueza rechazó la que era la maniobra más exagerada, ridícula (y peligrosa para mí): el cargo de revelar información al enemigo. En otras palabras, no era culpable de traición. Lind tampoco me declaró culpable de haber filtrado el vídeo de Garani, secundando mi cronología de los hechos en lugar de la del gobierno.

A continuación, el juicio entró en la fase de emisión de sentencia, la fase más tensa y peliaguda. En lugar de reconstruir mis actos, se centró en los motivos que me habían llevado a actuar como lo había hecho. La jueza Lind había limitado el debate sobre mis motivaciones durante la mayor parte del consejo de guerra, pero entonces fueron el centro de la discusión. La fase de emisión de sentencia, en el tribunal militar, es casi como otro minijuicio; el código penal militar no tiene unas directrices estrictas para establecer las condenas, por lo que cada parte debe argumentar el grado de perjuicio cometido y la severidad del castigo.

Los testigos a los que mi equipo de letrados llamó a declarar debían describir mi estado de ánimo y mental en los días previos a mis actos. En concreto, querían mostrar que había estado a favor del ejército y que era una persona desilusionada, no alguien que nunca había creído en los objetivos de la organización a la que se había incorporado. Una de las personas que testificó fue Lauren McNamara, a quien conocí online, tiempo atrás, con el nombre de Zinnia Jones. Leyó los mensajes que nos habíamos enviado en 2009, cuando yo estaba en Fort Drum. Declaró que lo que a mí me preocupaba era «salvar la vida de las familias en los países extranjeros [...] y [de] los propios soldados, y garantizar su regreso a casa sanos y salvos». Afirmó que consideraba la vida humana como «lo más valioso, por encima de todo lo demás». En su turno de preguntas, la Fiscalía trató de proyectar mi participación en el activismo como algo malo. Le hicieron leer un mensaje que le había enviado antes de mi despliegue en Irak, para demostrar que mi confianza en la acción directa significaba que tenía la firme intención de hacer algo peligroso. «El activismo es divertido —había escrito una noche, muy tarde—. Aunque no hace que consigas grandes cosas a menos que salgas mal parada».

Coombs explicó que yo era una idealista, que había hecho todo aquello porque creía estar obrando por el bien general. Le recordó a Lind que en el momento de los hechos yo solo tenía veintidós años y que creía que no había ningún ciudadano estadounidense que pudiese apoyar la clase de guerra que tanto me había impactado al verla con mis propios ojos. Una de las psicólogas del ejército que me habían tratado subió al estrado y explicó que no había podido buscar ninguna ayuda efectiva para ninguno de mis problemas debido a la ley del «No preguntes, no digas». Expuso con delicadeza cómo aquella política de supuesta tolerancia discreta había acabado dejándome aislada, abandonada, sin una red de personas en las que confiar, y cómo el hecho de estar en un entorno «hipermasculinizado» me había impedido afirmar mi género, provocándome de ese modo toda clase de tensiones secundarias. Mi hermana, que había ido a visitarme a la cárcel varias veces durante el juicio, subió al estrado y habló de las dificultades que pasé en la infancia, del alcoholismo de mi madre y de la forma en que eso había moldeado los contornos de mi mundo.

Coombs también quiso demostrar que la dirección de mi unidad no había sido la adecuada. Varios testigos criticaron al sargento primero Adkins por su alarmante negligencia en materia de ciberseguridad. La defensa dio a entender que eso me había dado facilidades para copiar un disco que contenía miles de documentos de acceso restringido.

A Adkins lo degradaron un tiempo después a consecuencia de su papel en esta historia, un papel que en realidad había sido justo y en el que se había regido por los principios, y que poco o nada había tenido que ver con mis filtraciones. Se había negado a seguir el «No preguntes, no digas» y a denunciar ante su superior la foto que yo le había enviado en la que me mostraba como mujer. Creía que mi trabajo en el departamento, con su falta endémica de personal, era demasiado importante. Puede que también supiera reconocer el lastre tan dañino que representaban las políticas obsoletas, homófobas y tránsfobas del ejército.

Durante la fase de emisión de sentencia, la Fiscalía intentó demostrar que yo era una persona narcisista con complejo de superioridad. Esto se volvió en su contra al menos una vez, cuando preguntaron a un testigo (un psicólogo del ejército que me había tratado en Irak) por la vez que había descrito a los otros soldados como «paletos ignorantes». El testigo respondió que él también había llamado «paletos» a sus compañeros marines. El público de la sala se puso a reír a carcajadas. Asimismo, la Fiscalía siguió insistiendo en demostrar que había causado un grave perjuicio a la posición y los intereses diplomáticos de Estados Unidos en el exterior. Sin embargo, la mayor parte de su exposición sobre en qué medida se había producido dicho perjuicio se realizó con la sala vacía. Respecto a esto declararon cuatro testigos de forma exclusiva, dos sobre lo que habían significado las filtraciones para nuestra relación con Pakistán. En la parte pública del consejo de guerra, Patrick Kennedy, un representante del Departamento de Estado, dijo que las filtraciones habían tenido como efecto un «enfriamiento» en las «conversaciones directas». Robert Carr, que había dirigido una fuerza operativa de la Agencia de Inteligencia de la Defensa que debía evaluar los posibles daños causados por las filtraciones, declaró para Fein que «la gente tal vez no querrá hablar más con nosotros porque la información que pueda salir a la luz podría perjudicar su forma de ganarse el sustento». Sin embargo, en el turno de preguntas de la defensa, no supo nombrar ni un solo caso en que hubiese ocurrido lo que acababa de describir. Trató de relacionar mis filtraciones con la muerte de un afgano a manos de los talibanes, pero el hombre que había muerto no aparecía en ningún momento en ninguno de los cables diplomáticos, así que Lind ordenó que se borrara aquella parte de la declaración del testimonio.

Otro testigo, el comandante Youssef Aboul-Enein, miembro de la Fuerza Operativa Conjunta de Inteligencia para Combatir el Terrorismo, bajo la supervisión del Pentágono, y asesor militar del gobierno de George W. Bush durante las invasiones iniciales de Irak y Afganistán, sostuvo que las pruebas contenidas en los SIGACT de que Estados Unidos había asesinado a civiles ayudarían a los enemigos del país a recaudar fondos y a reclutar más combatientes. Sin embargo, solo pudo señalar dos casos en los que la organización terrorista hubiese utilizado información obtenida en los SIGACT: una vez en 2010, en su revista en lengua inglesa para promover el reclutamiento, *Inspire*, y otra en un vídeo al año siguiente, cuyo autor era Adam Gadahn, un estadounidense que entró en Al Qaeda y que hacía de portavoz. En el turno de preguntas de la defensa, Aboul-Enein declaró que, aunque los SIGACT podían revelar ciertas pautas de las actividades militares de Estados Unidos, Al Qaeda no había conseguido ninguna victoria fáctica como consecuencia de mis filtraciones. Una vez más, habían presentado su relato: no había pasado nada malo realmente, pero podía haber pasado. Me dieron ganas de gritar. La gente en Irak y Afganistán podía ver sobre el terreno la ubicación de las bases militares estadounidenses y las rutas de sus convoyes. No les hacía falta mirar documentos online. Y, aun así, al gobierno le daban mucho miedo las filtraciones: le daba miedo que la opinión pública abriese los ojos a la verdad y descubriese hasta qué punto nuestra conducta en los conflictos en el exterior contrastaba duramente con nuestros tan cacareados principios.

Mis abogados querían que hiciese una declaración pidiendo perdón al gobierno por el daño que había causado. Creían que eso me ayudaría a reducir el tiempo de condena de cárcel. Hubo una acalorada discusión, decían que redundaría en mi propio beneficio, cuando yo lo veía más bien como admitir unos perjuicios que no había causado.

Le dimos vueltas una y otra vez a lo que diría, estuvimos discutiendo horas y horas. Redacté mi declaración, que quería leer yo misma, en la que explicaba por qué había hecho lo que había hecho, asumía la responsabilidad de mis actos y admitía haber causado daños. Sin embargo, al final hice caso a mis abogados y esto fue lo que leí delante de la coronel Lind: «Quiero pedir perdón porque mis actos han hecho daño a algunas personas. Lamento mucho haber perjudicado a Estados Unidos. Cuando miro atrás me pregunto cómo es posible que yo, analista de rango inferior, creyera que podía cambiar el mundo para hacerlo mejor sin tener en cuenta las decisiones de quienes ostentan la autoridad adecuada».

Todavía pienso que esa declaración me perjudicó. El fondo de la noticia fue que reconocía haber causado daños. Las organizaciones y los manifestantes que tanto me habían apoyado querían que fuese una presa de conciencia, y si admites haber causado perjuicio, ya no lo eres.

Para cuando concluyó la fase de emisión de sentencia, sentía que ya no me quedaba ninguna emoción. Había dejado de permitirme el lujo de albergar esperanzas. Cuando la jueza leyó la pena de treinta y cinco años que me estaba imponiendo, junto con la expulsión con deshonor del ejército y la confiscación de todo mi sueldo, me quedé más aturdida que disgustada. No lloré. Habían pasado más de tres años y aquel consejo de guerra se había convertido en mi vida. No me podía imaginar ninguna otra cosa que no fuera la cárcel, y eso era lo que iba a ser mi vida los siguientes años. Una vida sin libertad hasta que cumpliese más de cincuenta, una vida con una restricción de libertades doble, un resultado tremendamente cruel y aberrante, porque me vería obligada a vivir como un hombre.

Los manifestantes sentados a mi espalda empezaron a gritar y a protestar. El gobierno estaba preparado: una escolta de seguridad nos sacó a David y a mí rápidamente de la sala del tribunal, nos llevó a una sala anexa y nos dejó allí hasta que se hubo ido todo el mundo.

«Oye, que ya se ha acabado», dije. David se echó a llorar. Dijo que me había animado a confiar en el sistema y que el sistema me había fallado. «No pasa nada —le contesté—. No pasa nada». Sentía una extraña sensación de alivio. Al menos ahora ya sabía el número de años. Una cifra exacta a partir de la cual iniciar la cuenta atrás, un número al que dar vueltas cuando no pudiese conciliar el sueño. Cuando te condenan a prisión permanente, no tienes ese rosario de cuentas para poder contar el paso de los días. Treinta y cinco años eran muchos años, pero no una cadena perpetua.

16

Fort Leavenworth, Kansas
Agosto de 2013

Si iba a pasar tantos años en la cárcel, debía liberarme de ciertas restricciones autoimpuestas. Ya no tenía ningún motivo para seguir bregando con la masculinidad y sí todas las razones del mundo para aprovechar la oportunidad de ser yo misma al fin. En el Tribunal del Condado de Leavenworth, justo después del juicio, me cambié legalmente el nombre por el de Chelsea Elizabeth Manning.

Había decidido salir del armario como trans un par de semanas antes de que terminara el consejo de guerra. Mi identidad de género se había convertido en un asunto que suscitaba mucho interés público y estaba decidida a recuperar el control sobre él. Mis abogados opinaban que salir del armario durante el juicio comprometería el caso, ya que socavaría nuestra argumentación y desviaría la atención de la prensa del relato que intentábamos exponer. (Tanto el mundo como el tribunal eran tránsfobos). Ahora, en cambio, ya no teníamos que preocuparnos por eso. Así que hice una declaración: «Esta es quien soy yo en realidad. Quiero que la ley lo reconozca». Breanna, el nombre que había utilizado en alguna ocasión anterior, ya no me parecía adecuado. Diez años atrás había jugado a los videojuegos con el nombre de Chelsea, que además era como se llamaba un barrio de Manhattan lleno de clubes y discotecas donde las personas queer podían sentirse como en casa, absolutamente cómodas, como si fueran gente normal y bien recibida en todas partes. (Claro que ahora el barrio está del todo irreconocible).

Le pasé un comunicado a David, que lo envió al programa *Today* para que los presentadores lo leyeran en antena. «Soy Chelsea Manning. Soy una persona de sexo femenino. Teniendo en cuenta la forma en que me siento y me he sentido desde mi infancia, quiero empezar la terapia hormonal lo antes posible. Espero contar con vuestro apoyo en esta transición». (El comunicado que se leyó en antena fue ligeramente distinto de lo que había escrito; David había cambiado sin darse cuenta «persona de sexo femenino» por «mujer»). Hasta al cabo de varios días no comprendí lo importante que era aquello. Pensaba que David exageraba cuando me lo dijo, pero entonces empezó a llegar el aluvión de cartas. Montones y montones de cartas llenas de cariñosos mensajes de apoyo, muchas de personas de la comunidad trans que me confiaban la historia de su propia vida.

En la cárcel fui de la oficina de Administración a la de Admisiones. Estaba dando mis primeros pasos encerrada donde se suponía que iba a pasar las siguientes tres décadas y media de mi vida, pero lo hacía siendo yo misma.

Con solo cuatrocientas personas, la cárcel parecía un pueblo pequeño, sin nada más que hacer que incordiar a los demás. El día que regresé a Fort Leavenworth, en el nuevo módulo para internos con condenas largas donde iba a alojarme, me presenté como Chelsea. Dije que era trans y que hacía poco que había salido del armario. Pero mucha gente ya lo sabía, lo habían visto en las noticias. Al principio nadie lo respetaba. Algunos guardias y presos se comportaron como auténticos gilipollas, pero había que tener en cuenta que a todos nos habían educado en la misma cultura despreocupadamente tránsfoba. Y yo todavía no me había ganado su confianza.

Aquel módulo de Fort Leavenworth albergaba a residentes permanentes que estaban aprendiendo a convivir; no era una cárcel temporal, donde todo el mundo se paseaba pavoneándose, adoptando una pose y sin saber muy bien qué hacer. Poco después de llegar, un recluso me cogió y me llevó a un lado. El guardia se encogió de hombros y me dijo que fuese a hablar con él. El preso me advirtió que todo el mundo sabía quién era yo, pero que eso a ellos les traía sin cuidado. No iba a ser tema de discusión. Me hizo un resumen del funcionamiento del módulo y de las normas de la cárcel: «Este es el que se encarga de qué material del gimnasio usa cada uno y cuándo. Esa es la mesa en la que tienes que sentarte, ese de ahí es tu pasillo. Aquí no queremos chivatos, claro, ni nada que se le parezca, como hacer preguntas que dirijan la atención hacia algo que va contra las reglas o hablar de algo cuando haya algún poli cerca que pueda oírlo. Ah, y a los guardias los llamamos polis porque eso es lo que son. La verdadera vigilancia consiste en vigilarnos nosotros mismos, los presos». Le ordenó a alguien que fuese mi acompañante al día siguiente, para asegurarse de que había entendido las reglas.

De algún modo, supuestamente por casualidad, casi todos los presos blancos acababan en una sección del módulo, los presos negros en otra y los latinos en una tercera. El hervidor eléctrico, que utilizábamos para hacer café y calentar el agua de los Kool-Aid, era donde más interactuaban los distintos grupos. Había unas normas muy complejas sobre quién podía usar el hervidor y cuándo, así que se convirtió en un centro de intercambio de información y chismes variados. Era nuestra iglesia, nuestra escuela, nuestra oficina y nuestro bar, todo a la vez.

Poco a poco mi vida fue adaptándose a la rutina. Muchas veces me saltaba el desayuno para dormir un poco más; aquello no era como la reclusión durante la fase de instrucción del juicio, cuando te sacaban de la cama para darte de comer. Sí conseguía levantarme los domingos, pues había tortillas con huevos de verdad, no las de sucedáneo ni las magdalenas pasadas habituales. En la cárcel, comer y dormir se contaban entre nuestros únicos placeres, y ambas cosas estaban permitidas. El menú me servía de consuelo.

Me hice adicta al cardio: entrenaba con sesiones de HIIT los días que tocaba ejercicio en el interior y corría los días que salíamos al patio. Otros presos corrían también, pero entraban y salían y corrían en grupos distribuidos según el ritmo. Yo casi siempre corría sola. No me gustaba hablar, no quería pensar. Quería sentir la euforia, el subidón del corredor. Si no iba a hacer un esprint, me ponía los auriculares y escuchaba música pop con el ritmo más potente que pudiese encontrar en las emisoras de FM de Kansas City. Daba vueltas a la pista cada vez más y más rápido hasta dejar la mente en blanco. Contaba siguiendo el ritmo: uno, dos, tres, cuatro, uno, dos, tres, cuatro. Me concentraba en la respiración: inspirar, espirar. Contemplaba los cúmulos de nubes en el horizonte plano, calculaba el tiempo por el grado de declive del sol. Cuando al fin oscurecía, era la hora de volver, de recordar lo que había intentado dejar aletargado. Acababa con un último esprint al límite de mis fuerzas, un ímpetu final que me llevaba al borde del agotamiento extremo. Me sumergía en la libertad del sueño en cuanto apoyaba la cabeza en la almohada.

Obligar al sistema penitenciario, y al ejército, a tratarme realmente como a una mujer resultó ser muy difícil. Presenté la primera solicitud administrativa necesaria en el momento en que procesaron mi ingreso en Fort Leavenworth, después del consejo de guerra, lo que significaba entrar en otra prolongada batalla legal. Antes incluso de que empezara el consejo de guerra decidí investigar cómo las presas trans del sistema penitenciario federal habían conseguido obtener un tratamiento apropiado durante su encarcelamiento, con el fin de desarrollar yo un caso similar para el sistema paralelo del ejército. El argumento, apoyado en la prohibición de infligir un castigo cruel e inusual instaurada por la Octava Enmienda, consistía en que, para una persona trans, conseguir tratamiento hormonal era una necesidad sanitaria. Le expliqué mi plan a David Coombs; él no creía que tuviese ninguna posibilidad, puesto que en el ejército no había ningún precedente, así que le entregué un informe legal que había redactado yo misma con mi teoría sobre cómo podíamos hacerlo viable.

Lo primero que tuve que hacer fue demostrar que me habían diagnosticado disforia de género. El gobierno ya había hecho parte de ese trabajo: el psicólogo que me examinó para el juicio había confirmado mi disforia. Lo que nos hacía falta era que el gobierno lo reconociese, por eso le había pedido a David que lo sacase a relucir durante el consejo de guerra, cosa que lo convertiría en readmisible de facto en otro tribunal sin que tuviéramos que llamar a declarar a una nueva retahíla de testigos para volver a demostrarlo.

Tras declararme públicamente persona trans en 2013, David me derivó a la Unión Estadounidense por las Libertades Civiles (ACLU, según sus siglas en inglés). Chase Strangio, mi siguiente abogado, se incorporó al equipo. Chase también es trans y no tardó en convertirse no solo en mi abogado, sino en un ejemplo. (Desde entonces ha batallado con éxito ante el Tribunal Supremo en favor de un dictamen histórico que blinda la protección de las personas queer en el lugar de trabajo). Con el paso de los años a partir de mi sentencia nos convertimos en verdaderos amigos. Llamaba cada dos semanas o así y, como es lógico, hablábamos de mi caso, pero también de política y de su vida. Yo le contaba cómo me iba en la cárcel, cómo me sentía y quién se metía conmigo. Él me escuchaba. Se preocupaba por mí.

Mi equipo jurídico había enviado una carta al Pentágono y al ejército solicitando que se me administrara un tratamiento para la disforia de género, que incluía terapia hormonal y la libertad de seguir los hábitos de aseo personal femeninos. Sin embargo, el Pentágono no me dio permiso para hacer nada de eso y su respuesta formal fue que el ejército no proporcionaba «terapia hormonal ni cirugía de reasignación de sexo para el trastorno de identidad de género».

Chase realizó algunas modificaciones en la argumentación que yo había presentado, la más importante, el cambio de jurisdicción: él pensaba que presentar nuestro caso ante los tribunales federales primero, antes de hacerlo delante de los tribunales militares, nos ayudaría. Los jueces federales suelen ser más vulnerables a las presiones de la opinión pública y para entonces los derechos de las personas trans empezaban a ser más visibles. Eso fue algo que yo jamás hubiese imaginado. Algunos defensores de los derechos trans vieron mi declaración pública de que era una mujer trans como un punto de inflexión que contribuyó a dar notoriedad al colectivo y a concienciar a la población general. Sea cierto o no, ahora tengo muchas amistades que salieron del armario como consecuencia de mi declaración pública.

El caso federal era sólido. Se trataba de una violación manifiesta de la Octava Enmienda: la denegación absoluta de la atención médica necesaria, contraviniendo directamente la recomendación de varios especialistas médicos. La supuesta lógica del gobierno —que administrarme algún tipo de terapia hormonal sustitutiva comprometería de algún modo «la seguridad y prevención de daños» de la cárcel— era absurda. Los hechos eran indiscutibles y la ley era clara, pero presentar el caso en sí dependía de mi voluntad de emprender el largo y tedioso camino de «agotar todas las vías administrativas». Tendría que realizar el inútil ejercicio de solicitar al sistema penitenciario militar una atención médica necesaria a la que ya tenía derecho y luego pasar por todo el proceso, desde la exposición del conflicto (una queja) hasta múltiples recursos antes de que me permitieran siquiera llevar mi caso ante un tribunal.

Ni el gobierno ni el sistema judicial en general habían fallado nunca en mi favor. Tenía una confianza nula en que los tribunales accediesen a mi solicitud, a pesar de que el imperativo moral parecía claro.

Y tenía la sensación de que aún había más cosas en juego que en el consejo de guerra. No se trataba solo de proteger mi vida, sino de establecer un precedente que ayudaría a otras personas a seguir adelante con la suya. Quería que el gobierno supiera que yo era indomable, que no me acobardaba, que era capaz de llevar a cabo una acción directa.

La sección de Derecho de la biblioteca se convirtió en mi lugar favorito de la cárcel. Creo que pasé más tiempo allí que las personas que trabajaban en ella. Rellené solicitudes FOIA, no solo relacionadas con mi caso, sino también con asuntos que salían en las noticias y de los que quería saber más, como el Insider Threat Program, un programa de vigilancia de amplio alcance a través del cual el gobierno investigaba a sus propios empleados. (Le pasé la información de los materiales que obtuve vía FOIA a Ed Pilkington, del periódico *The Guardian*, quien la utilizó en un artículo). Solicité información sobre los casos de otros internos y sobre cómo el ejército usaba los cupos para modular el proceso de libertad condicional de manera injusta. Descubrí, gracias a FOIA, que Fort Leavenworth, infringiendo su propio código, no emitía advertencias verbales a los presos antes de aplicarles un castigo formal, como el aislamiento (en el llamado «departamento especial de régimen cerrado»), y les pasé la información a los redactores del boletín interno de la cárcel. De pronto, como por arte de magia, la política de las advertencias verbales empezó a instaurarse. Me reafirmé en mi convencimiento de que la información es poder, y es un poder que debería ser ejercido por todo el mundo.

Me convertí en la letrada de la cárcel, dando consejos a otros presos con fecha asignada para presentar apelaciones ante la junta administrativa. Les redactaba los guiones para los turnos de preguntas o les ayudaba a preparar una declaración escrita que pudiese sustituir a una declaración verbal improvisada. A veces me pagaban en la moneda carcelaria: mercancía del comedor, contrabando que se habían agenciado de algún modo. Me volví una experta en las mil y una formas en que se puede utilizar la ley contra los presos, con la intención de aprovechar todos esos conocimientos. Sacar a la gente de las celdas de aislamiento era mi máxima prioridad. Quería ver esas celdas arder en llamas.

El primer año que estuve en la cárcel militar, mi tarea oficial consistía en trabajar en las instalaciones del comedor, encargándome del turno de desayunos de las tres de la mañana. El horario era peor que en Irak y casi tan malo como el de Starbucks, que cambiaba de un día para otro. Empecé frotando ollas y sartenes —la tarea más ardua y desagradable de la cárcel, en la que acababa cada día poniéndome perdida de agua sucia y restos de comida— y luego fui subiendo de categoría hasta dedicarme a llenar las bandejas de comida que les servían a los presos incomunicados, lo cual era una tarea mucho más llevadera y mucho menos inmunda.

Nadie podía irse hasta que el trabajo estuviese hecho. Al fin y al cabo, cuanto antes terminábamos, antes nos podíamos volver a la cama. Yo me ponía a dar voces, casi como una sargento de instrucción, diciendo que aquello era un esfuerzo colectivo y que todos teníamos que arrimar el hombro. Nadie quería quedar mal delante de los demás por ponerse a refunfuñar. Mi primera pelea fue precisamente por eso. Un chico blanco y delgaducho de mi sección se negaba a trabajar. Me dijo que me pasaba más tiempo organizando a la gente y dando órdenes que haciendo mi tarea. Luego me soltó un insulto bastante crudo. Monté en cólera. «Si tienes algún problema conmigo y con cualquiera que lo único que quiere es volver a su celda cuanto antes, vamos a solucionarlo, anda», le dije.

Lo animé a reunirse conmigo en la zona de los frigoríficos, donde los presos «solucionaban» los problemas lejos de las cámaras de seguridad.

Después de eso, algunas personas empezaron a llamarme la Jefa, literalmente (y en español). Se dirigían a mí empleando pronombres femeninos, una señal de auténtico respeto. Aunque no se me escapa el hecho de que no comenzaron a respetarme como mujer hasta que no hice gala de un comportamiento típicamente chulesco y masculino.

Odiaba ir a la barbería. Teníamos que pasar por allí cada dos semanas para raparnos con el obligado corte institucional. No soportaba el ruido de la maquinilla eléctrica ni ver los montoncitos de pelo. Aquello significaba que, una vez más, volvería a ser un hombre, que con cada medio centímetro de pelo esquilado me vería recortada una y otra vez, literalmente, a una versión de mí misma que odiaba. Intentaba saltarme las citas con el barbero, pero los guardias se mostraban inflexibles.

Los barberos, por otra parte, eran amables. Ellos también eran presos, aunque habían recibido formación en cosmética para trabajar en la prisión. Se daban perfecta cuenta de lo mal que lo pasaba. Veían cómo se me tensaba el cuerpo y percibían la ansiedad que me producía la situación. Me entraban todos los males y le decía al barbero que no quería hacerlo, que no podía soportarlo otra vez. Ellos empezaban a cortar muy despacio, hablándome mientras sin parar con mucha delicadeza. «Lo sé», me decían afectuosamente. No me juzgaban en ningún momento y conseguían que me pusiese a hablarles de otra cosa, de lo que fuese.

A veces me lavaban el pelo, para que el trance se pareciese más a una sesión en un salón de belleza, y todos los barberos se aseguraban con cuidado de dejarme el pelo a la máxima longitud permitida. Uno de ellos me preguntó si podía hacerme las cejas con la excusa de que necesitaba practicar, así que a partir de entonces me las depilaba dándoles forma femenina, un simple detalle que me hacía sentirme más como la persona que sabía que era. Me conmovió muchísimo.

Yo no era la única persona trans de nuestro módulo. A finales de 2013 cerraron el comedor para renovarlo, así que tuvimos que irnos a comer al gimnasio. Toda la organización social se fue al traste temporalmente y la distribución de las mesas se convirtió en un caos. Se traspasaron los límites territoriales, de modo que se rompió de facto la segregación habitual. Alguien de la comunidad latina se sentó a mi lado y empezó a hablar tranquilamente de mi identidad trans. «Yo siento lo mismo que tú. Tengo estos sentimientos, pero nunca he tenido oportunidad de lidiar con ellos», me dijo. Poco después trasladaron a esa persona a un centro de seguridad media de Texas. (Texas era una jurisdicción donde los presos no podían cambiarse legalmente el nombre, lo que impedía que una persona trans hiciera lo que yo había hecho en Kansas).

Ahora la mayoría de los presos me hablaban en femenino y utilizaban mi apellido o me llamaban Chelsea. Incluso los tránsfobos, en general, me respetaban, pero había un individuo —un hombre blanco, pelo rubio, con gafas, flaco y desgarbado— que había sido condenado por matar a miembros de la población civil. Un día, poco después de su llegada al centro, entró en el comedor y empezó a meterse conmigo por mi género. Si aquel hombre se creía original y capaz de hacerme algún tipo de daño, estaba muy equivocado. Ser una persona trans que había salido del armario me había convertido muy rápido en alguien con la piel muy gruesa. Estaba rodeada de gente que me decía las cosas más crueles posibles, así que aprendí a ser el doble de dura y a estar el doble de dispuesta a machacar a quien fuera a puñetazos. Me encaré con él de inmediato. «¿Y tú te has visto, piltrafa enclenque y cuatro ojos? Menudo general de pacotilla...». Se quedó momentáneamente fuera de juego. Los demás reaccionaron. «Vaya, eso ha tenido que doler...». Estaba muerto de vergüenza. Una mujer trans acababa de bajarle los humos y allí nadie iba a dejar que lo olvidara.

Los otros reclusos apoyaban mi intención de seguir adelante con la reasignación de género, no necesariamente porque fueran grandes defensores de los derechos de las personas trans, sino porque obligar al gobierno a que me administraran terapia hormonal era luchar contra el sistema penitenciario. Una victoria para mí sería como una victoria para los presos. Al final, en la cárcel me dieron premiso para llevar ropa interior femenina, pero era una concesión tan mínima que me lo tomé como un insulto. Yo quería que me suministraran hormonas —un cambio radical en mi cuerpo y las funciones biológicas de mi organismo— y lo que me dieron fue una prenda de algodón cortada de forma ligeramente distinta. Era como si se estuviesen burlando de mis reclamaciones, de mi sufrimiento. «Cambia de ropa interior, pero no te cambies nada más, Manning».

Me dio por llamar jocosamente a la jerarquía penitenciaria con el nombre de la Sacrosanta Orden de las Sillas de Plástico Azules. En el recinto del comedor había cuatro filas y podías saber el poder que ostentaba cada cual por la fila en que se sentaba. Imagino que la mentalidad y las tradiciones militares nunca mueren. Al final pasé a ocupar la tercera fila, donde asumí el papel de una especie de vigilante. Mi labor consistía en asegurarme de que todo el mundo trabajase y contribuyese por igual y en mantener a la gente a raya en general. Cuando dos personas tenían algún problema —robo, acoso, lo que fuese—, yo llevaba a cabo la investigación informal. Era yo quien preguntaba el quién, el qué, el dónde y el cuándo. El porqué no me importaba demasiado. Solo tenía que establecer quién era el responsable del problema y exigir cuentas a esa persona de forma discreta.

Sin embargo, la dificultad era que vivíamos en un estado de vigilancia totalitario y segregado racialmente, diseñado para que todos nos enfrentásemos con todos. Los polis lo único que querían era experimentar el subidón que les daba cada vez que mandaban a alguien a la celda de aislamiento y los ascensos y beneficios que conseguían cuando imponían castigos severos a los internos.

La comida era la actividad en torno a la cual giraba toda la vida en la cárcel. Las secciones se turnaban para ir al comedor y cada una tardaba veinte minutos en hacer la cola. Los guardias controlaban la rapidez con la que se llamaba a cada sección y un día, en el almuerzo, poco antes de una importante inspección programada de antemano, uno de los guardias decidió hacer valer su poder obligando a la cola de la comida a avanzar más despacio, de forma que la sección tres se quedó sin almorzar. Todos los presos se pusieron hechos una furia, levantando las bandejas vacías y vociferando como posesos. El guardia hizo lo mismo a la hora de la cena y otra vez al día siguiente, en el almuerzo y en la cena, hasta que quedó claro que aquello era deliberado, que estaba obedeciendo órdenes.

Las comidas eran la única cosa positiva de la que disfrutábamos a diario y la cárcel nos las estaba jodiendo a caso hecho. Aquello nos confundió y nos alteró muchísimo, creó hostilidad entre las secciones y, en general, nos indujo a comportarnos de tal modo que teníamos todos los números para acabar en la celda de aislamiento. La cárcel gira en torno al control y la dominación. El segundo día de la crisis llegó la unidad de la policía militar de investigación. Son los guardias que seleccionan a los informantes confidenciales. Se sentaron allí a observar el ambiente de pánico, esperando a que alguien se comportara de forma punible.

Fort Leavenworth contaba con un consejo de presos, algo parecido a un consejo de estudiantes pero trasladado a la población reclusa. Después de tres días de provocación deliberada, acudí al consejo con un plan. Al finalizar las comidas, los presos tenían la opción de volver directamente a sus secciones o dirigirse a la ventanilla de farmacia para recoger medicamentos. Había una regla según la cual a los presos se les podía dar paracetamol siempre que quisieran, sin hacer preguntas y sin necesidad de receta médica. Sugerí que todos los reclusos fuesen a la ventanilla de farmacia y pidiesen una dosis de paracetamol, lo que haría que se formase una larguísima cola, ralentizando así el ciclo entero de la jornada. De ese modo estaríamos plantando cara sin contravenir ninguna de las normas. Sin embargo, mi propuesta solo funcionaría si las dieciocho secciones al completo participaban en la protesta.

A la hora del almuerzo del día siguiente, todas las secciones se habían subido al carro. Cada veinte o treinta minutos, un grupo de personas se levantaban e iban del comedor a la fila de la ventanilla de farmacia, todas a la vez. La cola ya daba la vuelta a la cárcel. Mi sección era la última, así que tuve oportunidad de ver la reacción en el comedor. Los guardias estaban aterrorizados. Pidieron refuerzos. La policía antidisturbios apareció al final de la cola.

Cuando los investigadores se me acercaron, me llevé la mano a la frente. «¡Tengo el peor dolor de cabeza de mi vida!», exclamé.

Me quedé alucinada, tanto por el hecho de que hubiese funcionado como por la contundencia de la respuesta. El comandante de la cárcel hizo acto de presencia, igual que lo que parecían policías civiles del exterior. Empecé a temer que tomaran represalias contra mí. Me preocupaba que me hubiesen visto organizando la respuesta. Empecé a sudar a chorros y me entró de verdad el peor dolor de cabeza de mi vida. Al final, a las cuatro de la tarde, las últimas personas que había en la cola, incluida yo, conseguimos nuestra dosis de paracetamol.

Esa noche, las autoridades de la cárcel ordenaron un cierre de emergencia. Para cenar nos sirvieron la comida empaquetada en las celdas. Algunas personas se mostraban eufóricas por el éxito de nuestra iniciativa, por cómo habíamos plantado cara a los carceleros, pero muchos otros presos estaban muy cabreados. Sí, habíamos evitado las celdas de aislamiento, pero en lugar del confinamiento en solitario, nos habían encerrado en grupo, lo cual también podía ser otro infierno.

A la mañana siguiente levantaron la orden de cierre. En el desayuno, el comandante del centro nos estuvo vigilando, acompañado de su lugarteniente y de un nutrido grupo de investigadores. Yo ya estaba preparada para que la provocación deliberada volviese a repetirse, pero en cambio se obró un milagro: el desayuno se sirvió con toda normalidad.

17

Fort Leavenworth, Kansas
Verano de 2015

En la cárcel, la banca siempre gana. Una semana después de la maniobra de protesta, justo cuando parecía que las aguas habían vuelto a su cauce, un guardia me abordó cuando salía del comedor y me preguntó si le había tirado un sobre de kétchup. Le pregunté si me estaba acusando de algo y me contestó que, efectivamente, así era: acababa de agredirlo.

Levanté las manos y le dije que quería un abogado. «Artículo Treinta y Uno, UCMJ». Le recité la versión militar de la Quinta Enmienda. Necesitaba un abogado si iban a acusarme de agresión. En ese momento ya me rodeaba una multitud de guardias. Repetí mi solicitud requiriendo la presencia de un abogado.

Al final me dejaron en paz. Me fui hacia la ventanilla de farmacia a pedir mi paracetamol, notando todas sus miradas clavadas en mi espalda. Creí que ahí acababa todo.

Al cabo de unos días ya había olvidado el incidente por completo, pero entonces, sin previo aviso, cuando volvía a mi celda después del almuerzo, vinieron a por mí. Dos guardias me sacaron de la sección y me llevaron por los largos pasillos hasta el departamento especial de régimen cerrado, donde permanecería incomunicada hasta que concluyese la investigación. Los investigadores de la cárcel registraron mi celda durante horas en busca de infracciones. Tomaron fotos y registraron todos mis objetos personales. Encontraron un tubo de pasta de dientes caducada que, naturalmente, me había suministrado la propia cárcel y me acusaron, de forma absurda, de «uso indebido de medicamentos».

Tenía el número de Caitlyn Jenner de la revista *Vanity Fair*, adquirido según las normas de la cárcel, y lo clasificaron como de contrabando. Cogieron y se llevaron todos mis libros, entre ellos, textos de teoría política y de historia de la organización política y obras de personas trans o queer o sobre el tema. También los consideraron contrabando. Además de esos cargos, añadieron el de alteración del orden, acusación que sustentaron en el hecho de que hubiese solicitado un abogado. El hecho de que hubiese levantado las manos en el aire lo caracterizaron de «agitación violenta».

Solo estuve en la celda de aislamiento un día, gracias a una vista disciplinaria ante una junta penitenciaria que no pudo por menos de reconocer que aquellas imputaciones habrían abochornado incluso a los interrogadores de Josef K. Sin embargo, me impusieron quince días de restricción del tiempo de recreo. Era la primera vez que estaba en aislamiento desde que llegué a la cárcel de máxima seguridad para penas de larga duración y lo cierto es que no me podía creer que, después de todo lo que había sufrido y conseguido evitar, hubiese acabado allí por culpa de un incidente inventado con un sobre de kétchup.

No obstante, ese día en solitario me di cuenta de que a las autoridades penitenciarias no les importaba que nos peleásemos. Ponían mucho empeño en promover la hostilidad y la segregación y no querían que nos reconociésemos como una clase unida con intereses comunes. Lo que más temía la dirección de la cárcel era que nos asociáramos y colaborásemos todos juntos. Eso significaba que estaban perdiendo el control.

En septiembre de 2014, Chase y la ACLU presentaron una demanda en mi nombre contra el secretario de Defensa, Chuck Hagel, así como contra otras autoridades militares, por su negativa a proporcionarme el tratamiento médico que necesitaba. A fin de cuentas, el Pentágono, en cuanto máxima autoridad, tenía la última palabra sobre cómo se me debía tratar a mí, una persona que pertenecía al estamento militar. Además, Washington D. C., donde presentamos la demanda, era una jurisdicción más favorable en la batalla por los derechos de las personas trans que el distrito de Kansas, donde yo me hallaba físicamente. Y los propios médicos del ejército me habían diagnosticado disforia de género hacía cuatro años. Precisaba tratamiento hormonal de forma urgente. También presentamos una solicitud para una medida cautelar preliminar: queríamos una orden de suspensión cautelar contra el gobierno. En lugar de pasar otra vez por todo el proceso de intercambio de peticiones y argumentaciones judiciales, el gobierno empezó a ceder. En diciembre de 2014 logré el acceso a productos cosméticos. El Pentágono tuvo la última palabra respecto a si podía usar pintalabios o no, un momento surrealista. Y pese a todo, seguía teniendo la impresión de que había alcanzado una humillante solución de compromiso, de que no era más que una medida provisional que no abordaba el fondo fundamental del asunto.

Al final conseguí las hormonas. El 16 de febrero de 2015, tras varias semanas de visitas médicas, me dirigí a la ventanilla de farmacia y me dieron mis primeras dosis de tratamiento hormonal. Me convertí en la primera persona del sistema penitenciario militar en poder seguir dicho tratamiento y estaba entre las primeras del estamento del ejército en general: unos meses antes habían empezado a relajar la política oficial. Chuck Hagel había anunciado en noviembre de 2014 que iba a abandonar su puesto como secretario de Defensa. Conmigo se había mostrado abiertamente hostil. Después de declararme ante el público persona trans, Hagel había seguido refiriéndose a mí por mi necrónimo. Utilizaba de forma sistemática pronombres masculinos para hablar de mí. No creo que sea casualidad que los derechos de las personas trans no avanzaran hasta que él renunció a su puesto. Tal vez si el Pentágono cedió, se debió en buena parte a que la opinión pública estaba empezando a virar hacia las reivindicaciones de los derechos de las personas trans, y habría sido una pesadilla para su imagen pública que hubiese salido a la luz que el gobierno me obligaba a vivir como un hombre en contra de las recomendaciones de sus propios médicos.

Tampoco fue el final de mi batalla legal por mi identidad de género. El ejército me prohibía dejarme crecer el pelo; solicitamos formalmente repetidas veces que se me permitiera poner en práctica ese importante aspecto de la estética femenina, pero siempre nos denegaron la solicitud.

Pese a la ilusión que me hacía seguir al fin el tratamiento, la terapia hormonal debilitó las defensas emocionales que con tanto esmero había erigido durante años y años. El primer mes consiste simplemente en rebajar el nivel de testosterona. La libido disminuye, se reduce la masa muscular. A medida que pasan las semanas, el nivel de estrógenos va aumentando poco a poco. La afluencia de sustancias químicas nuevas en mi organismo desbloqueó más emociones y me sumí en la tristeza. Nunca había estado deprimida sin que la testosterona actuase como mecanismo de defensa químico. Era desesperante. Y luego, cuando ya llevaba unos tres meses de tratamiento, el equilibrio hormonal cambió. Era peor que desesperante. El sistema endocrino que durante toda mi vida había regulado mis emociones quedó desmantelado sin haber sido reemplazado por nada coherente.

Todo se volvió más intenso. Las amistades me procuraban felicidad de una forma más vívida y profunda, pero, de igual modo, cualquier sensación dolorosa me destrozaba por dentro. Me pasaba días enteros llorando por primera vez en mi vida. Además, seguía montando en cólera; entonces me iba al taller de carpintería, cogía un mazo y me dedicaba a destrozar tacos de madera hasta pulverizarlos.

Las relaciones con las personas eran más profundas, al igual que la ausencia de ellas. Tenía la vulnerabilidad a flor de piel. Se dice que esa es la fase más dura del proceso de transicionar y, desde luego, para mí lo fue. Me costaba mucho hablar de ello francamente con la gente. No sentía la suficiente confianza con nadie como para verbalizar todo aquel sufrimiento. Y mucho menos con un psicólogo, quien se limitaría a informar de todo cuanto dijese clasificándolo de «seguridad y prevención de daños», lo que en prisión puede servir fácilmente de excusa para quebrantar la confidencialidad entre médico y paciente. Aborrecía las sesiones semanales de terapia de grupo: en lugar de abordar nuestros problemas de verdad, nos daban cuadernillos de trabajo que debían reconvertirnos en miembros inteligentes y ejemplares de la sociedad. Teníamos que sentarnos allí y hablar sobre cómo algunas personas habían tomado malas decisiones sin tener en cuenta ni admitir el hecho de que el sistema iba siempre en contra de determinados colectivos.

Sin embargo, sí contaba con varios apoyos fuera de los muros de la prisión. Esa primavera, justo cuando estaba al borde de la desesperación más absoluta por no poder hablar con nadie, me pusieron en contacto con Annie Danger, una mujer trans que era tatuadora en San Francisco. Annie fue mi salvavidas. Hablábamos de los aspectos políticos del hecho de transicionar, de cómo el lenguaje utilizado por y sobre la comunidad trans cambiaba de manera constante y por qué, de la forma en que se trataba a las personas trans. También me apoyó emocionalmente. Yo estaba con una depresión de caballo: llorando por los rincones, agotada, preguntándome si aquella montaña rusa de emociones acabaría algún día, reflexionando sobre mi situación insostenible. El mero hecho de levantarme por las mañanas me suponía un esfuerzo sobrehumano. Aquella era la parte de la que nadie te hablaba nunca, me tranquilizó Annie. Todo el mundo se daba de bruces contra ese muro a los tres meses. Seis semanas más y volvería a estar bien, me prometió.

En los módulos del centro disciplinario había, asombrosamente quizá, una cultura queer y era más sólida de lo que habría imaginado. El simple hecho de ir al encuentro de esas otras personas ayudaba a trascender los límites de la segregación por grupos raciales. Comprendimos de manera intuitiva la posibilidad de promover unos principios organizadores distintos, más inclusivos. Por otra parte, muchas de las relaciones que establecíamos basadas en esa identidad queer compartida eran superficiales.

Pero antes de empezar el tratamiento con hormonas apenas podía soportar que alguien me mirase, mucho menos establecer algún tipo de relación significativa; lo único que lograba tolerar eran las interacciones que solo rozaban la superficie de la cortesía social más elemental.

Con las hormonas, mi capacidad para tolerar —e incluso desear— el contacto social empezó a cambiar a la vez que mi cuerpo y la percepción física que tenía de él. Mi piel se volvió más suave. Me salieron pecas. Los ángulos de mi cara se hicieron menos afilados. Comencé a fantasear con la esfera de la intimidad. Unos meses después, sin modificar mi dieta ni mis tablas de ejercicio físico, mis músculos se suavizaron y me salieron curvas. Estaba experimentando lo que la bibliografía médica denomina «redistribución de la grasa corporal». Ocho meses después de iniciar la terapia hormonal, la gente empezó a fijarse en mi figura, a pesar del holgado uniforme de la cárcel. A medida que mi cuerpo cambiaba físicamente de forma, mi cabeza y mi corazón fueron despejándose. Establecí relaciones de confianza con la gente, entablé amistad con otras personas.

Me preocupaba mi aspecto físico. Quería estar impecable. Siempre llevaba el uniforme bien planchado y siempre tenía un par de zapatillas Converse nuevas que me enviaba mi tía, que se acordaba de que ese era mi sello personal. La moda es una forma fundamental de expresión que transmite tu identidad y proyecta una determinada imagen de poder. Me pasaba horas en la biblioteca de la cárcel empapándome de historia de la moda, aprendiendo todo lo posible sobre Alexander McQueen, Vivienne Westwood y la moda punk más exclusiva; sobre el modo en que la reina Isabel I usaba la gorguera, los colores lisos y la profusión de joyas para transmitir su fortaleza. Me gustaban aquellas imágenes de feminidad: una feminidad dura, dueña de sí misma, decidida y audaz. Empecé a darle vueltas a cómo me gustaría vestir cuando saliese de la cárcel: cinturones con bolso, vestidos, botas militares, para poder advertir que libraría mis propias batallas.

En ciertos aspectos, la cárcel militar fue el único lugar donde verdaderamente llegué a encajar. Aquel era un grupo de personas que entendían el funcionamiento de las instituciones que me habían formado y destrozado la vida a la vez. Era un sistema en el que sabía cómo desenvolverme. Allí encontré solidaridad. La mayoría de mis amistades allí preferían leer que ver la televisión. Creamos grupos de lectura y debate, hablábamos de historia, política, ciencia.

En Fort Leavenworth leí muchos libros (en total, sumando todos los años de internamiento, leí más de mil) y me suscribí a más de cuarenta y cinco publicaciones periódicas: *The New York Times*, *The Washington Post*, *The Economist*, *Scien-*

tific American, *Skeptic*, una revista de deportes, todas las revistas de moda posibles. Leía libros de aventuras a montones. Leí a Neal Stephenson y Haruki Murakami. Leí muchísima historia trans: *Captive Genders: Trans Embodiment and the Prison Industrial Complex*, *Some Assembly Required: The Not-So-Secret Life of a Transgender Teen*, todos los números que pude de la revista *Transgender Studies Quarterly*.

Como muchos otros presos, leí *Las 48 leyes del poder*, de Robert Greene, pero no compartía su cosmovisión, su defensa de la manipulación absoluta de los sistemas que intentan manipularnos. En contraste, descubrí que las teorías del libro de Michelle Alexander *El color de la justicia. La nueva segregación racial en Estados Unidos* sobre el sistema penitenciario me apelaban directamente. Me resultó relativamente difícil conseguir el libro, pues el título se consideraba incendiario, una amenaza al orden y la disciplina de las cárceles. Presté el libro al máximo número posible de personas. Me ocurrió lo mismo con «The Case for Reparations», el artículo de portada de Ta-Nehisi Coates en la revista *Atlantic*, cuya llegada también despertó ciertos recelos en la sala de correo.

Mi buena amiga Lisa Rein —que había trabajado en Creative Commons con Aaron Swartz y se puso de pronto en contacto conmigo en la cárcel para que escribiera una semblanza sobre él que se leería en el día de Aaron Swartz— decidió hacer un catálogo de todos los libros que había leído, a modo de archivo recopilatorio. Fue un detalle bonito que me hizo sentir, curiosamente, como si fuera una especie de figura histórica del pasado lejano. Eso, en la cárcel, se me hacía difícil: me parecía que la gente hablaba de mí como si ya estuviera muerta. Las más de las veces, la gente —mi círculo de amistades, la prensa— se refería a mí en pasado. Ya no me contaba entre los vivos. Mi vida había terminado, me habían borrado, eliminado, olvidado.

Así que empecé, a menudo con la ayuda de Lisa, el proceso de descubrir cómo seguir siendo todavía una persona para el mundo exterior. Cada vez me escribían cartas más adolescentes trans y su apoyo y la claridad con la que hablaban de su propia identidad me resultaba apabullante. Estaba acostumbrada a recibir cartas de personas mayores que yo, pacifistas en la cincuentena o la sesentena. Me costaba sentir una conexión inmediata con ellas, pero en cambio me reconocía en esas otras personas tan jóvenes. Durante mi infancia y adolescencia no había tenido ningún modelo en el que verme reflejada, con quien conectar o a quien admirar. Yo había sido como ellas y había acabado teniendo una vida dura, viviendo una vida acelerada. Me resulta duro recordar dónde estaba yo cuando tenía su edad: completamente sola. Contesté todas las cartas que pude. Quería ser la persona que yo hubiera necesitado en aquel entonces.

Sin embargo, no podía escribir tanto como me habría gustado. Tardaba al menos veinte minutos en redactar cada carta. Tenía el papel racionado —cien hojas por entrega— y también lo necesitaba para la documentación jurídica. Internet, incluso a través de un acceso secundario, parecía una mejor forma de mantenerme en contacto con mis seguidores. Al término del juicio, la mujer de David Coombs me abrió una cuenta de Twitter. Lo vi como un instrumento para responder a todas las personas que me escribían, una vía para burlar las restricciones de la cárcel en cuanto al tiempo del que disponía para contestar la correspondencia. Sin embargo, no logré encontrar a nadie que quisiera gestionar mi cuenta de Twitter hasta al cabo de bastante tiempo. Ni siquiera Courage to Resist quería verse implicada. Entonces, una empresa de relaciones públicas que a menudo trabajaba a favor de causas de tendencia izquierdista se puso en contacto conmigo. Se ofrecían a llevar mi cuenta de Twitter de forma gratuita.

Christina DiPasquale, la encargada de gestionar la cuenta, era increíble. El dueño de la empresa no lo era tanto, sobre todo con respecto a la forma en que trataba a las mujeres, así que Christina abrió una nueva empresa tras el escándalo por agresión sexual en el que se vio implicado el propietario. Christina me llevó consigo como cliente, brindándome sus servicios de forma gratuita ella también. Lisa colaboraba con ella. Me llamaba por la línea de teléfono que el personal penitenciario tenía intervenida, me leía los tuits más destacados del día y me informaba de los memes y etiquetas más populares del momento.

Saqué muchas ideas para mi cuenta de Twitter a partir de casos prácticos de la revista *Harvard Business Review*, a la que me había suscrito y con la que tanto aprendía sobre cómo funciona el mundo en realidad. Todo estaba plasmado de forma velada y subliminal en las páginas de aquella revista que mucha gente consideraría aburrida. Pese a mi aversión por el capitalismo corporativo, entendía la utilidad de algunos conceptos y me veía a mí misma construyendo no solo mi propia identidad, sino también una marca. Iba a ser una marca de corte radical, eso seguro, que defendería la transparencia y se posicionaría en contra de los prejuicios y las operaciones de encubrimiento del gobierno. Quería que mis objetivos y mi mensaje fuesen claros, dignos de confianza y coherentes. Los casos prácticos de la *Harvard Business Review* sobre estrategias en redes sociales resultaron ser un valiosísimo recurso. Descubrí que la cadena Denny's había conseguido, haciendo cosas raras y novedosas en Twitter, reinventarse y pasar de ser una cadena de sosos restaurantes de desayunos a convertirse en una especie de coloso milenial online. Me di cuenta de que las primorosas estrategias publicitarias de los cien años anteriores ya no resultaban eficaces. A lo que la gente verdaderamente prestaba atención online era a la conexión o a las emociones.

Yo no andaba falta de emociones, precisamente. Tenía una cantidad inmensa de emociones que deseaba compartir. De hecho, el problema era que Christina no siempre estaba disponible cuando yo quería tuitear algo, tanto mis reacciones ante sucesos de actualidad como mis sentimientos sobre las cartas que había recibido.

Asimismo, empecé a escribir para *The Guardian*, que se puso en contacto conmigo después de que me iniciara en Twitter. Sin embargo, al principio tuve mis dudas. *The New York Times* me había pedido que escribiese un artículo de opinión —un artículo crítico con la cobertura de la guerra de Irak—, cuyo tono los editores habían rebajado tanto que no parecía yo quien hablaba y el texto ya no transmitía lo que había querido decir. Me preocupaba que me pasase lo mismo en *The Guardian*, pero no fue así. El primer artículo fue un exitoso experimento para comprobar cómo tratarían mi tono y el contenido. Escribí un artículo ferozmente crítico con la estrategia del gobierno, controlada en exceso por el Estado, en la guerra contra el Dáesh. Yo había visto los inicios del Dáesh y conocía bien a los actores importantes.

El artículo funcionó muy bien, así que cuando *The Guardian* me pidió que escribiera una columna mensual, aproveché la oportunidad. Hicieron justo lo contrario a lo que había hecho *The New York Times*: mi editor me animó a mostrarme más apasionada, más directa con mis emociones, a explicar no solo lo que opinaba sobre algún asunto en particular, sino por qué me importaba y qué sabía de él a partir de mi experiencia personal. «Más madera» era el comentario crítico que más a menudo recibía.

La publicación de mis artículos requería una logística complicada que imponía sus límites en cuanto hasta qué punto podía responder a los temas de actualidad. Siguiendo la normativa penitenciaria oficial, tenía que enviarlos físicamente por correo ordinario, tras cumplimentar la documentación necesaria. Pero en cuanto la carta estaba en el buzón, podía llamar a Lisa o a Christina y dictarles el artículo. Ellas lo grababan, transcribían la grabación y le enviaban el texto a mi editor, quien le mandaba las correcciones de vuelta a Lisa. Yo tenía prohibido ponerme en contacto telefónico, sin autorización previa, con un miembro de la prensa. Así que, como solución alternativa, Lisa me llamaba y discutíamos las correcciones mientras yo tomaba notas en los márgenes de mi artículo impreso en papel; luego ella le pasaba mis cambios al editor.

Me involucré cada vez más y más en política. Redacté una «Proposición de ley para reestablecer la integridad nacional y proteger la libertad de expresión y la libertad de prensa», que propuse en Twitter (a través de Lisa) y remití a los miembros del Congreso. Tenía como propósito ilegalizar algunas de las formas más atroces en que se habían empleado contra mí la Ley de Espionaje y la Ley de Abuso y Fraude Informático para que nadie más tuviese que pasar por lo mismo que yo por querer hacer lo correcto. También contenía modificaciones a la Ley de Libertad de Acceso a la Información y otorgaba mayor protección jurídica federal a los periodistas. Era un sueño imposible y fue tratado como tal.

Algunas de las personas que me enviaban cartas a la cárcel se convirtieron en las personas más importantes de mi vida. Como Janus Rose, una periodista especializada en tecnología y ciberseguridad que empezaba a batallar con su identidad trans y que me enviaba las cartas de HOPE, la conferencia Hackers on Planet Earth, un congreso bianual en el que, después de mi encarcelamiento, siempre habilitaron un espacio para que la gente pudiera escribirme. Esas cartas significaban mucho para mí —aquella era mi comunidad, el universo hacker, y muchos de los amigos con quienes había pasado horas hablando online no se perdían nunca las jornadas de HOPE—, pero las cartas de Janus destacaban de entre todas las demás porque sentía una conexión conmigo que le resultaba inexplicable. Es algo que les pasa a muchas personas trans al principio, antes incluso de reconocer su condición. Cuando yo lo había sentido, no tenía a nadie a quien escribir.

También mantenía correspondencia con Isis Agora Lovecruft, hacker y criptógrafe no binarie que, casualmente, era abiertamente anarquista. Isis admiraba a Jacob Appelbaum, un programador asociado a WikiLeaks que era una figura muy destacada en la comunidad de programadores Tor, y había trabado amistad con él. Isis denunció que Jake había traicionado esa admiración y le había agredido sexualmente. La acusación generó una enorme controversia en la comunidad cripto y hacker. Muchas personas se pusieron de parte de Jake. Escribí a Isis, a quien no conocía, en cuanto me enteré de la noticia. «Yo sí te creo —le dije—. A mí me han ocurrido cosas muy similares y he pasado por el miedo a que no me creyese nadie o nadie me hiciese caso».

Isis me contestó y trabamos una amistad tan íntima que pienso en elle como si fuera alguien de mi propia familia. Isis me mantenía informada de lo que sucedía en el mundo de la criptografía y la ciberseguridad y me enviaba libros de matemáticas y artículos científicos sobre criptografía. Me encantaba la sensación de formar parte de la comunidad hacker incluso estando dentro de la cárcel.

18

Fort Leavenworth, Kansas
Julio de 2016

A veces pensaba que en la cárcel tenía todo lo que necesitaba: libros, la posibilidad de salir a correr, tratamiento hormonal, comida suficiente para subsistir, solidaridad y compañerismo. Sin embargo, no era así, por supuesto: no poseía el control sobre mi vida, no gozaba de libertad y los guardias me trataban como si fuese poco menos que un saco de mierda. Para poder sobrevivir intentaba no darle vueltas a nada de eso, pero en 2016, seis años después de que me encerraran por primera vez, se iba haciendo más y más evidente que la cárcel estaba minando mis expectativas en cuanto a mis posibilidades y mi conexión con el futuro. Empecé a caer en la desesperación. Mis arrebatos de ira eran cada vez más frecuentes.

El fin de semana del 4 de julio de 2016 intenté suicidarme. El gobierno de Obama acababa de anunciar que iba a derogar la prohibición de que las personas trans pudieran servir en el ejército. El secreto que me había hecho la vida imposible no habría tenido por qué ser un secreto si esa ley se hubiese derogado antes. ¿Cómo habría sido mi vida entonces? ¿Habría contado con algún sistema oficial de apoyo? ¿Habría pasado por tantos sufrimientos por ser quien era? No quería que nadie tuviese que soportar lo que había soportado yo, la nueva política obraba en beneficio de todo el mundo, pero no podía evitar soliviantarme ante la confirmación oficial de algo que yo ya sabía desde hacía tiempo: que mi sufrimiento y el de todos los soldados trans que me habían precedido había sido innecesario e injustificable.

Había pasado el mes de junio en un estado de ira ciega, rabiosa, dolida y horrorizada por la masacre de la discoteca Pulse de Orlando. El único espacio seguro que recordaba eran los clubes gais y alguien había irrumpido violentamente en el último refugio que me quedaba. No podía ni imaginar la angustia de los amigos y familiares de las víctimas. Aquel fin de semana de julio llamé por teléfono a todas las personas que conocía buscando a alguien con quien compartir mi tristeza, mi sensación de desamparo. Pero nadie me contestó. Me sentía más sola e impotente que en aquella jaula de acero de Kuwait. Era como si hubiese perdido el apoyo de todas las personas en quienes confiaba o que me importaban.

Cuando te encuentras en ese estado de ánimo no piensas: «Tengo impulsos suicidas». Lo que piensas es más bien algo como: «Solo quiero que este dolor que siento acabe cuanto antes». El intento de suicidio fue un intento serio. Diseñé un sofisticado dispositivo que estaba segura de que funcionaría. Me desperté en la ambulancia, camino del hospital, en estado de shock, básicamente, y furiosa por no haber conseguido poner fin a tanto sufrimiento.

Al final del verano me encontraba muy mal. Tras la primera semana después del intento de suicidio ya no me visualizaba muriendo, pero el mundo seguía siendo un lugar inhóspito. Dejé de leer las noticias; tanto el avance constante de Donald Trump como los fallos en la campaña de Hillary Clinton me deprimían. En abril, mi psicóloga había formulado una recomendación oficial para que, como parte del tratamiento médico para la disforia de género, me sometiese a una vaginoplastia. A medida que iban pasando los meses y seguía sin tener noticias de los médicos, fui concentrando toda mi energía y atención en completar mi transición con la cirugía de afirmación del género.

Sin embargo, el Departamento de Defensa seguía dándome largas una y otra vez. Alargar el proceso tanto tiempo me parecía otra forma deliberada de tortura, otra manera de llevarme al límite de mis fuerzas. Denegarme el tratamiento de afirmación del género suponía una amenaza existencial para mí, y a ellos les traía sin cuidado. El gobierno podía estar obligado legalmente a ayudarme, pero saber lo mucho que deseaba aquello, lo mucho que lo necesitaba, le daba la oportunidad de castigarme una vez más.

Con el fin de que el gobierno hiciese lo que yo necesitaba diseñé un meticuloso plan para presionar a la administración del centro penitenciario con una huelga de hambre. Primero leí todo lo que pude sobre los antecedentes. Sobre Bobby Sands, el miembro del IRA. Sobre los detenidos de Guantánamo. Pero el precedente más importante era el de Pelican Bay, el penal estatal de máxima seguridad del estado de California donde, en 2013, cuatro reclusos —miembros supuestamente de bandas rivales— habían iniciado una huelga de hambre mientras estaban en aislamiento para protestar por el uso prolongado de esa práctica. El primer día de la huelga, treinta mil presos de todo el sistema penitenciario estatal de California se negaron a ingerir alimentos. Al tercer día, once mil aún seguían en huelga de hambre.

A través de unos amigos me puse en contacto con algunos de los organizadores radicales que habían colaborado con los reclusos de Pelican Bay desde el exterior. Me enviaron instrucciones explícitas y detalladas de cómo prepararme para llevar a cabo una huelga de hambre en prisión. Decidí que la haría coincidir con la huelga nacional de prisiones, que empezó el

9 de septiembre de 2016, en el 45.º aniversario del motín de la cárcel de Attica.

Leí toda la jurisprudencia que había en materia de huelgas de hambre, en especial de las emprendidas en presidios militares. Cuando los detenidos de Guantánamo lo intentaron, el gobierno declaró que la alimentación forzosa a los presos en huelga de hambre era una necesidad médica, que mantener a una persona con vida era la máxima prioridad, por razones (como siempre) de «seguridad y prevención de daños». El procedimiento requiere introducir una sonda nasogástrica por la nariz y luego por la garganta del preso para suministrarle alimentación líquida. Se sangra mucho y es un proceso doloroso, y para que los presos no sigan adelante con la huelga de hambre, para doblegar su voluntad —y tal vez como castigo adicional—, a veces los responsables penitenciarios introducen la sonda sin lubricarla. Yo consideraba fundamental eliminar la justificación legal del gobierno para hacer aquello.

Así que, como última medida, introduje de forma clandestina un documento notarial con la orden de que no me reanimaran en caso de peligro de muerte. No lo consulté con mis abogados. Aquella no era exactamente la vía que me habrían recomendado, teniendo en cuenta lo mucho que me había apoyado la ACLU en mi lucha en general. Todas las personas que había en mi vida habrían intentado disuadirme, de modo que opté por no decírselo prácticamente a nadie.

Entregué la orden notarial junto con una declaración. Hice pública mi declaración ante la prensa al mismo tiempo que iniciaba la huelga de hambre, para que al Departamento de Defensa le resultase imposible impedírmelo. «Necesito ayuda», escribí.

Pero no consigo que nadie me ayude. Llevo seis años pidiendo ayuda una y otra vez, y en cinco centros de internamiento distintos. Mi petición solo ha sido ignorada, postergada y objeto de burla y de promesas falsas por parte de la cárcel, el ejército y este gobierno. Necesito ayuda. Necesitaba ayuda este mismo año, hace unos meses. La falta de atención médica para tratar mi disforia de género, que tan desesperadamente necesito, me empujó al suicidio. No se me prestó ninguna atención. Todavía sigue sin prestárseme ninguna. Necesitaba ayuda. En cambio, lo que recibo ahora es un castigo por haber sobrevivido al intento de suicidio. Durante mi infancia, mi padre me pegaba sistemáticamente por no ser un niño lo bastante masculino. Me decía que dejara de llorar, que «me aguantara». Sin embargo, no podía dejar de llorar. El dolor era cada vez peor. Hasta que al final ya no podía soportar más el dolor. Necesitaba ayuda, pero nadie acudió entonces en mi ayuda. Nadie acude ahora. Hoy he decidido que ya no voy a dejarme maltratar por esta cárcel ni por ningún miembro del Gobierno de Estados Unidos. No he pedido nada más que la dignidad y el respeto que se le dispensan a cualquier ser humano vivo, cosas que durante un tiempo confié en que se me dispensarían. No creo que esto deba depender de factores arbitrarios, tanto si eres una persona cisgénero como transgénero, miembro del ejército o civil, ciudadano estadounidense o no. Como respuesta a prácticamente todas mis solicitudes de ayuda, se me ha dispensado una dignidad y un respeto muy limitados, cuando se me ha dispensado alguno: solo más dolor y más angustia. Ahora ya no pido. Ahora exijo. A partir de las 12.01 (hora central de Estados Unidos) del 9 de septiembre de 2016, y hasta que se me proporcionen unos estándares mínimos de dignidad, respeto y humanidad, me negaré a cortarme o afeitarme el pelo de forma voluntaria; a consumir cualquier alimento o bebida de forma voluntaria, excepto agua y los medicamentos prescritos actualmente; y me comprometo a cumplir todas las normas, reglamentos, leyes y órdenes que no estén relacionadas con estos dos aspectos mencionados. Esta es una acción pacífica. Tengo intención de seguir adelante de la manera más pacífica y no violenta posible por mi parte. Cualquier daño físico que se me pueda infligir a manos del personal militar o civil será innecesario y represivo. No me resistiré físicamente ni haré daño en modo alguno a ninguna otra persona. También he presentado un documento de «no reanimación» que será efectivo de inmediato. En él se incluirá cualquier intento de cortar o afeitarme el pelo a la fuerza o de alimentarme forzosamente por cualquier medio médico o pseudomédico. Me someteré al sufrimiento que me espera hasta que se me vuelva a demostrar dignidad y respeto como ser humano. Estoy preparada tanto mental como emocionalmente. Cuento con que este calvario se prolongue mucho tiempo. Muy posiblemente hasta mi incapacidad permanente o hasta el momento de mi muerte. Estoy preparada para ello. Necesito ayuda. Por favor, ayúdenme.

El primer día fue muy malo. Me quedé en la celda, tratando de calcular muy bien cuándo dar un sorbo de agua y cuánta cantidad beber. (Si tomas demasiada agua, empiezas a sufrir calambres). La comida era un recuerdo cercano y visceral que no podía borrar de mi mente así como así. Me limité a quedarme en mi celda, intentando ahorrar fuerzas. Los guardias me vigilaban con atención, observándome y anotando todo lo que hacía. Creo que esperaban que se tratase de un juego, que solo quisiera llamar la atención, pero nunca había estado tan decidida en toda mi vida.

El segundo día fue aún peor. Aquel era el momento más crítico. Ya había consumido hasta la última gota de energía almacenada a través de la comida. Apenas me movía, pero sabía qué era lo que cabía esperar. Después de todo lo que había leído estaba segura de que, si lograba llegar al tercer día, logaría llegar hasta el final.

Al tercer día, las autoridades penitenciarias me sacaron del módulo del régimen general y me pusieron en observación. Empezaron a documentar mi evolución de forma más meticulosa, fotografiando los cambios que se producían en mi cuerpo. También me ofrecieron complejos multivitamínicos, que acepté. Eso ya lo esperaba. Era el protocolo oficial del gobierno para afrontar las huelgas de hambre, diseñado con el fin de doblegar tu voluntad, aislarte y meterse en tu cerebro. Yo estaba preparada. Dejé la mente en blanco y me mantuve firme en mi propósito.

Pasados cinco días sin ingerir ningún tipo de alimento ya había puesto de manifiesto mi objetivo. El gobierno envió a dos civiles vestidos con traje desde el Pentágono hasta Kansas para asegurarme, en persona, que me iban a dar el permiso para someterme a la operación quirúrgica. Me prometieron que tenían incluso una fecha, pero que no podían comunicármela por si se me ocurría preparar algún intrincado plan para escapar de la cárcel aprovechando el momento de la cirugía. Una vez más, me dijeron que no me daban más información por mi propia «seguridad» y para prevenir daños mayores, tanto a mí como al país.

Aun así, tenía una promesa, y por escrito. En cuanto me transmitieron la noticia, interrumpí la huelga de hambre. Me sirvieron un plato de pollo que, aun reseco y correoso, devoré en un minuto. Me entraron náuseas casi de inmediato, se me revolvió el estómago y me dieron ganas de vomitar. Mi organismo no sabía qué hacer con la comida. Tardé dos días en volver a encontrarme bien y a comer de nuevo con regularidad. Había ganado, pero no sin olvidar que, una vez más, el precio había sido alto e innecesario. Emití un comunicado de prensa a través de la ACLU.

Siento un inmenso alivio por que el ejército finalmente haya decidido hacer lo correcto. Les aplaudo por eso. Es lo único que quería, que me dejasen ser yo misma. Con todo, es difícil no preguntarse por qué ha tenido que costar tanto tiempo. Y, además, ¿por qué han sido necesarias unas medidas tan drásticas?

La sensación de victoria, sin embargo, no me duró demasiado. Empezaron a carcomerme las preguntas. ¿Cuándo sería la operación? ¿Llegaría a haber operación de verdad? Esa misma semana descubrí que había perdido una larga serie de apelaciones ante la junta disciplinaria de la cárcel en cuya preparación había empleado una gran parte de mi energía antes de la huelga de hambre. Una vez más me iban a poner en régimen de aislamiento, en esta ocasión durante dos semanas. Sostenían que mi intento de suicidio del mes de julio había alterado la seguridad de la cárcel. Además, había opuesto resistencia supuestamente a los guardias que habían acudido a mi celda, a pesar de que cuando me encontraron yo estaba inconsciente. Mis imputaciones se multiplicaron al encontrar otras infracciones menores: habían descubierto en mi celda un libro de contrabando sobre el colectivo Anonymous.

En Kansas y en Kuwait, el régimen de aislamiento en solitario es más o menos igual. Para entonces creía saber cómo me iba a sentir. Conocía el ciclo de desintoxicación del contacto humano, era consciente de cuándo y cómo mi cerebro empezaría a sufrir las primeras alteraciones. Sin embargo, en esa ocasión, como en la primera que entré en una celda de aislamiento, no fui capaz de soportarlo. No podía imaginarme pasando las siguientes décadas de mi vida en la cárcel. Era prácticamente el mismo número de años que llevaba de vida. ¿Cuántas veces más volverían a enviarme a aislamiento? ¿Hasta qué punto llegaría a estar familiarizada con aquellas celdas minúsculas? ¿Cuántas veces utilizarían unos cargos totalmente inventados para castigarme? ¿Cuánto tardaría en olvidar por qué quería la libertad siquiera? ¿Cuándo iban a operarme? ¿O acaso esa era otra mentira más, otra manipulación psicológica para hacer que me portase bien?

Intenté suicidarme de nuevo estando en régimen de aislamiento. Me da vergüenza admitirlo ahora y me avergoncé casi justo después de hacerlo. Me sentía muy dolida y extremadamente sola. El intento fue más una muestra de ira que otra cosa. Aún semiinconsciente, me sacaron de la celda, pero no del régimen de aislamiento, así que me llevaron a una zona más restringida llamada Alpha Tier. Allí estaba aún más incomunicada y sometida a una vigilancia aún más estricta.

Me fui sumergiendo profundamente en las aguas del aislamiento: me sentía alienada de mi humanidad. Era muy consciente de mi cuerpo, pero al mismo tiempo estaba disociada de él. Una noche, cuando llevaba casi una semana en Alpha Tier, oí un ruido repentino. Nunca habría podido imaginar lo que vendría después. Oí a dos oficiales penitenciarios a los que no reconocí, uno de ellos una mujer, hablar sobre un ciberataque en la costa Este y sobre el tuit de un oficial penitenciario que me había mencionado como objetivo, sobre una nueva y draconiana legislación antiterrorista que impediría a los criminales presentarse como candidatos a cargos públicos. Aunque, por su forma de hablar, no parecían funcionarios de prisiones, la verdad. Hablaban como si fueran personajes de un videojuego o de una película, como si fueran malos actores leyendo un guion muy trillado. A continuación, oí el ruido de un disparo y un forcejeo. La mujer se ofreció a abrir la puerta de la celda, me gritó que saliera corriendo, describió una bolsa que contenía un pasaporte y armas de fuego, ropa y pelucas y mencionó que había rutas para escapar. Dijo que tenía que afeitarme, cosa que no había podido hacer desde que estaba en aislamiento. No me moví del sitio, no le hice ningún caso. Al final, la mujer declaró: «Creo que no va a cooperar».

El Gobierno de Estados Unidos tiene un largo historial a sus espaldas en materia de tortura psicológica. En la cárcel de Guantánamo representaban elaboradas ejecuciones falsas. Estoy convencida de que aquella fue una sofisticada maniobra para jugar con mi mente, para castigarme, para hacer que intentase escapar, para que albergase la esperanza de salir de allí y, en definitiva, para confundirme. Sin embargo, yo ya llevaba días en aislamiento, una forma más de tortura psicológica. Sé lo que oí y lo que me pasó, pero ya no era dueña de mi estado mental. Aquello era su propia forma de terrorismo.

Para cuando salí del régimen de aislamiento, las personas que me apoyaban y mi equipo jurídico habían cerrado filas a mi alrededor. Nancy Hollander, una célebre abogada penalista especializada en defensa, se había puesto en contacto conmigo a través de una cariñosa y atenta carta ofreciéndose a representarme durante la fase de instrucción previa a mi consejo de guerra, cuando estaba en aislamiento. Nancy no solo había comparecido ante el Tribunal Supremo, sino que tenía una larga experiencia como activista, algo que yo admiraba. A pesar de ello, era una abogada civil que no estaba tan familiarizada con el código militar como otros de los abogados que yo estaba barajando, así que rechacé su ofrecimiento.

Sin embargo, en febrero de 2014 quise iniciar el proceso para solicitar una petición de perdón o reducción de pena. David Coombs me había ayudado con la solicitud inicial —una solicitud más bien pro forma, justo después de mi condena, unos diez días después de la emisión de sentencia, el plazo mínimo permitido—, pero ahora quería intentarlo de nuevo en serio. Escribí una carta a Nancy pidiéndole que se hiciese cargo de mi caso, esta vez para preparar una apelación e incluso ir más allá si fuese necesario. Accedió a ayudarme.

Nancy tiene setenta años largos. Es una mujer menuda pero muy enérgica, una abogada vocacional que se dedica con obsesión al que ha sido su trabajo durante toda la vida. Nuestra estrategia consistía en denunciar un par de normas particulares que creíamos que se habían utilizado injustamente contra mí. El gobierno había afirmado, invocando la Ley de Abuso y Fraude Informático, que yo había violado el «acceso autorizado», un término lo bastante ambiguo como para abarcar casi todo cuanto rechaza el ejército, ya sea legal o no.

Decidimos adoptar una estrategia de alcance general: refutar no solo mi acceso no autorizado en este caso en particular, sino también el concepto en sí. Luego estaba la interpretación del gobierno de una sección de la Ley de Espionaje que, como mínimo, entraba en contradicción con el propio nombre de la ley: lo que yo había hecho no era un acto de espionaje, sino una revelación ilegal de secretos. La forma en que habían utilizado la Ley de Espionaje en mi caso sentaba un peligroso precedente. Si cualquier divulgación de información gubernamental —sea cual fuere el nivel de clasificación de la información— a una persona «no autorizada» podía ser objeto de denuncia y procesamiento legal, eso significaba que las fuentes periodísticas (y los propios periodistas) podían ser detenidas esgrimiendo una ley que había sido redactada con el objetivo de disuadir a la gente de espiar para las potencias extranjeras.

La ACLU presentó un escrito *amicus curiae* aduciendo que aquella aplicación de la ley era excesivamente amplia y vaga, además de una violación de la Primera Enmienda. Nos apoyamos con fuerza en su argumentación de que restringía la libertad de expresión de forma preventiva en una maniobra inconstitucional denominada «limitación previa». Se trataba de la misma cuestión que aparecía en el caso de los papeles del Pentágono; de hecho, basamos nuestra argumentación en un artículo de 1972 de la *Columbia Law Review* que hablaba de la forma en que el gobierno había perseguido dichas filtraciones. Aquel precedente me había preocupado en el consejo de guerra, pero entonces libraba una serie de batallas más urgentes. La apelación era una oportunidad de rectificar eso, aunque iba a ser una lucha muy difícil.

Cuando Donald Trump salió elegido presidente, en noviembre de 2016, para mí, a diferencia del resto del mundo, al parecer, no fue ninguna sorpresa. Después de vivir en una cárcel de Kansas con un montón de hombres blancos de ideología conservadora, sabía que se estaba cociendo algo muy siniestro. Algunas personas eran reacias a manifestarlo en público, pero aquel era el hombre al que habían estado esperando en privado. A aquellas alturas, yo creía firmemente que se cumplirían las peores predicciones; al fin y al cabo, en mi vida había sucedido muchas veces. Veía cómo el mundo se inclinaba hacia el nacionalismo y el fascismo, espoleado por el temor creciente a los inmigrantes, los musulmanes, las personas de raza negra y las personas queer y trans. El imperio de la ley se había pervertido hasta anteponerse al imperio de las personas, y muy pronto el imperio de la ley no tardaría en dejar de tener sentido. El país iba en muy mala dirección y yo ya no podía soportarlo, sencillamente.

En parte, porque sabía que el nuevo presidente podría alterar mi vida de forma directa. Trump y sus seguidores me veían como a una enemiga activa de Estados Unidos que merecía un castigo aún mayor del que se me había impuesto. Durante la campaña, cuando el presidente Obama habló de cerrar Guantánamo antes del final de su mandato, Trump respondió diciendo que él no solo quería mantener el centro de internamiento abierto, sino que quería llenarlo de personas «malas». ¿A quién se refería exactamente? Era evidente que Trump necesitaba villanos, figuras a las que quemar en la hoguera para regocijo de sus bases, y una mujer trans que había traicionado al ejército (al menos según el relato de Fox News) podía ser el blanco perfecto para él. Además, Fort Leavenworth estaba a reventar, mientras que a esas alturas Guantánamo había quedado medio vacío. Me imaginaba al Departamento de Defensa trasladando allí a los reclusos de origen estadounidense presos por causas relacionadas con la seguridad nacional para justificar el gasto de mantener Guantánamo en funcionamiento.

Era consciente, pues, de que no podía esperar más para presentar nuestra apelación. Poco después de mi intento de suicidio, sintiéndome aún abandonada y en un estado de tensión constante, me senté a escribir una carta.

La dirigí al presidente Obama porque, por supuesto, él era la persona que tenía la potestad de sacarme de la cárcel con solo su firma. Sin embargo, al escribirla no la veía como una apelación a un presidente, a un gobierno, sino como una carta dirigida personalmente a él, a otro ser humano. Estaba acostumbrada a redactar informes legales sobre mi situación, a expresarme de modo que todo encajase dentro de la armadura de las partes de la Constitución y los códigos militares y estadounidenses que se habían infringido para castigarme. No estaba tan acostumbrada a explicar, con palabras sencillas, francas y sinceras, las repercusiones que había tenido todo aquello para mí, lo que temía que pudiera pasarme, por qué confiaba en que ya se me hubiese castigado bastante.

Alguien me había proporcionado un formulario de solicitud de perdón para acompañar la carta, aunque yo tenía pocas esperanzas de que fuese a servir de algo. Después de todo, se trataba del mismo gobierno que me había encerrado en la cárcel, para empezar, y que se había mostrado muy duro con los periodistas y sus fuentes. Escribir la apelación fue más bien como un acto terapéutico, una catarsis.

Uno de nuestros contactos en la Casa Blanca nos había dicho que, a medida que se aproximaba el fin de su último mandato, Obama dedicaba cada vez más tiempo a reflexionar sobre su legado y que le preocupaba pasar a la historia por ser el azote de las filtraciones, una figura hostil con la transparencia y las fuentes periodísticas veraces. Este contacto también nos dio a entender que Obama jamás me indultaría, pero tal vez sí se plantearía una conmutación de la pena. (En otras palabras, si bien no eliminarían mi condena, quizá repararían la pena excesiva por los delitos).

Edward Snowden, aún en Rusia, estaba presionando para obtener un indulto; sus seguidores habían llegado incluso a publicar un anuncio en *The New York Times*. Sin embargo, yo estaba segura de que era imposible que Obama accediese a dárselo. En el fondo, era un abogado. Ni siquiera se pararía a pensar en algo así, sobre todo tratándose de un fugitivo de la justicia. Ningún mandatario que esté a punto de abandonar el sillón presidencial quiere manchar conscientemente su legado con un indulto susceptible de convertirse en un escándalo.

Pese a todo, yo me conformaba con una conmutación de la pena y creía que las posibilidades de conseguirla eran más reales, teniendo en cuenta lo que había oído y lo que sabía del carácter del presidente y de su opinión sobre mis actos. Obama era un hombre de compromisos: siempre había intentado solucionarlo todo alcanzando el término medio, y no escuchando a los idealistas o a los activistas. Yo consideraba eso como uno de sus defectos, pero era un defecto que podíamos aprovechar en nuestro propio beneficio estratégico. Esperamos hasta noviembre, una vez que pasaron las elecciones, para dar el paso, y empezamos con una propuesta para alcanzar un compromiso. Planeamos solicitar que me conmutaran la pena por una condena de diez años, con lo que estaría fuera de la cárcel en 2020. Públicamente hablaríamos de solicitar el tiempo cumplido de condena, demanda que podíamos convertir en un eslogan llamativo, una etiqueta,

#TiempoCumplido, aunque la solicitud oficial sería de una década de cárcel, que había sido la petición original de David Coombs en el consejo de guerra.

Los abogados leyeron mi carta con atención. Hicieron unas pequeñas modificaciones e intentamos enviarla. Sin embargo, al principio, el ejército se negó a derivar mi solicitud de conmutación de la pena al organismo pertinente dentro del Departamento de Justicia, alegando que la junta de libertad condicional y de procesos de solicitud de perdón del ejército era la única instancia con capacidad para llevar a cabo el trámite de revisar las solicitudes, a pesar de que la propia Constitución recoge la potestad del presidente de otorgar indultos. El equipo jurídico presentó un escrito adicional de alegatos esgrimiendo el rango superior de la Constitución, pero el estamento militar siguió denegando la solicitud. El secretario de Defensa, Ash Carter, dijo explícitamente que el Departamento de Defensa nunca consideraría la posibilidad de conmutarme la pena. Sin embargo, enviamos una copia de la solicitud de perdón por separado a la oficina de indultos del Departamento de Justicia con la esperanza de que la revisaran los asesores legales de la Casa Blanca y, por último, el mismo presidente.

También necesitábamos que el perdón pareciese políticamente viable. Lisa Rein y Evan Greer, de Fight for the Future, formularon una petición para la Casa Blanca a través de la web oficial del gobierno para realizar dicho trámite. Asimismo, presionaron a mis abogados —quienes, según la impresión que tenía yo, pensaban que me estaba agarrando a un clavo ardiendo— para que se la tomaran en serio. Nunca dejará de asombrarme la cantidad de tiempo, energía y fervor que invirtieron mis amigos en luchar para que yo obtuviera la libertad. Al principio ninguna organización generalista importante quiso apoyar la petición.

La segunda estrategia que empleamos fue utilizar un canal extraoficial, intentando que alguien del círculo íntimo de Obama que pudiese simpatizar con mi causa le hablase de la petición directamente a él o a su entorno. Lawrence Lessig, el profesor de Derecho de Harvard al que Lisa Rein conocía por su interés mutuo en la libertad digital, se hallaba entre las personas más decisivas de ese círculo. Además, nos aseguramos de que a través de dichos canales extraoficiales llegase una copia física de la petición y de mi carta a manos de los asesores legales de la Casa Blanca, burlando a los Departamentos de Defensa y de Justicia, que se negaban a entregársela. Lo único que queríamos era que el gabinete de Obama diese un trato justo a la petición.

Al principio, la petición generó mucho revuelo y expectación. Las cifras eran buenas. (Las normas establecían que se necesitaban al menos cien mil firmas en un plazo de treinta días para obtener una respuesta oficial). Tres mil firmas se convirtieron en once mil, que luego se convirtieron en treinta y cinco mil. Pero ahí fue cuando nos topamos con un muro, hasta que intervinieron las organizaciones. La ACLU hizo público un comunicado anunciando que apoyaba la petición, con lo que conseguimos otras veinticinco mil firmas. Fight for the Future añadió su nombre para respaldarla de manera más formal. Y entonces, justo cuando nos acercábamos al plazo de treinta días desde la creación de la petición y aún nos faltaban más de treinta mil firmas, Amnistía Internacional —que se encuentra entre las ONG más importantes del mundo— se subió al carro. El apoyo público de AI hizo que superásemos la barrera de las cien mil firmas.

Me embargó una inmensa sensación de alivio por no haber fallado a todas las personas que tanto esfuerzo habían dedicado a mi causa. Mi mayor temor era que el fracaso de la campaña debilitase cualquier impulso relacionado con mi futuro como causa por la que merecía la pena luchar. Y, en vez de fracasar, lo habíamos conseguido: Obama se vería obligado como mínimo a reconocer cuánta gente me quería ver fuera de la cárcel.

En enero de 2017, yo trabajaba en el taller de carpintería, cubierta de serrín, cortando cajas de madera de haya para guardar banderas. Un día, cuando estábamos terminando la jornada, esperando a que los guardias nos condujeran de regreso a nuestro módulo, varios oficiales de seguridad militar y civil se acercaron andando hacia mí. Los otros presos enseguida dieron por sentado que había vuelto a meterme en algún lío. Yo estaba muerta de preocupación, pensando que iba a ir otra vez derecha a una celda de aislamiento o algo peor. Los oficiales rehusaron decirme qué pasaba y me ordenaron que los acompañase. Fue como revivir los traslados a Quantico y Fort Leavenworth de nuevo.

No dejaba de preguntarles insistentemente qué pasaba, pero se negaban a decirme nada, y tampoco parecían saber qué hacer conmigo. Nos dirigimos un momento al departamento especial de régimen cerrado, a una de las celdas, y luego fuimos a un despacho. Al final, los guardias me llevaron al pabellón de custodia preventiva. La psicóloga que me había tratado durante seis años estaba sentada a una mesa, enfrente de mí. Me observaba con expresión curiosa. Cuando la saludé, miré al televisor que había a su espalda. Me quedé estupefacta al ver mi propio rostro con una peluca rubia en la pantalla, la fotografía que me había sacado aquel día en el centro comercial de Tysons Corner, cuando visité Virginia durante mi permiso de Irak. En el rótulo de la CNN se leía: «ÚLTIMA HORA: OBAMA CONMUTA LA CONDENA DE CHELSEA MANNING». Iba a ser libre.

En retrospectiva, mi primera reacción ante la noticia de que iba a salir de la cárcel me parece muy tibia. No me creía que el gobierno fuese realmente a cumplir su palabra. Imaginaba que tal vez aquello sería una nueva trampa. Recibí la noticia el 17 de enero, pero estaba programado que saliera en libertad a mediados de mayo. Hasta dos días antes de la fecha prevista para mi liberación —en otras palabras, hasta el último momento posible en el que la cárcel podía empezar a preparar los formularios y procesos de mi puesta en libertad— nadie me trató de forma distinta. La vida en la cárcel siguió como si nada.

Aunque nunca sabremos con exactitud por qué Obama decidió conmutar mi condena, cuando un periodista le preguntó al respecto, reconoció que yo había asumido la responsabilidad de mis actos y cumplido una dura condena de cárcel. Tal vez cambió de opinión durante su mandato. No lo he preguntado y tampoco voy a buscar una respuesta; simplemente me siento agradecida por que decidiese actuar como lo hizo.

Hasta la noche anterior a mi puesta en libertad aún dudaba que de verdad fuesen a dejarme salir a la calle. La cárcel militar se negaba a darme la hora aproximada en la que podía esperar que ocurriera y solo me decían que podía ser en cualquier momento entre la medianoche de un día y la del siguiente. Tenía que estar lista para irme en cuanto ellos lo indicasen. El día antes me duché y me puse el uniforme de la cárcel. Esa tarde, a última hora, me fui a dormir a mi habitación vacía, en un colchón sin sábanas y sin almohada. El personal de guardia me despertó unos minutos antes de la medianoche —el primer momento del día de mi puesta en libertad, el 17 de mayo de 2017— y me acompañaron a hacerme una revisión médica y luego hacia las puertas traseras de las instalaciones. Los guardias me dieron una camiseta y unos pantalones holgados. No podía ponerme un vestido: nos habíamos pasado semanas negociando y al final solo había conseguido ropa neutra en cuanto al género. Puede que no pareciese importante, pero en los primeros instantes en los que podía al fin saborear la libertad quería sentirme verdaderamente libre, llevar algo que mostrase quién era yo de verdad. Desde un diminuto aeródromo a las afueras de Fort Leavenworth, salí en un pequeño avión hacia Nueva York, en compañía de Nancy, Chase y un equipo de seguridad contratado por mis abogados. Mientras estaba a bordo me puse ropa de mujer por primera vez: unas mallas, un top de tirantes y una sudadera roja con capucha. Por fin sentía que era yo.

Cuando aterrizamos, el chófer nos llevó a una casa protegida. La empresa de seguridad que habíamos contratado nos proporcionó un refugio discreto; sigo sin saber con certeza dónde estábamos, solo que era algún lugar de la costa Este. Pasamos allí unos días de descompresión, volviendo poco a poco a la normalidad. Comía pizza con cantidades ingentes de grasa; algo soso y normal, pero genial al mismo tiempo. Me tumbaba en las hamacas, mirando las montañas, y hablaba con Chase sobre lo que quería hacer y ser.

Todo el mundo esperaba que al salir estuviese conmocionada, que besase el suelo o algo así. Lo cierto es que me parecía irreal ser libre, pero también tenía la sensación de que aquello con lo que llevaba lidiando los últimos siete años de mi vida no iba a acabarse nunca. Desde luego, no se ha acabado todavía. Nunca voy a poder dejarlo atrás.

Por primera vez era una mujer libre, literalmente. Había pasado varios años transicionando para sentirme cómoda con mi cuerpo, con la forma en que se movía y con mis sensaciones. Incluso en prisión, con las restricciones sobre la longitud del pelo y la ropa, la gente había empezado a aceptarme como mujer. Me trataban como a un ser humano. Sin embargo, ahora tenía que desenvolverme en un mundo mucho más grande con mi nueva identidad. Aquello significaba mucho más que ser una mujer: era una personalidad famosa y, sin que nadie me lo hubiera consultado, me habían convertido en símbolo de toda clase de cosas, un estandarte para toda clase de ideas. En algunos aspectos, eso tenía su gracia.

Cuando debía decidir cómo vestirme, una editora de *Vogue* acudió en mi ayuda. Annie Leibovitz me fotografió para el número de septiembre de *Vogue*, en bañador. En cambio, había otras cosas —como cuando el director de la CIA presionó a la Universidad de Harvard para que retirasen su ofrecimiento de una beca temporal de investigación, o como cuando Fox News utilizaba el simple hecho de mi existencia para enardecer los ánimos de sus espectadores— que no era tan divertidas, ni mucho menos.

Pero lo más positivo de mi recién alcanzada fama era que podía conseguir logros importantes. El activismo enseguida se convirtió en un trabajo prácticamente a jornada completa. Fui al desfile del Orgullo de Nueva York; me presenté al Senado por Maryland; protesté contra las políticas sobre inmigración y refugiados del gobierno de Trump y contra la restitución por parte del presidente de la prohibición de que las personas transgénero entren en el ejército. El momento político en el que he emergido a la arena pública es un tiempo en el que estamos descubriendo qué nos ha llevado hasta aquí como país. Lo que hice durante mi etapa en el ejército fue un acto de rebeldía, de resistencia y de desobediencia civil. Esas tres acciones forman parte de una profunda e importante tradición en nuestra historia, la de avanzar hacia el progreso, una tradición a la que recurrimos para hacer frente a un gobierno, el de Trump, cada vez más funesto. Los documentos que divulgué en su momento exponen lo poco que sabíamos sobre lo que se había estado haciendo en nuestro nombre durante muchos años.

Ahora nos toca a toda la ciudadanía batallar con nuestro pasado.

Agradecimientos

Gracias a todas las personas que ayudaron a hacer que este libro pasara de ser una idea a transformarse en realidad: Noreen Malone, Colin Dickerman, Sean McDonald, Nicole Pasulka, Greg Villepique, P. J. Mark, Luke Janklow, Melissa Flashman, Jackson Howard, Ian Van Wye, Ben Brooks, Devon Mazzone, Eric Chinski, Jonathan Galassi, Mitzi Angel, Debra Helfand, Nancy Elgin, Rodrigo Corral, Cecilia Zhang, Gretchen Achilles, Diana Frost, Mark Zaid, Eric Rayman, Sheila O'Shea, Sarita Varma, Lottchen Shivers, Daniel del Valle, Spenser Lee, Avi Zenilman y Jesse London.

Gracias al conjunto de abogados que tanto han luchado por mí: Nancy Hollander, Vincent Ward y David Coombs. Estoy especialmente agradecida a Ben Wizner por su apoyo y sus consejos. Y a los abogados que también son amigos, además de salvavidas: Moira Meltzer-Cohen y Chase Strangio.

Gracias a mi querida familia, sobre todo a Casey Manning y Debra Van Alstyne, por sus aportaciones en la elaboración de este libro. Y guardo una profunda gratitud a Janus Rose, Ashna Ali, Lisa Rein, Christina DiPasquale y Andy Stepanian.